筑摩選書

中沢新一 編著
Nakazawa Shinichi

吉本隆明の経済学

吉本隆明の経済学　目次

吉本隆明の経済学　目次

吉本隆明の経済学

神々は詩人と同じに商人を愛した
地の幸を均等に配り、遠くと近くを一つにした彼を。
（ヘルダーリン「エーゲ海」川村二郎訳）

はじめに

吉本隆明は人間に関わることならなんにでも深い関心を持って、それについて考えたり、書いたり、語ったりしてきた。経済の現象やそれについての学問である経済学の場合も例外ではなく、多くの機会をとらえては、自分の独自な思考の対象にしてきた。ところが、文学や言語や心的現象を相手にした場合と異なって、経済学についてのまとまった体系的な著作を、彼は書かなかった。そのことを考えてみると、「吉本隆明の経済学」などというものは、存在していないように思える。ところが私たちが虚心になって、彼が折に触れて書いたり、講演会でしゃべったり、インタヴューに答えて語ったものの中身をていねいに調べてみると、吉本隆明の思考の中に、潜在的なかたちで、独自の「経済学」の体系が実在しているのが見えてくるのである。

それはまったく独自な経済学であり、強いてその精神において類似のものを探してみても、経済学をめぐるジョルジュ・バタイユの晩年の思考くらいしか、思い当たるものがない。吉本隆明は、言語や文学や心的現象の探求をとおしてつかみ取ってきた、あるいは自らあみ出した独自な思考の方法を、驚くほどに一貫したやり方で、経済現象にあてはめてみようとした。その結果、そこからはマルクスのものとも近代経済学のものともケインズのものとも異なる、ほとんど類例のない理論的な見通しが得られることになった。

彼は自分が着想したその見通しを、アカデミックなやり方では表現しなかったし、多くの場合、取り組もうとしている問題の領域を比較的狭く絞った上で、さまざまな機会に応じて自分の考えを表現しているものだから、私たちは彼の経済学の全貌を、容易には窺《うかが》い知ることはできない。しかし、私の見るところ、そこにはがっちりとした全体性をもった思考の宇宙が存在しているのである。

その思考の宇宙は、まとまったかたちで取り出されたことがないから、吉本隆明の心の中の潜在空間のようなところに、いつもはおとなしく眠っている。それがなにかの機会に経済学的な問題を突きつけられると、むくむくと潜在空間から立ち上がってきた思考が、問題の解決にとって有効で強力なことばとして自分の姿をあらわすけれども、それ以上の学問的野心などにはあまり関心なさげな様子で、さっさともとの潜在空間に戻って行ってしまうような印象を受ける。そのため、ことばにされたのは、思考の全体から見ればその一部分、一側面ばかりであるということになる。しかし、そうして表現された思考をジグソーパズルのようにつなぎ合わせていくと、たくさんの欠けた部分を残してはいるけれども、たしかにこれが「吉本隆明の経済学」の全体性に違いないと思われる、ひとつのみごとな「絵」が浮かび上がってくる。

こうして取り出された「吉本隆明の経済学」は、今日アカデミズムの世界で研究されている、どのような正統派経済学とも似ていない。また、アカデミズムからは異端とみなされているいわゆるマルクス経済学とも、同じではない。私は、その誰のものとも似ていない経済学を、今日あらためて問題にすることが、とても重要であると考えた。

リーマンショック以後にあらわになった、グローバル化した現下の資本主義経済の混乱に直面して、多くの経済学者がこのような事態がもたらされた原因について事細かな分析をおこない、さまざまな対症療法を提案しているが、いずれも問題の根源に触れることができていないために、抗ガン剤を投与して症状を静める程度の、短期的な対応しか果たせていないように思える。ところが吉本の経済学思考には、資本主義の全歴史とその未来を長大なスパンで見通す、すばらしい透視力が備わっている。それは経済の現実を前にしたときの吉本隆明が、ほとんどすべての経済学者とは異なる地点に足場を据《す》えて、経済的現実の本質を思考しようとしてきたからである。

私はこの本で、そのような「吉本隆明の経済学」をひとつの絵として、ひとつの像として、読者の前に出現させてみようと思う。ジグソーパズルにはいくつかのピースの足りない部分が残っており、荒いデッサンがほどこされただけで放棄されてしまっている部分もある。私はそういう部分を、思考の一貫性という基準を守りながら、補ってみることによって、どうにかしてこれをひとつの絵として完成に近づけようと試みた。

そこでこの本は、吉本隆明自身の文章と、それらをつなぎあわせ欠けているピースを補おうとした私の文章とで構成されることになった。私はできるかぎりマルクスにたいするエンゲルスの役目を果たそうとはしたが、多くの共通点は持ちながらも二人の思考はスピノザとライプニッツほども異なっているので、再構成や補塡《ほてん》作業の過程で、吉本の思考とは異質な私自身の思考が混ざり合ってしまうおそれが最後まで残った。そこで私はどうしても吉本自身の文章や言葉にいっさいの手を加えずに、できるだけそのままの形で採録するアンソロジーの部分に、大きな頁を割こうとした。そのためにこの本は、ずいぶん大部な本になってしまった。しかし彼の経済学思考が一冊にまとめられるのは、どうやらこれがはじめてであるらしいので、このような「不経済」な本の構成も、読者にはお許しいただけるのではないかと思う。

一九七〇年代に陸続《りくぞく》と出現した画期的な思想書の中でも、私は森嶋通夫の『マルクスの経済学』（東洋経済新報社、一九七四年）から受けた興奮を、いまだに忘れられないでいる。森嶋はその本で、二〇世紀の経済学の現状に強烈かつ全面的な異議申し立てをおこなうことによって、マルクス主義の自己防衛的な停滞の中に閉じ込められていたマルクスの経済学を、現代的な経済学理論としても立派に通用する、創造的な思想として生き返らせようとした。

吉本隆明もまた、森嶋とはまったく違う道をとおって、その独自の経済学思考をとおしてマルクスの創造的な読み替えを試み、それによってマルクスの経済学をマルクス主義のドグマから救い出そうとした。そのときに彼のとった闘いの方法から、私たちは多くのことを学びとっていく必要がある。このような本を書くことによって、私は二一世紀の経済学、いや二一世紀の思想全体の現状に、全面的な異議申し立てをしたかったのである。

この本を最後まで読まれた方は、「吉本隆明の経済学」なるものの実在を納得されることであろう。そしてそれが、意外なくらい現実の役に立つことも理解されるであろう。この経済学は、精神への高い効用性を持つという、じつにめずらしい思想なのである。

中沢新一

第一部

吉本隆明の経済学

吉本隆明
（編・解説　中沢新一）

第一章
言語論と経済学

解説

一九七〇年代は政治の季節であり、言語論の時代であった。思想の領域では言語論を武器とした構造主義が大きな影響力をふるっていた。思想的諸問題を解く鍵は言語論に隠されているという共通の認識が、さまざまな分野に広がっていた。経済学とくにマルクス主義経済学の分野では、『資本論』を言語論のスキームで読み返す試みが西欧でも日本でも始められていた。そういう試みではたいがい、言語をコミュニケーションの構造としてとらえ、それを交換価値の表現としての貨幣や貨幣による資本増殖の理解に利用した。

そういう時代にあって、吉本隆明はこのような言語の「機能主義」的理解にまっこうから立ち向かう、独自な思想展開をおこなっていた。「機能主義」というのは吉本の言い方によるが、言語がなにかの対象を指示したり、有意味なメッセージを伝える働きの面を前面に押し出した言語理解をさしている。ソシュール言語学などについての当時の一般的理解も、その程度ですまされることが多かった。吉本隆明は「詩人性」の思想家として、このような言語論を根底から否定しようとしていた。

機能主義では対象を指示する言語の働きが第一に考えられる。ところがそれは人間がじっさいに用いている言語の実情にあわない。言語は「指示表出」の働きばかりではなく、彼が「自己表出」と呼んだ心の内面の潜在空間からの力の表現との組み合わせとしてできており、この二つの軸は垂直に交わっている。自己表出の軸にあらわれる表現は、対象を外に分離して対象化する指示表出の働きとは違って、無意識といわれる心の深層や身体性や情動の深みにつながっている。このような言語図式を自ら手に入れた吉本隆明は、それを駆使して詩歌や小説など広く「文学」の領域の理論的探求を深めていった。

この独自の言語図式の形成に大きな影響を与えていたのが、『資本論』の価値形態論である。したがって吉本隆明の探求が文学から進んで経済学の領域に突入することになったのは、けだしとうぜんである。吉本の言語図式は最初から言語に内在する「意味増殖」の能力を中心に据えてつくられていた。指示表出に自己表出が結びつくとき、意味の増殖が起こり、文学はこの言語の意味増殖機能によってはじめて可能となる。経済において同じメカニズムから「価値増殖」が発生し、資本主義の基礎をなす。ここを出発点にして『資本論』の従来の理解を覆していくことができるのではないか。このような思想が「吉本隆明の経済学」の原初の発想の泉となった。

1　幻想論の根柢――言葉という思想

以前からじぶんのなかで、漠然と『言語にとって美とはなにか』『心的現象論序説』『共同幻想論』は別のものでないといった感じ方がありました。今日はこの感じ方をいくらかでもはっきり整序させてみたいとおもってやってきました。うまくこの三つの領域が関連づけられ、ひとつの鎖でつながる場所はみつけられないか、そういうモチーフがすこしでもはっきりさせられたらよいとおもうのです。

まず言語（言葉）というところからはいっていきます。言語はたれがかんがえても、たれがみても、すぐにわかる現われ方の特徴があります。言語は音声や文字で表現されますが、音声とか文字はそれ自体としてみたら（物質としてみたら）、それは空気の振動だとか活字になった妙な形をした記号だとかいうことで、裏からみても、表からみても、どうひっくり返しても、それだけのものです。しかし人間の内的な意識のある表現だとして、あるいは文字に固定された記号としてみたら、言葉はある価値づけの対象になるといってよいでしょう。つまり単なる物あるいは音波にしかすぎないものが、何か価値がつけられるものになります。

言葉が価値の対象になれると申しましたが、この価値は言葉がある事がらを指し示し、それを伝えるという自然な機能に基いていることはすぐに理解されます。けれどもこの言葉の自然な機能も、ある事がらを指し示し、それをたれかに伝えようという話し手や、書き手の意志との関連でかんがえはじめますと、自然な機能のほかの何かがつけ加わります。それはある事がらをぼんやり指し示そうとか、よりはっきりと指し示そうとか、ここは強調して伝えようとか、あいまいに伝えようとかいう意図が、音声やいい廻しのリズムを変化させることになります。そうしますと、言葉が価値の対象となるとき、すでにこのことは勘定にいれておいたほうがよいことになりましょう。

どういうことかと申しますと、言葉は話し手や書き手の意識や意志と関連させてかんがえるとき、ある事がらを指し示し、それを伝えようとする無意識の、あるいは意識されたモチーフがあるのですが、このモチーフや目的とはさしあたりかかわりない、ある普遍的な表出を実現しようとするものだということです。いいかえれば、言葉は〈指し示し〉〈伝える〉という機能を実現するのに、いつも〈指し示さない〉〈伝えない〉という別の機能の側面を発揮するということなのです。わたしたちが、ときとして何かを指し示し、伝える必要がありながら、話したり書いたりすることがおっくうであったり、苦痛だったりするのは、この〈指し示さない〉〈伝えない〉言葉の機能の側面を使わなければならないからです。

こういうものがほかにないかとかんがえてみます。すると、ある意味でそれとよく似た性質をもったものがあります。それは流通過程にある商品というものです。商品とは素材的にいえば、(罐《かん》ジュースを示して）単に金属でつくった罐で、なかに液体が入っていてというだけで、それ以外の意味は何もつけられません。これを人間の社会的な労働によってつくられたものだとかんがえていきますと、商品はある価値づけができることになります。もちろん価値づけは、この鑵ジュースが商品だということのなかに、いいかえれば〈……のために〉使われるということのなかに、すでにふくまれています。そのときに鑵のなかの液体は、化学的なある液状の成分ではなくて、飲みものだということから生れる価値づけがなされたことになります。いいかえれば使用性あるいは飲料として美味《おい》しいもの、栄養のあるもの等々の役に立つ性質としての価値づけです。けれどもこの鑵ジュースが本来的な価値としての価値づけがなされうるのは、たれかの手によってこのものが製造されたということのなかから生じます。そう見做《みな》すときにはじめて鑵ジュースが、金属の容器のなかにはいった化学的な液体成分という物質的な規定を〈カッコに入れ〉たあとにも露出してくる特性、飲んで美味しい、栄養がある等々の、すくなくとも人間が関与してくるとき生れる普遍的な特性が与えられるからです。これは飲んで美味しい、栄養がある等々の〈ために〉鑵ジュースが製造されたり、使われたりするのだということとちがいます。むしろ飲んで美味しい、栄養がある等々〈としての〉鑵ジュースということに近いといってよいとおもいます。〈……としての〉という特性のもとにあらわれる物質ということから関与される、人間のある関与の仕方のなかに、ひとつの価値づけの本来性があるようにみえます。

ここでわたしたちは、商品が社会の経済的なメカニズムの網状態を介して、そのなかで流通していくのとおなじように、眼に視《み》えない観念の上層のところに、やはり言葉があたかも商品とおなじように、眼に視えないが類推のきく形でさまざまに錯綜して存在している、それはまるで社会構成における商品の陰画《ネガ》とおなじように、不可視の空間を飛びかい観念的に錯綜し横行している、そういうイメージをおもい浮かべることができるとおもいます。

けれどこのイメージはただ〈商品〉という概念と〈言葉〉という概念とが対応づけられただけの図表にすぎません。わたしたちの価値づけの世界を基にして、商品と言葉とがおなじように網の目をつくっている状態を想像しますと、このふたつはいずれも、価値づけ本来を海抜線とする山や谷や川や樹木のような起伏をもった陰画の世界のようなイメージになります。ここでは商品も言葉も物質性を〈カッコに入れ〉られてしまいます。

言葉は、さまざまな次元の価値づけで流通しています。たんなる通信や連絡文、広告文などから、まったく略称や記号や暗号の形をとることがあります。またとくに文学などをかんがえますと、文学はそのなかでひとつの美的なものを生みだす、あるいは生みだされた美的なものとして言葉が飛びかっているものを指します。そこに眼をつければ、社会のなかでさまざまに関連しながら横行している言葉の形態のなかで、美的な範疇としてかんがえられる言葉のさまざまな錯綜の仕方、あるいはそういう言葉の作られ方の考察が、文学の考察になるのではないかというように類推してかんがえることができるとおもいます。そのようにかんがえていきますと、文学への考察は言葉の解析からはじまって、言葉がさまざまな関連性のなかで、どういうふうに生みだされたり流通したりするのかということの追求が、ひとつの課題となって当然でてくるわけです。

はじめに対象を〈指し示すこと〉〈伝えること〉のために使われた言葉といえども、そのうちに〈指し示すこと〉〈伝えること〉としての言葉という自体性格をもつようになることは当然のことでしょう。そういう性格をもつようになるといういい方よりも、そういう側面からみることができるようになるといったほうが正確なのかもしれません。すくなくとも意図のはじめには、〈のために〉言葉を使っても、使われた言葉は〈としての〉性格を同時に具えていることになるからです。

その果てには意図的に、言葉を〈としての〉性格だけで使おうとする欲求が生れてくることがありえます。これもまた言葉が本来的にもっている側面を強調あるいは誇張することにほかならないので、特別なことではないといえばいえるとおもいます。なぜそういう欲求が生ずるのか、さしあたりよくわかりません。金鋸《かねのこ》の刃で紙を裁断してみたいといった、遊びの欲求からかもしれませんし、〈指し示すこと〉〈伝えること〉のために言葉を使っているうちに、〈指し示さないこと〉〈伝えないこと〉という機能の外の言葉の性格のなかに、すべて他の作られたものと共通する普遍的な性格をみつけられるようになったからかも知れません。

商品にある価値づけがなされるのは、まずはじめに商品が使用価値として、さまざまな用途にたいする欲求に当然みあう自然形態をもっているからです。もうひとつは共通の価値基準でありうるような、そして計られ交換されうるような価値本体でありうるということです。このふたつが商品を商品たらしめている、つまりたんなる物質でない大きな特性だとみることができましょう。

「二十エレの亜麻布《あまぬの》は一着の上着に値する」という事実があるとします。このばあいに「一着の上着」は「二十エレの亜麻布」の等価物です。もし「二十エレの亜麻布」はまた「茶十ポンド」に値するとすれば、「二十エレの亜麻布」を主体にして「一着の上衣」と「茶十ポンド」とのあいだに等価物としての同等性の関係がひらかれます。もちろん「二十エレの亜麻布」が「一着の上衣」の等価物であるという逆の関係もあります。この等価物の形をとることができることも、すべての商品に共通した特性です。そうだとすれば、すべての商品が共通にになうことができる等価物としての役割の側面は、ある普遍的な等価形態をもつ商品、そして等価物としての使用性だけが使用価値であるような普遍商品、つまり貨幣によって代置されるはずです。

おなじことは言葉についていえないのでしょうか。〈指し示す〉とか〈伝える〉とかいう用い方からできるだけ遠ざかったところで、ひたすらある内的な状態の等価であるような側面においてだけ言葉を行使するようにするのです。その言葉は使用性を喪失するような使用性であり、また普遍的な等価であるような価値表現をもとめる言葉になります。そしてもしかすると現在、文学はこのばあいの言葉を、極限としては視野のうちにいれているといえるかもしれません。

『資本論』の第一章「商品」のところで、マルクスは亜麻布と上着という例を、たとえば「二十エレの亜麻布は一着の上着に値する」といういい方で考察の基準にしています。この表現は等式的にいえば、次のようになります。

20エレの亜麻布＝1着の上着

これを文法的にみてみますと、「二十エレの亜麻布」は主語（主部）、「一着の上着」は目的語（目的部）、「値する」は主部と目的部をつなげる動詞の等価的表現になります。文法的にいいますと、主部があってそれがある目的部を誘いだし、それが「値する」という動詞で等価的に結びつけられている、というのがこの文章の構成です。

けれどもこれを文法的な表現とみずに、文学的な表現とみなすすべをかんがえましょう。そのときには等価の意味はまた変わらなくてはなりません。今おなじ文法的な言葉の構造をもちながら、文学的な言葉として解するため、便宜上「二十エレの亜麻布」を「あの美しい亜麻布」に変え「一着の上衣」を「天使の上衣」と変えてみましょう。すると「あの美しい亜麻布は天使の上衣のようだ（に値する）」とか「あの美しい亜麻布は天使の上衣だ（に値する）」という表現になります。この表現は等式的にいえば、まえとおなじく次のようになります。

美しい亜麻布＝天使の上衣

このばあい「天使の上衣のようだ」あるいは「天使の上衣だ」という直喩あるいは暗喩の表現が、たれにでもわかりやすい等価表現、いいかえれば本来的価値の側面で言葉を使おうとするための表現であることがわかります。

ところで商品の価値形態論でいえば、主部に該当するものは相対的価値形態であり、目的部に該当するものは等価形態になります。しかし、相対的価値形態とか等価形態とかいういい方は、商品の流通過程をかんがえていくうえで必要な術語であって、それはさしあたってどうでもいいことです。ようするに、二十エレの亜麻布があり、それを何かに較べようとするばあいの価値形態は、一着の上着がいわば等価の代償物としてあるから、はじめて資格というものが成りたつし、またまったくちがうふうにつくられたものが関連づけられるのはそういう価値形態をとるからだということで、こういう術語的表現が生れたわけです。問題はただ、どこで言葉が文法的な次元から文学的な次元に跳躍し、そのときの等価の概念がどう変貌するかということです。

「二十エレの亜麻布は一着の上着に値する」という文章は数式的に表現することもできれば、価値形態論で関連づけることもできますが、美的な次元に跳躍させることもできます。つまり言葉の世界と商品が流通する世界とを、もし共通に対応づけられる論理があるとすれば、その鍵は、こういう簡単な文章構成のなかに基本的な問題が含まれることを意味しています。そしてまたおなじように、言葉の美の考察は、言葉の考察から分離してゆかなくてはならないはずです。

〈指し示すこと〉〈伝えること〉という言葉の使用性は、さしあたってそう意図するかどうかとはかかわりなく実現されてしまうものをさしています。けれども何ものかの等価形態のようにおかれる言葉は、そのように意図したときから〈指し示すこと〉〈伝えること〉という言葉の自然形態のようなものを忘れ去るというべきか、意図的にそれから離脱しようとするのではないでしょうか。それはある普遍言語が目指されるといってよいのかもしれません。けれどなぜ言葉がそれを発する人間の意識あるいは意図の状態とかかわるところでは、そういう非本来的なものを目指してしまうのか、その原衝動のようなものは定かではないようにみえます。さしあたってわたしたちが言葉の〈概念〉とかんがえているものの本性のなかに、普遍性が目指されうる根拠が潜んでいるといえるでしょう。〈概念〉自体が普遍性をもつのではなく〈概念〉の構造のなかにその要素が潜んでいるということだとおもいます。

いま、「二十エレの亜麻布は十ポンドに値する」といういい方をかんがえると、目的部にくる物（商品）が消えてしまって、商品でみれば普遍的で抽象的な貨幣になっています。そこでは等価物に共通化と抽象化が同時におこなわれているわけです。

この等価物の状態が言語のうえでかんがえられるとすれば、言語の〈概念〉とみなしているもののところに、根源があることはまちがいありません。けれど具体的に美としての言語、文学的な言葉についてその状態を探りあてることは難かしいことがわかります。

さきに「美しい亜麻布は天使の上衣（のよう）だ」という直喩と暗喩のところに、等価的な言葉の状態をかんがえました。この「天使の上衣（のよう）だ」というのは、おなじ〈概念〉を暗示するような無数の喩《ゆ》で代えることができます。「虹の切れはし（のよう）だ」、「孔雀の羽（のよう）だ」、等々すくなくとも〈美しい〉という〈概念〉にあたる言葉は、どれでも使うことができるはずです。これらの無数にかんがえられる言葉を、表象しうる言葉はあるでしょうか。それは何でしょうか。それは「美しい亜麻布は美しい」ではないことは確からしくおもわれます。そして〈美しい〉という〈概念〉のまた〈概念〉（〈概念〉の冪《べき》乗）をあらわすもののはずです。これにあたるものが何かをいうことができませんが「二十エレの亜麻布は十ポンドに値する」というマルクスの範例、というよりも普遍的等価形態としての貨幣という概念が、対応を言語に要求するものとすれば、それはすでに存在しているはずであり、また可能なはずであり、けれどそれを具体的にいうことができないようにおもわれます。

『資本論』のなかでマルクスが与えている、商品が流通するさいの基本的な図式は、ひとつの商品があると、それをお金でもって買う、そしてそれがまた商品に転化される、という過程です。これは次のような図式です。

W―G―W
（商品）―（お金）―（商品）

この過程がいくら繰返されて続いても、基本的な形は、商品―お金―商品という循環のなかで決定されます。

この図式は言葉で説明してみますと、たとえば亜麻布を十ポンドで売って、十ポンドを手にした者が、今度は十ポンドで聖書を買ったということです。すると「亜麻布は十ポンドである」と「十ポンドは聖書である」とがこの図式に該当するわけです。そうすると、商品が流通する基礎的な形態と、ふたつの文章がある関連づけがされたことはおなじことだ、つまり対応することができるといってよいでしょう。

流通過程のところで、「亜麻布は十ポンドである」ということと、「十ポンドは聖書である」ということとは、G（お金）の担い手がおなじ人物でなければ、本来的には何の関係もない過程です。同様にこのふたつの文章は本来は何の関係もないはずの文章です。けれど、もしGの担い手が同一人物（人格）であるとすれば、商品は流通の基本的な最小の過程をとることができ、おなじようにふたつの文章は、十ポンドの担い手が同一人物（表現者）ならば、関連させることができるわけです。そうしますとここでは、まだ依然として、商品の流通（交換）形態と言葉の流通

（交換）形態とは対応づけが可能だということがいえます。

ところで、ここでさまざまな考え方がわかれる分岐点があります。それは言葉の美的な表現のいちばん秘密の部分に属するところであり、また商品の流通過程としても最初のマジックにみちた過程になるところです。マルクスはしばしばそういう表現を使っていますが、商品が資本に転化する流通の仕方をかんがえますと、その基本的な図式は次のようになります。

G―W―G′（G′＝G＋α）

商品が資本としての過程で流通していくときの図式は、結局この過程の無限の連続になります。つまり商品が資本的な流通過程にはいるということは、最初にお金があり、次に商品（物）を買い、その商品（物）がまたお金に変わる、ということです。この最初のお金と後のお金とのあいだにはふたつの問題がでてきます。ひとつは、後のお金のほうが最初のお金より大である、少なくとも後のお金に代えられたときには、プラスαがついているということです。もうひとつは、重要なことですが、一度商品が資本の過程に入ったばあい、その根本的な衝動とは、中間に商品という媒介がありますが、その本質的な過程とはたんにGからG′だということです。つまりGからG′、G′からG″を産みだし、それがいつでもプラスαがくっついているということです。

どうしてGはG′に変わるのでしょうか。たとえば、ここに十円があって、これはどう頑張っても十五円にはなりません。これが十五円になったらマジックを演じたことになります。ところが中間に商品が介在し、しかもそれが資本主義的な過程に入ると、十円が十五円になってしまうということです。もしマジックや念力で十円が十五円にかわるのなら、資本主義は終わってしまうはずです。すなわち、マジックが成りたつかどうかは別として、マジックを目的意識として資本主義は成りたっているといえましょう。つまりこの過程の本質はGからG′というマジックであり、それがすべてなんだということです。それは『資本論』の「商品」の項の基本であるし、たぶん全体の基本だとおもいます。

ここが問題になるわけですが、現実形態としてはかならず貨幣があり、商品が売買され、またお金に代えられるという最初の基本過程を確実に踏んでゆきます。しかし本質過程は単にGからG′（つまりお金からお金）へというそれだけのことです。ここのところで、本質過程（形態）と現実過程（形態）とのあいだに分裂、分離がおこるということができます。

この本質過程と現実過程との分裂、分離は〈疎外〉とみなされます。そして〈疎外〉ということはそのまま〈表現〉だとかんがえることができます。さきにわたしたちは〈指し示す〉〈伝える〉という言葉の使用性は、そのような機能を実現するために、ある普遍的な水準で言葉を行使することになり〈指し示さない〉〈伝えない〉という機能の側面を含み込んでしまうということを述べました。そして言葉が美的な次元に跳躍するということはこの非指示的な、そして非伝達的な側面を強調したり誇張したりするためにのみ、言葉を行使するということを強いられる所以についても言及しました。そしてこのような分裂をまねくのは、言葉の〈概念〉の構造のなかに使用性ではない要素が存在するためだということにも触れました。

もしそうだとすればひとつの〈概念〉に対応するどんな言葉でも、すでにそれが行使されたときに本質過程と現実過程との分裂、分離、疎外の過程に入っているとかんがえてもよろしいはずです。そしてたしかにそのとおりで、わたしたちはことさらに美的な言語、いいかえれば文学の言葉を囲いをつくってかんがえる必要はないはずです。けれども商品の流通過程W—G—WとG—W—G′とが、すくなくともこの過程の主人公にとって動機、衝動、モチーフがちがっているとみなしてよいように、モチーフのちがいをかんがえても許されるとおもいます。W—G—Wの過程の主人公は、ある商品をお金に代えて、そのお金で別の必要な商品を買いたいというモチーフをもつとみなしてよいでしょう。G—W—G′の過程の主人公は、お金を商品に代えて、その商品をまた売ってお金に代えることで、お金を増殖したいというモチーフをもっているとみなされます。

おなじように、通常の網の目をなしている言葉は〈指し示す〉〈伝える〉ために言葉がつかわれ、その過程に美的な工夫がなされることがあっても、よりよく〈指し示す〉〈伝える〉ことがモチーフの言葉だということになります。これにたいして美的な言葉はただ言葉の価値のために、そして価値増殖のモチーフをもって、はじめから行使される言葉だとかんがえることができるでしょう。この過程は使用価値ではなく、価値そのものなんです。価値の自己増殖ということが自己目的です。だからこの過程に対応する言葉の世界は、文学の世界だけだろうとかんがえていったとおもいます。

ただ、ここまできて言葉の表現が文学になっていく基本的な形との類推ができるようになったとおもいます。つまり自己増殖ということがあくまでも本質的な過程であり、これを文学に類推すると、（ぼくは「自己表出」という言葉を使っていますが）文学がなぜ生みだされたのかといったばあい、決して使用価値といったものが第一義的にあるのではなく、価値の自己増殖こそが文学（言語の美）の本質的な衝動なんだということです。この自己増殖の過程を言葉を媒介として成就していくということが、たぶん文学の芸術性の基本的な形になるだろうとおもいます。

そうしますと、現在の文学の過程はきわめて高度なものですから、あとは言葉の表現の問題に則して、その具体的な在り方を緻密に辿っていくことになってきます。すると、現在では言葉の表現の芸術（文学）がどうなっているのかは、ひとつの大きな関連のもとで組みたてることができます。

最初にいいましたように、何が文学の姿を成りたたせているのかといいますと、社会における商品の流通生産過程の眼に視えないネガみたいなもののひとつの態様として、言葉の世界が相互に関連したり、錯綜したり、山や谷のようにうねって飛びかっている、そういうイメージで描かれる言葉の世界のうち、とくに言葉が美としてでてくる形態がかんがえられてきました。そうしますと、それ以外に言葉が単なる記号としてでてきたり、あるいは伝達目的のための表現であるとか、さまざまな形で言葉は錯綜しています。

これらの世界は、いったん美的な言葉の世界のようなある普遍的な価値づけの世界に入りこみ、それをいわば目的なき目的、あるいは使用性なき創出、そして創出それ自体の世界からみるようになりますと、すべてが言葉の〈概念〉のある水平線をもとに、高低が描かれるような起伏ある陰画、あるいは不可視のうねりの地表に変貌してしまいます。商品の世界といえども、いったん価値それ自体が追求されるところでは、このような言葉の〈概念〉の水準のうえに浮かぶ普遍的な価値のうねりに転化してしまうのです。普遍的な言葉、あるいは本質的な言葉というものが目指される世界からは、すべては言葉のうえに浮遊するようにみえるという謎にみちた構図が、世界図にちかいものとなります。このような現代の言葉と物の世界の意味を、わたしたちはよく知っているわけではありませんが、そこを生きていることになります。

2 言語と経済をめぐる価値増殖・価値表現の転移

無形の価値概念

僕は、言語の考え方については、三浦つとむさん、時枝誠記さん、マルクスの『資本論』の価値形態論からの影響を受けて、自分なりの文学価値論を作っていったと思います。六〇年をちょっと過ぎた頃から、数年かかってやったことです。

ここ数年は、自分なりに価値論の変え方を少し考えて『ハイ・イメージ論』でやってきました。文学論だけに関わらない形です。マルクスの言う価値論は労働価値説なのですが、労働価値説から出てくる価値論をもっと広げることができないかと考えたわけです。広げて価値概念を作るときに、そのなかに文学・芸術から、娯楽とか芸能とか、つまり人間の楽しみとか、遊び、余裕、そういうものを含めて通用する価値論を出したいと思ったわけです。

主観的に言いますとマルクスの価値論は息苦しいじゃないかという感覚が、自分のなかに旺盛に出てきたわけです。その息苦しさはどこからくるか、またこの息苦しさを開かせるには、どんな価値論を作れば良いのか、そういうモチーフから出発しました。この考え方に何か根拠があるか強いて後からくっつけますと、日本の社会がとても高度な産業社会になっていきまして、消費関係、つまり娯楽とか遊びとか余裕とか芸能とか、そういうものの占める、生活過程での比重が大きくなってきました。そんな社会状況を背景にして、自分なりに反映させたと考えると、根拠づけになります。

マルクスの労働価値説では、商品の価値は労働時間の大小によって決められてしまいます。その他のものは無視しようとすれば無視することができる。例えば男女で同じものを作る時、女性の方が多く時間がかかることはありうるではないかとか、身障者と健常者がいて、同じ製品を作る場合、身障者の方が余計に時間がかかるじゃないか、それならば、身障者の方が労働価値説から言えば、製品の価値が大きくなるじゃないかとか、理屈をこねればそうなりますが、その差異は一切捨象されます。その程度の違いは資本主義的な商品と価値の循環の全体を考えれば、無視して、ただ労働時間に還元できるというのがマルクスの考え方です。多少そんな格差があっても資本主義全体の循環過程を考えれば、無視できる程度の違いにすぎない。そういうのがマルクスの考え方です。

それで、労働時間の大小で価値が決まるという価値論の基本を、少し拡張して考えればどうなるかと言いますと、人間が自分の実際の身体を使って、あるいは頭を使って、ある対象を加工するとか、あるいはある対象に普段使っているよりも精神を集中させて、ある所定の時間を経たとします。労働という概念を拡張して考えますと、人間が対象に対して、（その対象は、精神的な対象でも、肉体的な対象でもよろしいのです）精神や肉体を働かせることが広い意味での労働と考えることができます。

言い換えれば、人間がある対象に向かって行なう、心身の行為が労働だと考えますと、労働という概念を単に商品を作るということからもっと拡大して対象化行為全体に及ぼせることになります。まずそこのところで、労働という概念を一番極端なところまで開いておこうじゃないかということです。つまり、人間がある対象に向かって、つまり、自然に向かって対象的な行動をする。それを労働と考えると、商品の価値に限定しないで、広い価値という概念を作れるのではないかと、まずは考えるわけです。それを広い言い方で言っちゃいますと、人間が周囲の自然に対して、何か行動をしたり、精神を働かせたりすると、したところから自然は全部価値化されていく。そう拡張できることになります。

僕の理解の仕方では、それが息苦しいんじゃないかな、と思えます。つまり、人間は歩いたって、何か考えたって、その対象は全部価値になってしまう、価値化されちゃう。そんなことをしなければ、ただの天然自然だったり、人工の自然だったり、ただ環境としてそのままあるのに、そこに何か考えを集中したり、手を加え加工するといった心身の行為をすると、今まで価値概念とは関係なくそこにあった天然自然も、人工自然も全部価値化されてゆく。それだから息苦しいのだ。つまり、あまり価値、価値と言いたくない。

それなら、息苦しくない方法をどう考えれば良いのかと考えるわけです。僕の考え方の経路において、手を加えれば対象は全部価値になってしまうという極端に広げた価値概念を息苦しくするには、遊びとか娯楽とか芸能とか、もちろん文学・芸能も広い意味では遊びであったり、娯楽であったり、楽しみであったりとなるわけですが、そういうものを全部含めて、マルクスの言う極端に広げられた価値概念のなかに入れてしまえば、必ずしも息苦しいとは限らないことになります。

そのために価値という概念を変えることになります。マルクスが『資本論』でやっている価値概念は、労働時間の大小に依存します。そして、商品は目に見える労働で手を加えた時間をもとにしています。無形の、精神的な価値を変えたということが、『資本論』の価値概念には含まれていません。そこで価値概念は無形なものの価値まで広げるというモチーフから考えてみることになります。

価値と意味

それでは、無形の価値概念とは何なのかということです。商品の価値に、無形の価値概念を含めようとするとき、まず価値ということと、意味ということを厳密に分けて考えてみたいと思います。これは僕らが六〇年代の初め頃にやった、言葉のイメージするものが価値概念と結びつくところが出てきた考え方です。結局、マルクスが価値と言っていることは、価値ということと意味ということの両方に明瞭に分けないで曖昧なまま一緒になっていて、それが無形の価値までに拡大していく場合に不都合が生じる理由ではないかと思いました。

僕なんかの価値概念は、言葉で言うと、指示表出というふうに何かを指す使い方と、自己表出という、自分の持っている表現性の元になっているものに対する表現の仕方、あるいは動物で言えば何かの叫び声あるいは呼び声みたいな、対象を指してというよりも、そのまま心のなかからひょいと出てきてしまう表現を考えたわけです。結局、価値というのは、相手を指示する概念を潜在的には通って、自分が自分に対して叫びかけるとか、自分の叫び声が自分のなかから起こってくるというような自己表出、何かを指す概念が潜在的に裏に隠れて、自己が自己に対して表現を仕掛けるという概念に表現が移っていく、そういう経路を通っていったものを価値と考えれば良いか。逆に言いますと、自分が自分に叫びかけるという過程が裏側にありまして、相手を対象として指す表現が出てきたとき、それは意味であると考えたら良いので、そう二つに分けられるべきと考えました。

『資本論』で言いますと、マルクスは例えば空気や水は交換価値はないけれども、使用価値はある。つまり、使えるものは皆、意味があるということで言えば価値がある。しかし、それ自体が取り替えることもできれば、何かと替えることもできるという意味の価値は、水や空気にはないと考えても良い。基本的にそうなるのです。僕が言葉の表現で言う価値と、言葉の意味というものは、ちょうどマルクスの使用価値という概念と、交換価値という概念に対応する形で考えることができます。そう考えることで、六〇年代頃にやった言葉の表現、つまり、文学の考え方というものと、一般にマルクスの価値論を普遍化してしまおうじゃないか、拡張しちゃおうじゃないか、そのなかに休息も娯楽も、無形の精神的な行為も全部含める価値概念にしちゃおうじゃないかという価値の拡張の仕方が、ある程度、結びつくことができます。そこで、価値の普遍化・拡大化という概念と、言葉の価値という概念を結びつけることができるというおおよその筋道ができあがりました。

文学の価値を決める文学理論

Aという作品と、Bという作品があり、どちらが文学的に価値ある作品であるかということを決めたいんだ、という場合、普通、文学をやっている人や、文学を批評している人の考え方からすると、そんなことはそれぞれ一人一人違うのだよ。一人一人、これの方が良いという人と、こちらの方が良いという人は全部違っちゃう。批評もそうで、ある人はこちらの方が良いと言うし、ある人はこっちの方が良いと言い、そんなことは一人一人違うのだというところでストップですし、それで結構良いわけです。

具体的な世界ではそれで通っていくわけです。僕は、文学の価値は決められるのではないか。Aという作品と、Bという作品があって、これには百人百様の評価がある。でも、究極的にはどちらが良いか、絶対にわかるのだ。そういう理論が作りたかったわけです。

この欲求は、ロシアのマルクス主義が同じことをやりたかったのだと思います。でも、そのためにどういうことをしたかというと、政治的価値というものと（それは高揚性と言ってもいいのですれども）、芸術的価値というものを考えて、それがピシャリと融合して、どちらも良い作品があるとしたら、それは良い作品としようじゃないか。言ってみればそういう考え方です。

しかし、もしロシアのマルクス主義者たちが政治的価値と言っているものが、ちっとも政治的な価値がなかったとか、マイナスだったらどうなるのかという疑問が絶えず喚起するわけです。駄目だということになったらどうなるのか。ここ数年間でそうなったと思いますけれども、あの政治は駄目じゃないか、つまり、ブルジョア的と彼らが言っていたものよりも、もっと悪いじゃないかというふうに政治的価値がなっちゃったら、どうなのだと言った場合、そういう理論のたて方は全部駄目だということになるわけです。駄目なことはすぐにわかるのですけれども、こういう焦燥感は一度、左翼思想に惹かれた人のなかにどうしてもあるのです。つまり、何か決めてしまわないと納まりがつかないというのがあるわけです。僕もそうで、納まりがつかない。ロシア・マルクス主義の言う、政治的価値と芸術的な価値を作って、これがうまくマッチしていたら良いとしようというものほどアホらしい考え方はないということに途中で気が付いたわけです。これでは駄目だということになり、そこで考えようということになっていったわけです。

言葉の内在的な価値

Aという作品とBという作品は、どちらが文学的な価値があると決められる文学理論、文学の考え方を作りたくて、『言語にとって美とはなにか』を書きました。僕はこう考えていきました。例えば、Aという批評家とBという批評家がいて、これがある作品と別の作品を比べて、どちらが良いかで意見が違う。あるいは読者が百人いて、批評したら、三十人はAという作品が良いと言い、あとの七十人はBという作品が良いと言った。さて、これをどうしてくれるのだというこ とになるわけです。内在的に内側から決められる価値概念で、言葉の価値を決められれば、文学としてこっちの方は価値があるけれども、こっちの方は価値がないと言えるはずだという考え方を展開していきました。すると、百人のうち三十人がAという作品が良いと言い、七十人がBという作品が良いと言うのはどのように判断したら良いのかということです。始めに一回だけ読んだ時は、「俺はこっちの作品の方が良いと思った」、「俺はこっちの作品が良いと思った」と、百人には百通りの評価があるということになります。でも、もし、その百人に、一回読んだ印象でそう言わないで、百回読んでくれないかと要請したとします。百回というのはひとつの比喩ですが、その作品を無限に何回も読んだとすれば、必ず決まるはずだと僕は考えたわけです。一回だけの印象では、その人の好みから生い立ちから何から、読んでいる時の精神状態、そういうことが全部関わってきますから、一回読んだだけならば、百通り違うかもしれません。しかし、これを百回読んでくれ、あるいはこれを無限回読んでくれと言った場合は、明らかにAという作品よりもBという作品の方が良いということが決まるはずだというのが、僕らの考えたことです。

なぜ、そう決まっていくかというと、言葉の内在的な価値で決まっていく、人間が言葉を発する時、意味として言葉を使うか、価値として言葉を使うかということになるわけですけれども、これは意味として使う時にも、価値として使っているのですけれども、意味の方が強度が強い形で出てくる時に、意味として言葉を使っているということになります。それから、逆に価値として言葉を使っている場合は、意味として使っている部分もあるのですけれども、その過程を通って価値として使っている部分が強調された場合は、それは価値として言葉を使っていることになるのだ。そういう言葉の意味や価値の理解になっていきます。

例えば人間の精神のあり方というのを考えますと、自分はこれからご飯を食べようかなと心のなかで考えて、本当にご飯を食べはじめた時、それはご飯を食べているというその人の行為、行ないの意味になって現われます。しかしそれは明らかに価値として、つまり、ご飯を食べようかなとか、このおかずよりも、俺はこのおかずの方が良いから、このおかずにしようかなという精神だけの過程が元にありまして、それが行ないになって現われて、それを外から見るとこの人物はこのおかずで食べはじめたという誰にでもわかる意味となって現われるわけです。その元になっているその人の内在的な心の働き方と行ないの関連を見れば、心の働きとしてご飯を食べようかな、よそうかなという過程とか、ご飯を食べるとすれば、何をおかずにしようかなという精神のなかだけで考えられること、精神の表現というのがまずありまして、それから行ないになって出てくる。こうなった時、その行ないの意味が人にも見えているということになります。

価値という場合はそうではなく、行ないはどうでもよくなります。肉体労働ではなく精神労働に従事している人は机の前にぼんやりして、しかし、こういう考え方をしたら、仕事はうまくいくだろうか、こういう考え方を出していけばうまくいくだろうかと絶えず精神のなかでやっていて、人から見ると、机の前にうすぼんやりして何もしていないということになるのだけれども、精神は活発に働いている。それは精神労働の本質なのであり、これは価値が誰にでも使用価値あるいは指示価値にならないで、価値が内在化している過程だけで終わるとすれば、あるいはその過程から労働時間がずれて、その三日後に行動として実現されたというふうに、製品の内部にいろいろ想いをめぐらせたということと、行動に現われたことは即座に働かない。そういう心の働かし方は価値としての心の働かし方なのですけれども、それに達するには、使用性として、これをこういうふうにやったら、より有効性のあるものができるのではないかということがまず最初にありまして、それにはどうしたら良いかということを考えている。価値の考え方が後にやってきて、しかし、その前にこうやったら製品はもっと使用価値があるとか、商品としてもっと良いはずだという目的性が潜在的にあって、それにはどうすれば良いかを考えている過程があって、それが価値が表面に出てくる考え方と言いますか、人間の行ないの状態になるわけで、これは外からはぼんやりして、何も考えていないのか、それとも活発に精神を働かしているのかわからないところがあるのですが、価値というものの純粋な形はそういうものです。使用性と言いますか、これを使ったらどうするかと考える以前にその問題があって、ある考え方を思いめぐらすということが後から出てくる。これは価値を主体にした考え方、精神の考え方とすれば、そういう考え方になっている場合は価値の考え方となる。そういうふうに価値の考え方を考えれば、精神の憩いや休息、娯楽のために何かをした、消費したということでも、それは価値のなかに含めることができると考えられるわけです。

身体生理と言葉

最近のことですが、これはつながりが考えられるなと思いだしたことがあります。それは人間の価値という考え方、僕の言葉の理論の言い方でいえば、自己表出とか自己表現を、人間の心身の相関わる領域に関連づけたいということがあるのですが、その関連づけに三木成夫さんという脳解剖学者の考え方が大変有効性を持っていることに思い到ったことです。

人間の活動について心の働きという場合もあるし、精神の働きという場合もあるし、意識の働きという場合もあるし、無意識の働きという場合もありますし、感覚の働きというものもあります。文学・芸術というのは心の働きと感覚の働きが一番基本的だと思いますが、心の働きと感覚の働きはどこが違うのかということです。心の働きと言うけれども、心って何なのだ。定義してみろと言われた場合、僕らはいくつかの考え方を持っていて、はっきりしなかったということがありました。むしろ「心」というものの定義の仕方によるのではないかと考えたいくらいでした。

しかし、三木さんの身体生理に関する考え方はものすごく参考になります。人間の器官には植物神経系の働きで、自動的に動いている部分があります。それは内臓の働きです。喜怒哀楽という情念に関わる働きは内臓に関与しています。つまり内臓の働きに関与する精神の働きを特に心と呼んでいると理解すれば良いのだということは、三木さんの解剖学的な考え方、形態学的考え方で、初めてはっきりしたなと思えたわけです。心の働きは内臓の働きである。心情の働き、喜怒哀楽に関与する働きは内臓の働きに関与するものであり、それが表現となって出てくるものです。それから、人間の感覚器官、五感に関連する動きもあるわけです。人間には感覚的な精神の動きと、内臓の働きによる精神の動きがあり、ひとつを心と呼び、もうひとつを感覚作用、感官作用、知覚作用と考えれば良い。そして、内臓の働きも感覚器官を通っていて、内臓の働きが全面に出てきた時には心と呼べば良いし、内臓の働きが作用する精神の働きが背後に隠れて、感覚の働きが表に出てくるものを感覚作用、あるいは知覚作用と呼べば良いことがわかります。

例えば憂鬱な時にある色彩を見るのと、朗らかな時にある色彩を見るのでは、同じ色彩を見ても感覚の受け取り方がだいぶ違います。なぜかというと、内臓器官に関与する精神の作用を潜在的に必ず通って、感覚器官の働きが全面に出てくるから、そういうことが起こりうるわけですし、また、心の働き、内臓器官の働きのなかにでも、例えば人間の死体を見てしまったからどうも胃腸の調子が良くないとか、心臓が思わしくなくなり、そして、あまり良い心の働きが出てこないということがありえます。実際に出てくるのは、感覚の働きが潜在化されていって、内臓の働きである心の働きが全面に出てきたということです。どちらが潜在的になるかで、人間の精神の働きは強調点が違ってしまうと考えられるということです。初めて、自分の言葉の価値と言葉の意味の考え方と、人間の生理器官の動きと結びつけることができると、理論的に言えるようになったのではないか。人間の生理作用と心の働き・感覚の働きと、言葉の表現における言葉の価値と言葉の意味、マルクスで言えば経済的な価値論・価値概念を拡張して、一般的・普遍的な価値概念を作ることができるのではないか。そうすると、価値というのは必ずしも人間が行動すれば周辺は全部価値化されちゃうんだという息苦しさから逃れられるのではないかというつながりが、おおよそつくようになったと、自分では思えてきました。

胎児以前に形成される無意識はあるか

しかし、よくよく考えるとここは曖昧だったなと思える箇所があるわけです。それは生まれてから一歳未満の状態と、胎内にある状態は何も触れられていないじゃないかと言える箇所です。そこに触れている考え方が理屈上ありまして、フロイトとかユングに代表される無意識学説です。大雑把に言うと、言葉を発することはできず、自分では生きることができないから、母親・母親代理の人に栄養を取らしてもらって、おむつをあてがってもらったり、寝かしてもらうなど、母親的なものに頼って生きている時間が一歳未満まであるわけです。

それから、胎内の時間、母親と肉体的関連性の時間があります。系統発生的な考え方をすれば、単細胞から魚を通って、両棲類になり、陸に上がって哺乳類になり人間になり、外に出てくる過程が、胎内で十月十日あるわけです。その後半では感覚器官が相当整って、母親の影響を受けて、だんだんとわかっていって、その期間は人間にとっては無意識の作用として現われてくるわけです。生まれてから一歳未満の間に形成されるのがフロイトの言う無意識や前意識になるわけです。

ところが、それをもう少し胎内に拡張しないといけない。そこでは言葉はないけれども、コミュニケーションはある。その状態をどのように意味づける、価値づければ良いのかという問題があり、それは今までの考え方ではちょっと出てこないということになるわけです。僕は自分でもそういうことは考えていないなとだんだん気に掛かってきて、そこのところを何とか考えてみたいと、テーマにのぼってきたわけです。

極端なことを言いますと、宗教家たち、特に仏教系の影響を受けている宗教家たちは、前世・来世はこうだ、と言うわけです。一般に自然科学的な考え方からすると、前世はどうだったなんて止めにしようじゃないか。来世なんかはないとしようじゃないかという認識で、そこを捨象・切断してきているわけです。僕らが考えたことは、胎内から一歳未満までは考えどころだぜ、言葉がない時代の人間は考えどころだぜということです。言葉がないのならば考えなくてもいいじゃないかということになりそうですが、少なくとも一歳未満の子供は、母親が「アウアウ」と言うと、何となくわかって笑ったり、赤ん坊の方がそれを言ってもらいたいので、わざと泣いたりして細工をすることがあるわけです。少なくとも、母親にわかる程度にはコミュニケーションはついている。それは分節化された言葉じゃないが、コミュニケーションをとっているじゃないか。もっと極端に言えば、胎児の時代でも後半になれば、超音波で母親を驚かした時、胎児が身を縮めたりするのが映像化されて見えるようになっています。それをおし広げれば、胎児時代に教育すれば早期教育は可能なのだという考え方をするわけですが、僕らはそんな息苦しい考え方をしない方がいい、生まれる前から教育されたらかなわないと思います。

要するに、宗教家が前世・来世と言っている考え方と、僕らの考え方は、胎児以前に形成される無意識があるかどうかという問題に還元できるということなのです。生まれてから一歳未満までに形成される赤ん坊の心の働きを、無意識とフロイトやユングが規定しているとすれば、胎内にまで拡張して、胎内から生まれる以前、つまり、宗教家が前世と言うものまで拡張して考えますと、受精以前の無意識は可能かということ、系統発生的な考え方は内在的に考えると、宗教家が前世と言っているところの無意識の問題になるのではないかという可能性はあるわけです。前世とか来世と言っているものはあまり馬鹿にしないようにしようじゃないかと、僕はそう考えています。フロイトの言う無意識よりも、もっと入り込んだ無意識が人間にはあるんじゃないか、それは解明できるんじゃないか、潜っていけばもっとあるんじゃないかということになります。無意識の形成の問題は、系統発生的なものと、個体発生的なものの両方から考えることとなっていますけれども、我々が系統発生的に考えて、原始に還る時代の、とても初期の人間の心はどういう働きをしていたか考えることと、宗教家が前世というところ、フロイトの言う無意識の無意識を考えることは同じである、融和してしまうのではないか。つまり、系統発生と個体発生が融和してしまうところの無意識までやれるのではないか。

言葉の発生の〈起源〉

ある個人の言葉の表現は、その表現に先立って、親からの教育とか、零歳から一歳未満に移る時までにおける親からの言語教育とか、周辺に飛びかっている、すでに存在する言葉からの影響といったものから規定されて、言葉は表出する、表現するわけですから、あらかじめある時代における ある個人はある言語環境のなかに囲まれています。

そういう言い方をしますと、フランス的な考え方というのは、僕が読むと全部この人たちは機能的な理解だよということになっちゃうんです。マルクスの理解をやっているのを読んでも、機能的な理解の仕方だよということになっちゃうんですよ。機能的とは何なのかというと、すでに言葉自体が存在するもんだ、ある人間は、存在する言葉の環境のなかで、喋り言葉や書かれた言葉の環境のなかで生まれてくるんだということです。

そうすると、生まれてきた時には言葉なんかなくて、言葉は一歳未満ならば母親との間で分節のない言葉をやっていて、その時には本当のことを言えば民族語の区別はそれほど重要ではなくて、フランス人の赤ん坊も日本人の赤ん坊も大体、アウアウと言っているんだよ、それでも母親には通じているんだよ、という言葉の発生の起源、つまり無意識のなかに入ってしまうようなものは勘定にいれなくてすんでしまうわけです。僕らにはそれは不服で、それで済ましてしまう考え方は機能主義的であると言っちゃうわけです。

アウアウと言うのは言葉じゃないじゃないか。ちっとも分節化されていないし、民族語にもなっていないじゃないか。こんなの言葉と認める必要はないという考え方にたいして、いや分節化されなくても、言葉は言葉としてあるということなんです。僕の言語論はそれでいい。民族語の区別もそれほど認めない。方言と民族語の違いも認めない。母音の個数の違いに意味があるというのも認めない。ただ、人間は音声というか、喉仏の上のところを加減することで民族語も皆違っちゃうんです。それはそうだけれども、言葉は内臓語だぞ。喉仏から下の内臓のところでしか言葉を発する根源は出てこない。言葉とは何ぞやというのは、心の働きを主体にして、それだけで言葉の価値概念は十分に成り立つ。しかし、その背後には現在から受け取っている感覚的機能もそこに入ってくるから、正確に言えばそう言わないといけないのだけれども、全面に出てくるのは、内臓の動き方に伴う心の動き方でもって、言葉は決まっちゃう。だから、分節化されるかされないか、民族語に分かれるか分かれないかは、お前の考え方からは出てこないと言われれば、それでも良いさとなってしまうんですね。

民族語も喉仏から上で決まっちゃうんですよ。目がふたつ、鼻がひとつと同じように、喉仏から上ということは人類共通性で、そんなに違わない。もちろん、顔色の違いとか、顔の形の違いとか、口腔の違いとかはあるわけですけれども、あまり大した代わり映えはしない。そこで民族語は起こるわけですし、言語の分節化もそこで起こるわけですから、そんなことは根本的な問題ではない。例えば、聾唖《ろうあ》者は音声や分節化された言葉をなかなか喋ることができないよ、唇の動かし方だけだよということになっちゃうけれども、それだって言葉は言葉だよということになりますし、心がある限り、つまり内臓の動きがある限り、それに対応する動きを人間が自分の外に出したいという気持ちがあって、言葉は成り立ちます。

個性的な無意識の表出

僕らがそういう考え方をして、現在において危ないなと思うことがあるのは、現在はものすごくわからない時代で、現在では無意識のなかのある部分(それは意識と割合近い部分だと思いますけれども)は区別がなくなってきつつあるんじゃないかと思うんです。日本の九割の人が自分は中流だと言っていて、九割の人は生活状態が代わり映えしないとなっちゃっている。知識教養も今のところ日本人の四十何%が男女共に大学卒になっていて、もう少し進めば六十%以上になって、それも代わり映えしない。生活性も代わり映えしない。そういう夫婦に育てられた子供の無意識は違うということは、ちょっと考えられないということになりますね。深い部分は違いますけれども、意識に近い部分は代わり映えしないということになります。代わり映えしない無意識というのは、ユングの言う意味とはちょっと違うんですが、共同の無意識だということで、個人の無意識の累積ということを言えないといけないんじゃないかという危惧を感じるんです。現在の先進国では共同無意識のかなりの部分がこれから共通していると考えてはいけなくなっているんじゃないか。自分が今まで考えてきた考えを多少修正しないと通用しないかなと思っている箇所なんです。そこらは僕らがはっきりと答えを出しかねているところです。現在が生み出している共通の無意識あるいは前意識の部分というのは、神話の逆であって、もしかしたら一種の作られるべき無意識の枠組みとそれを理解して、解析していかないと危ないんじゃないかなという感じがあるんです。

これはフランス人は優秀だなと思うんですが、僕はドゥルーズ＝ガタリの『アンチ・オイディプス』の邦訳の書評をしたので、丁寧に読んだのですが、あの人たちは無意識は作られるべきだと言っています。フロイト的に、系統発生的に無意識はどうだとか、個人の無意識がどうだとか、エディプスがどうだということは通用しないと言っているんです。でも何でそんなことを言うのということをちっとも説明しないんです。それで僕が代わりに説明すると、あの人たちの意図に反するかもしれませんが、現在の先進資本主義国では大して生活制度も代わり映えしない、知識教養も代わり映えしない。そういう両親から生まれる子供がある部分で代わり映えするはずがないんだ。だから、この部分の無意識は除外して別に考えればいいんだ。どう考えればいいのか、それはわからないけれども、その枠組みは考えないといけない。その枠組みを考えることは、先進的な資本主義国が、今はこうだがこれからどうなっていくのかを考える枠組みとまったく同じだと、僕は考えます。個々の人に作られる無意識はとても個性的に作られなければならないけれど、枠組みだけは、そういうものとして作られるだろう。

もっと極端なことを言いますと、先進的な資本主義がどこで死ぬかという問題もあるわけです。あまりに生活程度が高度になり、均質化された部分の無意識は、これからの社会の枠組みを考えると、枠組みとしては同じことになっていくから、死を考えることも同じことに違いない。それが作られると、かなりはっきりした見通しがつけられるんだということになっていて、フロイトとは違った意味で無意識を個性的に作っていくことが、とても重要な具体的な課題として出てくるだろうと、予想できます。

僕らの系統発生的な考え方と、自己表出は自我ということを意味しないでも、個性・個人ということと関わりあるわけですから、そこに固執すると、これから間違うかもしれないという危惧は、いつでも持っているんです。そこは自分の考え方の曖昧さがあるような気がします。

アジア的ということ

僕の言語の価値に始まる価値論というのは、内在化されてしまっているということだと思います。だから、貨幣という表現、きちんとした枠組み、概念を与える考え方から見ると、副次的なところを下にしているのだなと思うんですね。どうしてそうなったかと僕なりの理解をすると、マルクスを典型として、あるいは西欧の社会を典型として、貨幣という概念、つまり、ある価値の普遍的な担い手である貨幣という概念をそこから出していった、観念の過程のなかには、西欧社会の段階を主にして、未開、原始の次にアジア的段階をなかに入れて、社会の段階論を展開しています。このアジア的ということで括られている問題が、貨幣の問題に対して、とても大きな意味と言いますか、違いを生み出す根拠になっていることがひとつあると思うんです。

アジア的という段階を原始、未開の次の段階から取ってしまえば、西欧社会の発展段階イコール人類の歴史の発展段階であると、どう文句を言おうが言えることになって、アジア的段階を除いてもヨーロッパ社会にはさしたる段階論を変更する影響はないわけです。西洋社会イコール人類の普遍的進展と言えてしまう。西洋社会が人類の発展段階であって、それは先進的だというのは間違いないわけだけど、でも本当によく考えると、それが人類の歴史であるというのには異論が出てきます。

異論の第一はマルクスに言わせればアジア的、ヘーゲルに言わせればアジア的という段階とアフリカ的という段階を外に出していることです。アフリカ的段階について言えば、ヘーゲルによれば宗教的にはアジア的段階は自然が宗教になっているけれども、アフリカ的段階は動物と同じで、自然が宗教にまでなっていないで、動物とおなじように自然とまみれている段階ということになっているわけです。貨幣の概念が西欧的にはっきりしすぎていて、それが価値論の決め手になる考え方になっていくのは、たぶんアジア的とアフリカ的を外側にくくっていることではないか。つまり、あまりすっきりしすぎるんじゃないかな、それがもとなんじゃないかなと思うんです。

価値の普遍的な源泉としての言葉

僕の考えから言いますと、貨幣は価値の普遍的な源泉としてイメージできないと考えていて、できるのは唯一言葉だけだと思います。表現された言葉、あるいはそれが絵や字に書き留められたものは価値の普遍的な基盤にはなりうる。しかし、貨幣というものは価値概念を作る場合の基盤にあまりならないのではないかという考え方になっていくと思います。これはマルクスが度外視した、いくつかの特徴をとらえればアジア的ということで片付けられたところで考えられる価値概念は、どうしても言葉しかない。言葉ならば、アジア的というところでも、西欧的な社会でも共通に何かを言えるということがありうるのではないか。言葉の価値を作れるのではないか。貨幣というと、どうもはっきりしすぎる感じがどうしても僕には伴うんです。価値概念の形成する場合の貨幣の意味、存在の意味はそこではあまり大きな枠組みになってこないと思えちゃうわけです。

別な言葉で言うと、貨幣に西欧で通用するような普遍的な価値概念がつけられるのは、日本では明治以降からです。その前に貨幣として、大判・小判とか、中国を模倣した貨幣があるわけですが、それが実質的に単一の市場で通用することはなかなかなくて、藩で違う貨幣を作ったり違うやり方をしちゃって、普遍的な価値としての貨幣とはなかなかならない。大宝律令で作った貨幣の存在が上部の貴族層とか、その周辺では通用しても、その他ではなかなか通用しない。普遍的な価値があると思って使われて、慣れたのは明治以降であり徳川時代末期までは、農家だって農産物は物納でやればいいということになっていて、金銭でやるということにはなっていない。金銭で税金を納めても良いことになったのは明治以降で、そのために単一の農業市場ができるようになってきました。そこではじめて貨幣の持っている普遍的価値の象徴が日本人に考えられるようになった。こういう長い間、マルクスの言うアジア的という段階が存在したことを考えると、何となく貨幣に対する具体的なイメージは湧いてこなくて、物で納めれば良いのだろうとか、物々交換すれば良いだろうというイメージの方が多くなってきます。南のオセアニアの島々では石が貨幣として通用したり、日本や中国では宝貝が貨幣として通用したということがあったわけで、そういうことは自分のなかで割と大きな問題になっているわけです。

たぶん、言葉だけが普遍的な価値概念の形成の基準になりうる。そうすると、価値概念がとても内在的なものと関わりあうものとなっていって、外在化がなかなかできなくなっちゃう。大体、そこいらへんから価値概念の作り方の意識は分かれるのではないかというふうに考えます。マルクスの考え方のなかにひとりでに、人類の発展イコール西欧社会への発展、あるいは西欧社会の価値概念イコール人類の価値概念と言えば済む、それで通ってきたことがあると思いますが、それには異論があります。

第二章
原生的疎外と経済

解説

吉本隆明の創造した言語図式では、指示表出と自己表出という二軸の交わりから多様な表現が生み出される。指示表出に関係する面については、現象学をはじめとする西欧の啓蒙性を本質とするさまざまな学問が、その本質をあきらかにしてきた。しかし無意識や情動や身体性の領域に深く根を下ろしている自己表出に関わる面については、フロイトやユングの学問のような少数の例外者を除いては、西欧ではじゅうぶんに深められることがなかった。

吉本隆明が『心的現象論』の仕事に取り組んだのは、ヘーゲル精神現象学やフッサール現象学の限界を超えて、表出性の深い闇の中にまで現象学の基礎を拡張しようとしたからであろうと思われる。この試行を実行するために、彼は精神病理学や古代言語論や考古学などのような、心の深層性の学問に関わる領域に大胆に踏み込んでいった。

しかし身体内部への探求が深められる途上で、言語的理性は内臓的領域に触れたあたりで自らの限界に達してしまうのである。無意識の領域あたりまでは饒舌におしゃべりを続けていた身体が、内臓に踏み込んだあたりで急におしゃべりを止めてしまうのである。心的現象論の底はもっと深いはずだと直感していた吉本隆明にとって、内臓的領域の沈黙を破ってくれる学問がどうしても必要だった。

そのとき彼の前に、三木成夫の研究が出現したのである。彼は驚愕した。この孤独な解剖学者のおこなった探求は、内臓の諸活動に数億年におよぶ生物進化の記憶が刻印され保存されていることをあきらかにしようとしていた。またそこには、吉本の言う自己表出に関わる無意識や情動の源泉までもが、内臓的諸活動と関連づけられて、マッピングされていた。

ヘーゲル精神現象学には、人間の精神が過剰を抱えることによって、自分を取り巻く世界環境から疎外され、そこから精神の運動が発生してくるさまが、巧みに描き出されているが、三木成夫の研究はそれよりもさらに原初的な生命レベルでおこっている「原生的疎外」の構造を示そうとしていた。このような深化した「超疎外論」に立つとき、資本主義の理解にも根底的な拡張が必要になるだろう。そのような思想に導かれて、吉本隆明の心的現象論にもとづく経済学は、深められていった。

1　三木成夫の方法と前古代言語論

Ⅰ　宇宙のリズムと文明

三木成夫さんの著作に接するようになって、まだ数年しか経っていませんが、はじめて読んだときはほんとうにおどろきました。なぜかと申しますと、三木さんの方法論が、価値形態論におけるマルクス、国文学研究における折口信夫とおなじだとかんじたからなんです。そこで『胎児の世界』をはじめとして、論文や講演にいたるまで三木さんの考え方にふれ、じぶんのやってきたこととの関連で、学ぶことができるところはどこかとかんがえました。ぼくは、文字で表現するところから始まる文学論を主体にやってきましたが、じぶんの言語論と文学論をむすぶ方法がここにあるとかんじたわけです。文字以前の言語論が可能なのではないかとかんがえるようになりました。それで、三木さんの方法に勇気づけられながら、つっかかり、つっかかりいままでやってきたんです。三木さんの考え方のどこをどう補ったらいいか、あるいはここを補いたいなあ、とおもったことから申しあげます。

『胎児の世界』でまずびっくりしたのは、一週間から三二日目位で、人間の胎児は両棲類の段階から、陸へ上がって爬虫類みたいになる。それから胎児圧のようなものを経験して、母親がつわりから感覚の変貌を一時的におこす、という条でした。魚類が陸棲したり、また海へ還ったりする生物の進化が胎児の世界と重なり合っていることを知りました。生物というのは、宇宙の写しなんだという考えが根本にあるんです。植物はそれをそのまま受け入れていますが、人間などは個体のリズムというか、自我というか、そういうものを持とうとする、それも生物発展の段階なんだということです。宇宙はリズムと螺旋構造を基本にしていますが、生物がやってきたことは、この宇宙の写しとその変形だと、三木さんはいわれています。

またもうひとつには、生物は性の相と食の相のふたつからできているという指摘におどろきました。サケの一生にそれが象徴的に出ている、というのです。つまり生殖のために元の河に戻り、自身は衰退にむかう。人間も、死にむかって青春期を閲《けみ》していく。成熟しつつ衰退にむかう、と考えた方がいい。ただ人間は器具を使ったり、自意識による表現などで、食の相と性の相を意識的に一致させようとしたりするから、この境界がはっきりしません。しかし人間の生理反応をつきつめれば、やはりおなじことなのだと、三木さんはいいきっておられる。そういわれると、なさけないともおもうんですが、納得せざるをえない気持になるんです。

三木さんの考え方というのは、やはり本質的な意味でのナチュラリストなんだとおもいます。生物はナチュラルな宇宙から、だんだん逸脱していって、じぶん独自のリズムを築こうとして、やってきた果てが人間ということになります。そうすると宇宙のリズムに背くというかたちでしか人間は生きていない、ということです。けっきょく、天然自然に背くのはダメなんだ、というナチュラリストの観点に収斂《しゅうれん》するのが、三木さんの考え方だとおもいます。人間はそれを底に沈めるようにして、宇宙のリズムを崩してしまう、これはダメなんだというのです。この考え方に欠落しているのは、文明史だとおもうんです。三木さんの考えをつきつめれば、文明が高度化するのは、自然に反する行いの果てなんだということになります。三木さんの考えのいちばんの弱点は、ここなんじゃないかとおもいます。補足すべきは、ここではないか。ぼくは、文明に所定の意味を与えるべきだとおもうんです。ぼくはエコロジストと喧嘩ばかりしているんですが、いつでもこの点で議論するんです。文明史は自然史の延長としてあるんだ、とおもうんです。文明が自然に反する、とはかんがえないんです。

Ⅱ 文明とは手を加えられた自然史――マルクスとの同一の方法

ところでどうやって三木さんの考えを補足するかなんですが、おなじように文明化すなわち価値化である、ととらえた人にマルクスがいます。マルクスの視点にたてば補足できるとおもうんです。マルクスの考え方を拡張する方法が、ひとつだけあります。労働価値説といわれているものですね。たとえば、野原にある林檎《りんご》の木の実の価値をどうかんがえるかといいますと、この木によじ登って、林檎をもいで下りてくる、その間の労力を価値として金銭で見積もる、ということになります。マルクス的にいえば、それが林檎の価値です。それじゃ、林檎の植わっている土地が私有地ならどうなるか。そうなると、その土地の所有者の権利もかんがえなければなりませんし、林檎の木を管理している者がいれば、その労賃も考慮され、さらに加工工場が林檎を壜《びん》詰にするとすれば、その労働も加味されます。つまり、マルクスによれば、原型的なものをまずかんがえ、つぎつぎに条件を複雑にしていくわけです。その方法は、三木さんと変わらないとおもいます。

人間は内臓器官の集約物である心臓と、感覚器官の集約物である脳と、これを連結する神経系からできている、というように、三木さんは、植物から動物へ、さらに人間へと条件をどんどん複雑にしていくんだとおもいますね。だから方法としてはマルクスとおなじで、はじめに原型を思い描いて、条件の複雑化に応じてどうなるかとかんがえるわけです。三木さんは、人間の腸管は入口と出口を結ぶもので、植物の幹《みき》とおなじものだとかんがえればわかりやすいですよ、といっています。また人間の感覚器官は動物神経に支配されていて、神経系を通じて脳にいく。一方で、腸管は植物神経に支配されている、というわけです。マルクスとそっくりおなじです。ただちがうのは、三木さんの考え方で文明はどういうものかというと、悪いものなんです。

マルクスはそうではありません。労働価値説を拡張し、抽象化しますと、人間が自然に手を加えるということ、実際に手で触れたり、目で見るだけでもいい、マルクス流にいうと対象化行為ですが、そうしたすべてが対象にむかう行為とかんがえると、行為が加えられた対象は価値化されることになります。マルクスの考えを拡張すると、こうなります。

つまりマルクスの労働価値説を経済に限定しないで普遍化すると、自然に何か働きかけをおこなったときには対象になった自然の部分が価値化される、というのがマルクスの基本的な考え方です。そうすると価値という概念が生きてきます。つまり文明とは、人間が外界に何らかの手を加えた果てのものだとかんがえますと、マルクスの価値論は文明論に還元できることになります。こういう同一化の概念が、三木さんにはないんです。文明はよくないんだ、ということになってしまう気がします。いまのエコロジストは、そういうことばっかりいってます。それじゃあ、自然のままで虫など採って裸のままでいればいいでしょ、といいたくなります。都市がいまさら農村にもどりっこないでしょう。文明とは、マルクス流にいえば、価値化を積み重ねた末に出来たわけで、自然に手を加えたうえの、人工的な自然なんです。つまり文明とは自然史の延長線上にある、手を加えられた自然史と理解することができます。こうしますと、三木さんやマルクスの発想に文明を取り入れることができます。文明はかならずしも自然のリズムと対立するわけではない、これも自然史の一段階で、これを逆さまにもできませんし、価値ありませんよ、ともいえないんじゃないかとおもうんです。こうしますと、三木さんの考えを補えるとおもうんです。かならずしも文明と自然とが対立することにはなりません。根底は自然の歴史で、それにどれだけ手を加えたか、自意識によりどれだけ加工された自然か、ということです。

たとえば、もしも極端なエコロジストが日本国の政権を握りまして、自然を破壊したやつは全員死刑だという法律をつくったとします。そしたら自然破壊はやむか、つまり文明の発達はやむかというと、そんなことはないんです。その程度でやむようだったら、とっくにやんでいるはずです。自然史の発展は必然だから、ぼくはやまないとおもいます。法律で規制して、文明史の発達を遅らせることはできても、最後までいけるとおもったらとんでもない間違いです。自然史の必然として文明が発達することは、絶対にこれを阻止できませんし、逆さまにもできない、とぼくはかんがえるんです。三木さんの意図に反するかもしれませんが、これが、あの文明化イコール価値化というふうな、マルクスの概念の拡張で得られたぼくらの認識なんです。

三木さんが生きておられたら、エコロジストの寵児というか、アイドルになっていたにちがいありません。ぼくは、三木さんを偉いなあ、大変な人だなとおもうんですが、ふつうのエコロジストのいっている倫理的自然主義というようなものとくらべるとともかく徹底しているんですね。あの宇宙のリズムとか、植物から動物へ、それから人間へという発展過程が、ことごとく発展史としてみごとに解剖されているところなどに、徹底ぶりがよくみられて、そのエコロジカルな主張も、ぼくには納得できてしまうんです。けれども、やはりぼくはちょっと補いを加えてみたいんです。方法論は三木さんとマルクスとはおなじですが、やっぱり文明史を解釈できるぞというのが、マルクスの『資本論』のいちばんのミソですから。ただもしも三木さんとマルクスが相対したとしたら、三木さんの方はマルクスに、文明信者でやっぱりおまえはダメだというだろうし、マルクスは三木さんに、そんなことばっかりいってるから人間はいつまでも貧乏してるんだ、と反論するでしょう（笑）。二人はそこがちがうんです。

ぼくは、べつの機会に少し書いたことがあるんですけど、マルクスの価値論にも補いを加えてみたいんです。つまり、マルクス流に考えを普遍化していくと、文明化イコール価値化、すなわち対象にむかった人間の行為や、自然にたいする人間の行為は精神的だろうと物質的だろうと、行為を行ったらさいご、対象はすべて価値化され、商品になったり、人工的な建物になったりするわけです。しかし、この価値化という考えは、ちょっと息苦しいなあとおもうわけです。自然も何もかも価値になっちゃう。全て人工物になっちゃう。マルクスを徹底していくと、そうならざるをえないんです。マルクスの経済学はそういうふうにできあがっていますし、経済学というのはもともとそういうものなんだ、といわれればそれまでです。しかしぼくは、価値という概念をもう少し内在化してみてもいいんじゃないかと、おもうわけです。わかりやすくいえば、文学とか美術は元をただせば、じぶんの精神にじぶんが手を加えて、小説やタブローを表現するという価値化なんですね。マルクスの思想にこの精神の価値化もつけ加えられれば、いいなあとおもうわけです。息苦しくないえば、娯楽とか芸能とか遊びとかも、手を加えた価値化に包括したらいい、とぼくはおもいます。そうすれば価値論も息苦しくなくなるのではないか、ということです。

マルクスから学んだ言語論

ぼくがマルクスから学んだことに、もうひとつあります。それは言語論です。まだ粗雑ではありますが、ぼくはじぶんの言語論をもっています。丸山圭三郎さんたちがされているように、いまはソシュールの言語論が主流をしめています。これがいちばんかっこよくて、受け入れられているわけです。ぼくの言語論の体系はソシュールとはちがうんですが、ただ言語論の視点では共通するところもあります。つまり経済学における貨幣のふるまい方、あるいは価値物としての金銭のふるまい方が、言語のふるまいとよく似ているという視点です。ソシュールが近代経済学から言語論をつくっている、ということがぼくにはよくわかります。『一般言語学講義』がソシュールの主著とすれば、そのなかでソシュールは貨幣に言及しながら、ある言語の価値を決めるばあいにおなじ種類のものとくらべられ、またちがう種類のものともくらべられるというふたつの性格は、経済における貨幣の性格に対応している、という意味のことをいっています。つまり五シリングは一シリングとくらべられ、また異質のものとも、たとえば観念ともくらべられる。あるいは商品のような、貨幣とは異質のものともくらべられる。このふたつの性格が価値の概念化には必要だ、とソシュールはいっています。ぼくは、だから近代経済学から考え方を借りてきたんだな、とおもうわけです。ぼく自身の言語論は、マルクスの『資本論』の価値形態論から作りあげました。しょっぱなから見ると、どうもおれの方がいいんじゃないか（笑）、とおもうんですが、いかんせんぼくのは細部が粗雑で、ソシュールの方がいいんです。価値には使用価値と交換価値とがあるんですが、交換価値こそが価値だというわけです。商品の価値は何か、交換できることだ。つまり何時間の労働と交換できるか、というのが価値なんだ、というとらえ方です。

言語論にじつはこの考え方をもっていくことができるとおもうんです。言語は、自己表出と指示表出というふたつの表出からできています。そして、潜在化した指示表出を通った自己表出が言語の価値です。それはまさに、マルクスが交換価値が要するに価値なのだといってるのとおなじことで、自己表出が価値なんです。指示表出というものは潜在化されていて表に出ず、自己表出されて表に出たものが言語の価値となります。だから、文学作品の価値も文体となったところにある、といえます。ぼくの考え方の基本はここにあり、この点でソシュールとは大変ちがっています。ソシュールは、喋言ることが目に見えないことだとかんがえています。だから、耳から入ってくる聴覚映像と聴覚概念、つまり聴覚映像の系列と概念の系列が何らかの契機によって結びあわさることによって言語になる、というのがソシュールの理解です。かれはとても根本的なことをかんがえているわけです。しかしぼくは、文学に必要な言語領域だけでいいとおもったものですから、文字に書かれた以後の文学論になりうる言語論を展開したわけです。そこからあとのことで三木さんから受けた影響が物をいうとかんがえました。自己表出と指示表出という考えはマルクスに負っていますが、ところがおなじ考え方を三木さんもしているんです。

三木成夫から学んだ言語論

三木さんの書かれたものを読んでいるうちに、この人の考え方とぼくの言語論とを対応させることができるんじゃないか、と気がつきました。やや乱暴にまとめますと、三木さんは人間について、植物神経系の内臓——大腸とか肺とか心臓といったものですが——の内なる動きと、人間の心情という外なる表現は対応するし、また動物神経系の感覚器官と、脳の表面の働きは対応しているとかんがえています。そうかんがえたうえで三木さんは、植物神経系の内臓のなかにも動物神経の系統が侵入していくし、逆に血管という植物神経系の臓器も動物神経系の感覚器官の周辺に介入している、といっています。植物神経系の内臓のなかにも動物神経の系統が介入しているんですから、内臓も脳とのつながりを持っていることになります。何らかの精神的なショックを受けて胃が痛くなるとか、心臓がドキドキするとかいうことがあるのはそのためで、そのとき人間は、動物神経と植物神経の両方にまたがる行為をしているわけです。植物神経系と動物神経系とが連結して脳につながると、三木さんはいっておられるとおもうんです。

ぼくがはっとしたのはそこのところで、それならばぼくのいう言語における自己表出というものは、内臓器官的なものを主体とした動きに対応するのではないか、とおもったのです。対象を感覚が受けとめたり見たりすることがかならずしもなくても、内臓器官の動きというものはありうるし、人間の精神の動きとか表現というものもありえます。つまり植物器官を主体とした表現を自己表出といえばいいのではないか、そうかんがえました。では指示表現は何かということになりますが、指示表現というのは、目で見たり耳で聞いたりしたことから出てくる表現ですよね。たとえばぼくが誰かの顔を見て、あいつの人相は悪いと表現したとすれば、それは指示表出です。そしてこれを三木さんの考えと結びつけていえば、指示表現は感覚器官を動かしている表現である、ということになります。

そういうふうにかんがえていきますと、じぶんはこれまで文字で表現された以降の言語論ばかりしてきたけれども、じぶんにも、文字で表現される以前の言葉だとか、赤子のような言葉がないときの表現というものまでも含めた言語論ができるのではないか、べつにソシュールの言語論の向うを張る気はありませんし、ソシュールのような大才はもっていないんですから、向うを張ろうにも張れませんが、じぶんの言語論の体系を文字以前のところまで拡張することができるんじゃないか、と気がついたわけです。そのヒントになったのがまさしく三木さんの方法でした。三木さんからは最大の恩恵を受けたという感じがします。ぼくが言語論を始めたのは三〇代の前半でしたが、もしもその頃、三木さんの本を読んでいたら、もしかすると俺はソシュールくらいになれたんじゃないか（笑）、とおもえるくらいで、ああ、遅かったなあ、というのがじぶんの本音のところです。それくらい、三木さんっていう人は、ぼくにものすごいものを与えてくれたんです。

超文明と超原始

世界中の国家で、天然自然を相手にする農業、漁業、林業などに従事する人々の数は減少し、その収益も減少しています。これは、一種の自然史的な成り行きだとおもうんです。文明と自然との関連の問題は、大都市と地方、先進国と発展途上国との不均衡な関係にもあらわれています。そこで、不均衡を解消する唯一の方法は、ぼくは贈与であるとかんがえています。意識的な贈与というか、平等とか均衡を保つ仕方をつくりだすべきではないでしょうか。また、現代文明が超文明にすすんでゆくことが不可避の事態ならば、逆に天然自然のもっとも原初的な情況を、農業や漁業以前の情況を、つまり超未開とか超原始を追究することがじつは必要なのではないかとおもうんです。超文明と超原始とを見つけだすことはおなじなのだという観点をどこかでつくりたい、そこに結局は帰するんじゃないでしょうか。

（……）文明化と価値の問題ですが、交換価値だけが価値だという考え方はやはり否定できないとおもうんです。マルクスが労働価値説をこしらえた時代は、まだ牧歌的で、農業と工業の対立しかなかったわけで、空気とか水のように使用価値だけあって、交換価値がないというものがあった。けれども現在はそうではない。第三次産業といわれるところに、労働者がうつっているわけです。天然水も商品として売り出されていますよね。使用価値と交換価値とが、心臓と脳じゃないけれども、どこかで相通じるみたいな、そういう段階の価値なんです。使用価値と交換価値とを機能的に区別できないのが、現在です。経済学も無意識にそれを知っているのでしょう、使用価値のみを価値とみなし、その大小だけをかんがえています。時代はたしかにそういう段階にあるんだけれども、それだとちょっとまちがえちゃうよ、とおもうんです。使用価値に差異論と機能論をあてはめるから大小をいうけれども、ほんとうは使用価値に大小なんてないんです。要するに三木さん流に両方をからめあって、ミックスしている価値をとらえるべきなんです。だから天然自然のことでいえば、自然よりいい自然をつくってしまえばいいともおもうほどです。いまある森林を守るのではなく、いまのそれよりもっといい森をつくってしまう、ということですね。それが超文明的な意味での自然だとおもうんです。

植物学でいえば、いい森林をつくるときにどの樹とどの樹をその土地で組み合わせればよいか、ということはもうわかっていますよね。それならば、森林を守るという発想を転換して、植物学のそうした知識を実践して、いい森をつくってしまう、自然の森よりも少なくともすこしいい自然をつくれる、ということです。稲作の冷害がありましたが、宮沢賢治の童話にあるように、冷害がきそうになったら天空の温度を少しあげる細工をしたらいいんですよ。今日、それは可能な時代になっているとおもうんです。

第三章

近代経済学の「うた・ものがたり・ドラマ」

解説

これも一九六〇年代から七〇年代にかけての頃であるが、若者は難しい本を臆せずによく読んでいた。彼らはマルクスの経済学がリカードの経済学から大きな影響を受け、その欠陥を正して古典派経済学として完成を与えようとした、ということを知識としてよく知っていた。またリカードの経済学がその前のアダム・スミスの経済学を基礎として、それを厳密な理論として発展させようとしたものだということも、知識としては心得ていた。

しかしアダム・スミスの経済学がほんとうはどういうものであり、リカードがおこなった厳密化がじっさいにはどういう手続きでおこなわれたか、そこから飛び立ったマルクスが経済学でおこなった創造の本質とは何か、ということになると、その中でもっとも優れている（と思われていた）マルクスの経済学さえ理解しておけば、そこには先行者の業績がすべて呑み込まれているので、じゅうぶんだと思い込んでいた。

しかし吉本隆明はそうは考えなかった。後の時代に出現した者が先行者の思想を批判的に乗り越えたと主張していても、それを鵜呑みにすることなどはできない。先行者を乗り越えたと思った瞬間、じっさいには大切な要素が切り捨てられていて、貧困化を進歩と思い込んでいたことが、あとになってわかる。吉本隆明はマルクスから大きな影響を受けたが、同時代の多くのマルクス主義者のようにマルクスを神格化したりはしなかった。

彼は『国富論』を丹念に読むことから、経済学の勉強を始めた。スコットランドの大学の倫理学教授だったアダム・スミスの本を読んで、彼はそこにたゆたっている資本主義創成期のおおどかな雰囲気が、大いに気に入った。「まるで経済学のうたが歌われているようだ」と彼は詩人らしい感想を持った。つぎに取り組んだリカードの『経済学と課税の原理』は、さすがロンドンの金融街で活躍していた現役の銀行家が書いた書物らしく、じつに収支決済の「始末」に行き届いた配慮がされていた。アダム・スミスの書物の中でまだ「うた」のようなインプリシットな状態にあった思考が、計算手順を持つエクスプリシットな思考として引き出されている。「うた」が「ものがたり」につくり変えられたのである。そしてそのとき「うた」に含まれていた重要な美点のいくつかが消えていった。このときある部分では、経済学は貧困になったのである。それならマルクスの場合はどうだったのだろう?

吉本隆明は古典派経済学を例にとって、思想史の読み解き方を若者たちに伝授しようとしている。思想に本質的な進歩などということはおこっていないのではないか。動物の世界でのように、それぞれの思想は与えられた環境で完成を遂げているのかも知れない、という反省に誘《いざな》われる。

1 経済の記述と立場――スミス・リカード・マルクス

ただいまご紹介の吉本です。ぼくは日本大学に来るのはこれで二度めです。一度めはすごいときで、バリケードのあいだを学生さんに案内されておしゃべりしたんです。そんなときですから学生さんも知識に飢えているんじゃないかとおもって、ちょうど『言語にとって美とはなにか』という本を出したばかりの頃だったので、言語がどうやってどんな形で「美」につながってゆくのかというお話をしたと憶えています。今日はそれをおもいだしながら、「経済の記述と立場」という格好はいい題をもうけて、やれるところまでやってみます。

I スミスの〈歌〉

スミスの思考法

まず、アダム・スミスはどういう〈歌〉をうたったのかというところからはじめていきましょう。時間があってうまくいきましたら、マルクスはどういう〈ドラマ〉を描いたのか、つまり、「価値論」でどういう〈ドラマ〉を描いたのかというところまで、いけたらとおもいます。

アダム・スミスの『国富論』（あるいは『諸国民の富』）とか『国富論』の草稿を読みますと、記述のしかたと着想とが、じつに牧歌にあふれているという感じをたれでもが持つんじゃないかとおもいます。たとえば、スミスは『国富論』の草稿のなかで、〈今はまれになってしまったけれども、田園には風車とか水車とかが回っている。そして、風車とか水車を最初にかんがえて発明した人はきっと哲学者だったにちがいない〉といっています。事物を綜合的にみれる哲学者がはじめに風車とか水車を、動力に使うことをかんがえつきました。それからずっと技術にたずさわる人たちが、代々風車とか水車とかを手仕事で作ってきました。しかし、産業革命の時代にはいってからは、分業がとても細分化され、それにつれて、風車とか水車を発明した物をかんがえる人は、だんだん専門家にとって代わられてしまいました。つまり専門の大工や、専門の機械工や、動力機を工作する人に分かれていってしまった、と述べています。

スミスの経済の学についての考え方がどこから始まったかを、この風車や水車の挿話はとてもよく象徴しています。

「分業」について、スミスの考え方はどういうものか申し述べてみます。はじめに外から強制されて、つまり産業構造におされて、それぞれちがう職業の専門に細分化されていったというよりも、人間の本性のなかに、じぶんはこのことをやり、ほかの人はちがうことをやり、それでまた別の人はまたちがうことをやり、というふうにやっていったら、そのうちに、じぶんの作ったものので、ひとが欲しいものがあったら、じぶんが欲しいものでひとが作ったものと取りかえようじゃないかとかんがえるようになった。そこからはじまった。取引きするとか、交換するとかという考え方が人間に出てくるのは、けっして外からの要因でじゃなくて、人間の本性のなかにそういうものがあるから、分業の細分化とか、交換みたいなことが起こるんだ。べつに意図して分業のほうが都合がいいからとか、便利だからそうなったというより、むしろ人間の本性には分業の考え方があるんだと見做《みな》したほうがいいんだ。スミスはそういっています。

これは、たぶんスミスの経済学的な思想の中心にある考え方だとおもわれます。スミスはそんな例をあげていますが、手足を使って身体を動かして仕事をする肉体労働の人と、哲学者みたいにもっぱら物事をかんがえるだけの人との本性の相異は、たとえば犬でいえば、愛玩用の犬と猟犬とのちがいほどにも差があるものではないんだ。ところが、そんなに差がないはずの人間のほうが、かえってそれぞれの差異を専門として、それに従事するように分かれてしまった。逆にもともと、猟犬と愛玩用の犬とは人間に較べればはるかに差があるにもかかわらず、犬のような動物は、それぞれの役割をもっと細分化して、協力したり交換したりしようとかんがえなかった。猟犬と愛玩用の犬と牧畜用の犬とが、それぞれじぶんの得意とする役割を持ちながら、たとえば猟をするときに協力してやったらいい仕事ができるはずなのに、動物はみな、そういう意味あいでは協力しないで、あくまでもじぶんが獲《と》って、獲ったものを食べて、じぶんが生きていくことしかしない。それではもちろん協業体制はできるはずないし、また逆に、分業して細分化することもありえない。

だからたぶん、人間と動物との最初のちがいは、分業をつくり出せるかどうかにあった。もともと差異がそんなにない人間の本性から出発して、かんがえてみれば途轍《とてつ》もないほどちがった細分化された職業あるいは専門に分化してゆく。そのあげく全体としてはある協業体制を作れるところに、人間的な本性があって、その本性のいちばん基本には、たぶん、じぶんにないものを対手《たいしゅ》から得るとか、対手にないものはじぶんが作ってあげるとか、また交換するとか、そういうことがあった。そこがいちばん根本じゃないか、スミスはそういっています。スミスのこの考え方は、『国富論』みたいな主著のなかに、全体的にばら撒かれているといえましょう。

スミスの考え方でもうひとつ特色をあげてみます。それは「起源」ということです。ものごとをかんがえるばあい、あることがらを「起源」のところまで遡ってかんがえますと、そのまま眺めたらどうしても本性がわからないことが見えてくることがあります。歴史的な起源であり、それから原型であるというところまで遡ってみると、本性がつかまえられ、また本性のところまで遡って把握されたものは、本質的なものだ、という方法がスミスにはあります。

そしてこの「起源」に含まれるところまでの遡行性ということは、さきほどいいました人間の本性としてある分業性・交換性と合わせて、スミスの経済理念の根柢に横たわっているとおもいます。

スミスの考え方を抽象的ないい方で申しますと、人間には、さまざまな異った外観、あるいは異ったもののなかから、何か共通に同一なものをつかみ取る能力が具わっていて、それが人間にあって動物にはないいちばん重要なことだというのです。たぶんこの考え方がスミスの「交換」という経済概念の底にあるもののようにおもわれます。ここにはさきほどいいました、牧歌的な〈歌〉をうたいながら、〈歌〉のなかで経済的な概念を創りあげていくという、スミスのやり方が実によく現われています。

さまざまな場面で、スミスは、「起源」と「交換」というふたつの基本的な考え方のパターンから、興味深い経済的な概念を作りあげています。たとえば、取引き、「交換」ということ、いいかえれば、商品の販売や交換をかんがえてみます。それは、まずはじめのところでは、物々交換が行われ、そのかぎりではすべての人間は商人だということで、すべての人間が商人である社会は、いわば商業社会です。近代社会のなかの一部門で商業社会が成り立っているということじゃなくて、すべての人がはじめに、物々交換でじぶんにないものをじぶんが持つために、それからひとがないものでじぶんが持っているものをひとにあたえるために、とかんがえはじめたとき、商業（資本）がはじまるという考え方です。

そういうスミスの発想はたくさんあります。経済学の主要な概念について、スミスはそういう発想をひろげています。たとえば、「貨幣」とは何かかんがえてみます。はじめに物と物との交換が行われます。そのうちに、交換するしかたも種類も多岐にわたり、複雑になってきます。物々交換が煩雑で堪えられなくなったら、そのつぎの段階で人間はどういうことをかんがえるかというと、何かと交換しようといったばあい、この物ならたれでもそんなにいやだとはいわないというような、ある種の商品を、一定量たえず蓄えておくようになります。そして何かじぶんが欲しいものがあったら、〈これと換えないか〉というと、たいていの人は〈換えてやろう〉といってくれる確率がおおきいわけです。そういった大多数の人が欲しがる商品の種類を一定量蓄えることを、人間は次第にかんがえていくでしょう。そのばあいの、これならばたれでもいやとはいうまいという蓄えられた商品が、貨幣の原型になるわけです。つまり貨幣の「起源」にあるものは、そういうものだ、とスミスはいっています。

ここにあるスミスの考え方には草原や森林の匂いがします。とくにたれもが欲しくないとはいわない商品を蓄えて、物々交換に備えようとするとかんがえるところなど、そう感じます。牧歌のきこえてくるようなわかりやすい考え方で、貨幣の本性を説明しています。とても素朴で、人間の社会が、たぶん未開・原始の時代からやってきたことの面影を、ずっとすくい取りながら、貨幣という概念までもっていくスミスの発想は、じつに〈歌〉にあふれているといえます。経済学は面白くない学問だし、一般的につまらない記述の仕方で高度なことをいおうとしています。でも主著の『国富論』にあらわれたスミスは、じつに豊かなのびのびした記述をもっていて、みごとだとおもいます。経済的な概念の作りあげ方が、じつに自然でスムーズにいっています。そのなかで、スミスの考え方の特徴である「起源」という概念と「交換」の本性の概念がいつでも生かされています。

そのなかで、いちばん興味深いのは、**「価値」**という概念を作っていくばあいの説明のしかたです。スミスは「価値」という概念を説明するのに、靴の例をあげています。靴というものは履いて歩くために使われる。そんな使われ方をするときは、靴は**「使用価値」**として使われていることになります。しかし靴にはもうひとつの使われ方があります。それは、じぶんが欲しい何か別のものがあって、ひとがそれを持っていたとすれば、その靴をじぶんの欲しいものと換えたいときに、その靴を使うということです。

一般的にすべての商品はそんなふうに、それ自体として使われるばあいと、それをもとに別の欲しいものと換える、一種の購買力の代用品として使うやり方もあります。靴を履いて使う使い方が「使用価値」という概念の源にあります。そして、靴で購買力の代用をするばあいの使い方をかんがえれば、**「交換価値」**という概念が発生するといえましょう。スミスはそんな説明をしています。

ところで、スミスが「使用価値」と「交換価値」を説明するのに出してきた概念は、スミスが最初の発想ではありません。これは（マルクスも記していますが）、アリストテレスが『政治学』のなかですでに出している概念だといえます。ものの役立ち方にはふたつあって、ひとつはそのものとして役立たせるということだし、もうひとつはものをほかのものと換えて役立たせることだ、事物にはかならずこのふたつの役立たせ方があるというように、アリストテレスはのちの「使用価値」や「交換価値」の概念がすぐに出てくるような、はっきりしたいい方でいっています。スミスたちは、アリストテレスの概念をかりて、「使用価値」とか「交換価値」という概念を作り出しているとおもいます。

〈牧歌〉の豊かさ

スミスの「使用価値」とか「交換価値」という概念の作り方を、もっと元に戻してしまったらいったいどういうことになるでしょうか。つまり、スミスが『国富論』でやっているよりも、もっと元に、もっと自然のなかに、牧歌のなかに戻してしまうのです。それをちょっとかんがえてみます。

何よりも「価値」という言葉でおもい浮かんでくる感覚的なこと、感情的なこと、論理的なこと、その他なんでもいいから、ぜんぶおもい浮かべてみましょう。「価値」という言葉を聞いたときに、たとえばみなさんはどういうことをおもい浮かべるでしょうか。「価値」って何だとおもうと訊《き》かれたばあい、どういうものをおもい浮かべるかかんがえてみます。ひとそれぞれにちがうでしょう。「価値」という言葉を聞くと、すぐにダイヤモンドだとか、高価な貴金属をおもい浮かべる人もいるでしょうし、なんとなく〈貴重なもの〉という感情をおもい浮かべる人もいるでしょう。また〈大切なもの〉を具体的におもい浮かべる人もいるとおもいます。そのおもい浮かべ方はさまざまです。こういうさまざまなおもい浮かべ方のなかで、「価値」といわれると、なんとなくおおげさに感じながら、なんとなく心の中では大切なものなんだ、というものをおもい浮かべてみます。そういうことは、たぶん「価値」という言葉をおもい浮かべたときの根柢にある感情、あるいは感覚なんじゃないか、とおもいます。その根柢には、〈なんか知らないが、具体的な何かというんじゃなくて、なんとなく大切なものなんだ。しかし、その大切なものをどういうものだというふうにしてしまったら、もう、大切なものがどこかで壊れてしまう。ましてや、それを「価値」という言葉でいってしまったら、とても重要なものがそこから抜け落ちてしまうような感じがする〉ということがあるとおもいます。

そうすると、「価値」という概念を経済学のほうにではなくて、牧歌、あるいは自然感情、または人間の自然本性のほうにどんどん放ってしまいますと、とても漠然とした〈なんとなく大切なもの〉というところに源泉があるとこまでいってしまいます。そこまでいってしまえば、それは、ほんとの古代の素朴な牧歌といいましょうか、そういうものになっていきます。つまり、なにか大切なもの、しかし形がなんだかってことはいえないし、それは外にあるものなのか、あるいは形のない心の中にあるものなのか、それもいえないというところまで、ずうっと牧歌的なもののほうに概念を放してしまいます。そこのところがたぶん、「価値」という概念の「起源」にあるものだとおもいます。

スミスもやはりそういうものからつぎつぎに、感覚とか感情とかをしぼりこみ、削り落して、「交換価値」とか「使用価値」という経済学上の概念を作っていったとおもいます。

ところで問題なのは、スミスがそうして「価値」概念を作ってしまったとき、すでにもう人間が〈なにか知らないけれど大切なものだ〉というイメージでおもい浮かべるものから、なにか重要なものが抜け落ちています。こぼれ落ちてしまっているのです。そうすると、こぼれ落ちてしまったものは、ふたたび経済的な範疇にたいしてどこかで逆襲（復讐）するにちがいありません。まずアダム・スミスが『国富論』で近代的な経済概念をはじめて作りあげた、そのところですでに、そういうこぼれ落ちていったものが、経済学的範疇を至上のもの、いちばん重要なものとしてかんがえる考え方にどこかで復讐することがある。そんなことがかんがえられます。

このばあいこぼれ落ちた部分をもとにして、それになにか別の形をあたえていったものが、たとえば文学であり、絵画であり、音楽であるといえましょう。それらが経済学、あるいは経済概念にたいして復讐をしているのか、または調和を求めているのかわかりませんが（それはさまざまなばあいがありうる）、とにかくそういう形で経済の範疇から離れていって、別の分野を作っているといえるとおもいます。

経済的な範疇というものをかんがえるばあいに、たえず経済的な範疇からこぼれ落ちたものから何が生まれたのか、あるいは何を生み出していったのか、そしてそれは経済的な範疇にどういう復讐のしかたをしたり、どういう調和のしかたをしたり、どういう分かれ方をしたりしているのか、ということをおもい浮かべることは大切なことのようにおもわれます。その重要さを最初にみごとに保存して、経済的な概念とか範疇とかが作りあげられるところで何がこぼれ落ち、そして何が残されたのか、それからまた経済的範疇というものをもともと〈歌〉のほうに放してみれば、どういう人間的な〈歌〉が存在したのか、そんなことをいつでもおもい出させてくれるのが、アダム・スミスの大きな意味だとおもいます。

スミスのいちばん正統的な後継者であるリカードとか、リカードの正統的な後継者であるマルクスになってきますと、すでに、スミスが持っていた良さ、おおらかさ、いいかえれば「起源」の歌をたえずおもい浮かべさせてくれる、「起源」の感情、あるいは〈歌〉の感情のほうにいつでも人間を引き戻してくれる、そういう方法的な豊富さはなくなってしまいます。スミスだけが、たぶん最初の経済的な概念をつくりあげただけでなく、同時に、その経済的な概念の残余、こぼれ落ちたもののなかに何があるのか、どういう〈歌〉があるのかを、たえずイメージに浮かべていられたのだとおもいます。それが、スミスの特徴のようにおもいます。

このスミスの特徴は、スミスの作りあげたおおきな経済的な範疇のひとつ、たとえば「地代」というようなものにも、反映されています。「地代」とは何かというばあい、原始・未開の時代、住んでいる土地がたれのものだという区別もないし、たれかが独占している土地でもなかったときをかんがえてみます。そのとき、そこに植わっている木から木の実を食べるために十個もぎとっていったとします。そのばあい、木の実十個の価値は、木の実を十個採るために木に梯子をかけ、登り、そして十個もぎ採り、そしてまた梯子をおりてきて、籠に入れ、というようなことをした。つまりそのすべての労働、その労力が木の実十個にたいして支払った「労働の量」なはずです。ごく自然にかんがえて、ある生産物、ある採集物、ある商品の価値と、それが労働の量ではかられるということの、いちばん「起源」にあるのはそういう問題です。そこである土地にはいって木の実を十個採れば、十個採るだけの労力を使ったということだけが支払いであり、それが木の実十個の「価値」に該当するもので、原始・未開の、土地がたれのものでもなかった時代には、掛け値なしにそのとおりでした。

ところが、木の生えている土地がたれかのものになると、そうはいかなくなります。だいたい、〈採らしてくれないか〉とことわったり、あるいは〈おたくの木の実を採らしてもらいました〉とか〈おたくの土地にはいらしてもらいました〉とかいうことで、そのなかから木の実二個分だけは土地の持ち主にやらなければならない。あるいは十個分以外にいくらかのお金を支払わなければならない、ということになります。そうすると、土地を持っている人に、十個採ったという労力だけじゃなくて、ほかにお金を支払った、それがそもそも「地代」のはじまりです。スミスはそんな「地代」の規定のしかたをしています。

この「地代」の規定のしかたと、同時に、ある生産物あるいは採集物の「価値」とは何なのか、どこからかんがえても、木の実十個を採るために梯子をかけたり、登ったり、もいだり、また梯子をおりてきたりという労力、つまり使った労働力の量になるというのがいちばんいい考え方だということも提示しています。そういうのがスミスの考え方で、そこにも、スミスのなかにある〈歌〉を感じます。そこには牧歌的な精神、牧歌的な思考方法があふれています。後代の経済学の高度に発達した概念からいえば、まったく素朴で、ある意味ではまちがいやすく、あるいはいろいろなことを混同しているともいえるわけです。しかし、そうではなくて逆に、その後の経済学がすぐに喪《うしな》ってしまった、ある自然感情の響きといいましょうか、〈自然〉と〈人間〉との関わりあいのいちばん根柢のところを保存しているともいえます。スミスはそれを保存しながら、経済的な概念をつくりあげているのです。

スミスの『国富論』を読めばすぐにわかりますが、スミスはとても聡明です。そして優しく、それで「起源」にたいする、もとになった自然感情にたいする思いいれの部分をいつでも含んでいます。そのくせとても緻密な論理をそのなかに含んでいます。たいへんみごとな〈歌〉をうたっていることが、読むもののたれにでも感じられるとおもいます。この大きさは、ちょっと後にはかんがえようもないんで、文学でいえばゲーテあるいはシェークスピアみたいな巨人の面影を持っているとおもいます。たぶん、それはスミスだけが持っているといってもいいとおもいます。あとのさまざまな経済学の巨人はスミスのような意味で〈歌〉を持っていません。経済学が〈歌〉をうたうことができなくなってしまったという時代的な趨向もありますし、さまざまな要因もあるんですが、スミスのような豊かな優しい〈歌〉をうたいながら、経済学の〈概念〉を作りあげていった者は、スミス以降には求めることはできないとおもいます。

Ⅱ　リカードの〈物語〉

〈歌〉の喪失

商品の「使用価値」とか「交換価値」とか「地代」とか、あるいは「利潤」とか、そういうものについてのスミスの考え方を、いちばん忠実に、いちばんみごとに凝縮しているのは、リカードだとおもいます。リカードにはすでにスミスの持っていた〈牧歌〉はすこしも残されていないということは、リカードの主著である『経済学および課税の原理』を読みますと、すぐに感じられます。リカードの『経済学および課税の原理』とスミスの『国富論』とは、ほとんど同じ世代で、二〇年くらいしかちがっていません。しかし、スミスの持っている〈歌〉は、リカードにはなくなっています。リカードは、文学でいえば、〈歌〉の時代、つまり抒情詩とか叙事詩の時代がすみやかに過ぎ去ってしまって、一種の味気ない〈散文〉の時代にはいったことの象徴になっていきます。リカードになってきますと、スミスの持っていた歌声はもうなにもきこえなくなってしまいます。また事物は「起源」を尋ねて、その「起源」のところでかんがえることが、その本性を把《つか》むもっともいい方法なんだというスミスの持っていた原理も、リカードでは、すでに断ち切られています。

リカードが実現したのは、スミスの概念を緻密にし、もっと整えて、構成を格段に精密にしたことでした。〈歌〉はすみやかに失われてしまって、味気ない経済的概念と、現実の社会の経済的な動きとの照応関係をどうかんがえるべきか、という問題がリカードの主な関心を占めるようになっています。これはいってみれば〈散文〉、あるいは一種の〈物語〉の時代みたいなものです。リカードが使った〈物語〉の材料は、スミスとまったく同じです。ある「商品」が生産されるためには「土地」と「資本」と「働く者」あるいは「働くこと」が要素として必要だ、というスミスの考え方は、リカードでもそのまま〈物語〉を作るために使われています。その同じ素材、あるいは同じ概念を使って、スミスのほうは一種豊かな優しい〈歌〉をうたったわけですが、リカードのほうは同じ材料、同じ概念を使って、堅苦しい、息苦しい〈物語〉を作らざるをえなくなった、そういうことができます。

リカードが関心を持ったのは、たとえば、働く者の「賃金」がある量だけ上昇した。そうすると、資本を持っている者の「利潤」にどれだけ影響をあたえるか、どれだけ「利潤」を減らすだろうか。「利潤」を減らせば、作られた商品の相対的な「価値」にたいして影響をあたえるだろうかあたえないだろうか、そういうとても目の詰まった問題でした。つまり三人の主要な人物が

〈物語〉のなかに登場してさまざまなドラマを演ずる、それは「利潤」であり、「賃金」であり、商品の「価値」であったりするわけですが、片方の人物がすこし弱り目になったときにはあとのふたりはどうなるんだろうかといった、物語としてかんがえて、たいへん息苦しいものが主題でした。

一定の〈物語〉の枠組みと登場する人物はすでにきまっていて、ただ登場する人物の三者の関係がどういうふうにありうるだろうか。Aなる人物が強大になったときにはBとCはどうなるだろうかとか、Aなる人物が衰えたときにはBとCはどうなるだろうかというような、〈物語〉として堅苦しい筋書きを描きつけるのが、リカードの経済学の経済的な関心の主要なものでありました。

正しい経済学的〈物語〉

ただ、そのなかに救いがあるとすれば、リカードは何が正しいのか（「正しい物語」というのはおかしないい方なんで、文学のばあいに〈正しい〉とか〈正しくない〉というのはないわけですけども、経済学のばあいにはもしかするとそれがあるかもしれないので）つまり正しい経済学的物語はどういうものを指しているのかについて、リカードはじぶんなりの考え方を持っていました。リカードの堅苦しい〈物語〉のなかで、そこに救いがあるといえばいえるとおもいます。

たとえば「地主」と「資本家」と働く「労働者」という三者がいるとすれば、三者がどういうふうに会ったときにいちばん正しい〈物語〉といえるかといえば、三者が同じ「労働の量」に該当するだけの「価値」の分け前を受け取る形がとれたときです。この原理や哲学がリカードのいちばん大きな〈理念〉です。つまりこの〈理念〉が、わずかに、堅苦しい経済学の〈物語〉にひとつの人間らしさの糸口を与えているということができます。

リカードは、スミスの経済的な概念を緻密にして、ほんとうの意味での経済の学の諸概念の基礎を作りあげた人だとおもいます。しかし堅苦しくて、スミスが持っていた〈歌〉とか大きさとか豊かさとかいうものは、すでにリカードのなかにはなにもなくなってしまっています。そういうことをかんがえますと、それはたいへん目の詰まった、抜け目のないことをかんがえざるをえなくなっている社会的な現況とか、状態をたいへんよく反映していたとおもいます。経済学の「起源」にある「三大範疇」が、どういう分け前の受け取り方をしたらいいかというばあい、平等な「労働量」に該当するだけの「価値」の受け取り方をすることがいちばんいい、公正な受け取り方です。それが経済学が現実の経済的な動き、あるいは社会的な動きにたいしてなにかいえることがあるとすれば、そういうことです。そのことを、とても素朴な、堅苦しい緻密な概念を作りながら、はっきりさせていったのが、リカードがやったいちばん大きな仕事でありました。

この仕事は、まったく〈散文〉的な、あるいは〈物語〉的な仕事で、この〈物語〉がうまく作られたからといって、現実がそのとおりになるわけではないのですが、現実がもしゆがめられていたら、それを映す一種の鏡として、こういう形の〈物語〉が欲しい、現実にもそう展開されるのがいちばんいい〈物語〉なのだ、ということを、リカードは、スミスの経済概念を緻密にしながらはっきりさせていったといえましょう。そこが堅苦しさのなかでの救いではなかったかとおもいます。

Ⅲ　マルクスの〈ドラマ〉

対立の〈ドラマ〉

リカードは、スミスが作りあげた経済的な〈概念〉をぜんぶ緻密に抜け穴のないように作りあげてしまったのです。リカードが作りあげたものは、そのままでは、一種の現実の〈鏡〉として、これがいちばんいいんじゃないかということを語っただけです。つまり〈物語〉としての〈鏡〉を提出したにとどまるといえます。しかし、リカードのいちばん忠実で正統な後継者であったマルクスが、こんどはリカードの〈物語〉にたいして、たとえていえば同じ経済学的な概念を使いながら、〈ドラマ〉を打ち立ててみせたといえるとおもいます。

マルクスの〈ドラマ〉の主要なテーマははっきりしています。それは、社会の経済的な範疇、あるいは経済的な過程というものは、自然の歴史の延長線にあるという考え方（それがいい考え方であるか、欠陥のある考え方であるか別として）です。これがマルクスの描いた〈ドラマ〉の根柢にある考え方です。社会の経済的な範疇は自然史の延長と同じなんだ、つまり、太陽のまわりを地球が動いているとか、地球上にはこれこれの元素があって、それがだんだん水素からさまざまの過程を経て作られてきたものなんだ、というのと同じ意味で、まったく自然の過程の延長線に社会の経済的な過程が産みだされたという理念です。これがマルクスが描いた〈ドラマ〉の根本的な原理になっています。

ですから、スミスが持っていた「価値」（「使用価値」あるいは「交換価値」）という概念も、マルクスはもっと緻密にしています。「価値」概念の出どころ、「労働」概念の出どころは何かといえば、根本的にいってしまえば、人間と人間以外の自然とのあいだの物質的な代謝関係です。人間は頭とか神経とか筋肉とかを使って身体を動かして何かを作ってるわけで、作ったものが「商品」として取引きされていきます。それは、いってみれば人間と自然の物質代謝（あるいは物質交換）なんだ、それは基本的に「価値」概念と「労働」概念の根柢にあるものだ、ということが、マルクスの〈ドラマ〉でいちばん有力にかんがえられている原則です。

マルクスが、根柢的に経済的な〈ドラマ〉の中心としてかんがえた「対立」という概念があります。人間が手を加え労働を積み重ねることで作りあげた「商品」は、スミスのいった「使用価値」とか「交換価値」というような「価値」の概念で眺めたばあい、このふたつに分裂するものだ、とマルクスはみなしました。そのあげくは対立するにいたるというのがマルクスの〈ドラマ〉の基本的な概念です。

それはどういうことかといいますと、マルクスは「価値」の概念を「等価概念」と「相対的価値概念」とに分けました。すべての「商品」は、そのときどきの役割で交換のばあいに「相対的な価値形態」となるか、あるいは「等価形態」となるか、どちらか、あるいは両方に分裂するものだ、分裂して、そのふたつが葛藤するものだとかんがえたのです。

簡単な例をあげてみます。スミスもマルクスもあげている例でいいますと、麻布があって、一反の麻布の「価値」は一着の上着に該当する、とかんがえたばあい、麻布のほうが「相対的な価値形態」なんだ。その「価値」は上着一着に該当する、というふうに役割をかんがえたばあい、上着に該当するのが、「等価的価値形態」だといいます。逆にこんどは、一着の上着の「価値」は一反の麻布に等しいというばあい、上着が「相対的な価値形態」であり、麻布が「等価形態」ということになります。マルクス流のいい方をしますと、「相対的な価値形態」というのは、能動的・積極的な形態で、それにたいして、「等価形態」は、消極的な、受動的な受身の形態だ、ということとです。しかし、すべての「商品」は、まっぷたつに、相容れないふたつの価値形態にかならず分割することができますし、その分割されたものはけっして混同されることはなく、いわばそれが葛藤・ドラマを演ずるということが、マルクスの作りあげたいちばん重要な概念だとおもいます。

このマルクスの〈ドラマ〉の概念を、現代言語学の基礎に据えたのがソシュールです。ソシュールは、「相対的価値形態」に当るものを「意味するもの」、「等価形態」に当るものを「意味されるもの」あるいは「概念」（ソシュール流のいい方をすれば一種の「聴覚映像」です）とかんがえました。ですから、「価値」の〈ドラマ〉を演じている「商品」の形は、記号としての言語が、社会のなかで流通しているしかたとまったく同じようにかんがえることができるとしました。そういうことが、ソシュールがじぶんの言語学を作りあげていった最初の起点になっています。起点になっていると書かれてあるわけではありませんが、ぼくはそうおもいます。ソシュールはじぶんの言語学をどこから持ってきたのかといえば、マルクスの『資本論』からだとぼくはおもっています。マルクスが経済的な〈ドラマ〉のいちばん主要なものとかんがえた商品の「相対的価値形態」と「等価形態」への分割の〈ドラマ〉には言葉が商品とおなじように演ずる〈ドラマ〉が秘されていることを見つけて、ソシュールはじぶんの言語学の骨組を把んだのです。

ついでに申しあげますと、ぼくは『言語にとって美とはなにか』の言語概念をどこから作ったかといいますと、おなじくマルクスの『資本論』から作りました。ぼくは、「価値形態」としての「商品」の動き方は、言語の動き方と同じなんだと、かんがえたのです。そして、ぼくはどこに着目したかというと、「使用価値」という概念が、言語における指示性（ものを指す作用）、それから「交換価値」という概念が、「貨幣」と同じで、万人の意識あるいは内面のなかに共通にある働きかけの表現（自己表出）に該当するだろう、とかんがえたんです。言語における「指示表出」と「自己表出」という概念を、「商品」が「使用価値」と「交換価値」の二重性を持つというところで、対立関係をかんがえて表現の展開を作っていきました。

そこでぼくの考え方はいい考え方だ、と今でもおもっていますが、残念ですが、たとえばソシュールとぼくと較べたら、能力とか緻密度が格段にちがうのです。ですから、ぼくはそれをよく展開しきれなかったんだとおもいます。それから、ぼくの『言語にとって美とはなにか』に凝縮された言語的な概念の展開のしかたに、あんまり魅力がなかったんだとおもいます。ですから、現在、皆さんがご承知のとおり、世界の諸秀才はぜんぶソシュールの学徒になっているといっていいくらい、隆盛をきわめています。しかし、根本的な言語の「価値」概念、あるいは言語の

〈美〉の概念を作りあげていく最初の考え方として、すくなくとも文学言語についてならば、今でもじぶんの考え方のほうが機能主義的でなくてよろしいとおもっています。残念ですが、あまり魅力がないものですから、たいしたことはないところで終わっているといっていいとおもいます。

マルクスの達成とマルクス批判

マルクスの描いたもっともおおきな経済的な〈ドラマ〉が、商品の価値形態が「相対的価値形態」と「等価形態」とにまっぷたつに割れて、両者の対立・葛藤が、経済的な〈ドラマ〉の主要な物語なんだという概念です。このふたつの葛藤が、社会の段階が進んだらどうなって行くだろうか、とかんがえたのが、マルクスの『資本論』に該当するのです。

マルクスの『資本論』は、リカードの〈散文物語〉に較べれば〈ドラマ〉に匹敵します。この〈ドラマ〉は緻密で、そしてある意味でやりきれないほど息苦しくなっているのです。なぜかといいますと、すでに〈歌〉が失われてから数久しい年月が経っているということがありますし、スミスの時代に較べてマルクスの時代は、いわば資本主義の勃興期で、しゃにむに恣意的な経済競争をめざして、富む奴は極限まで富み、さきほどの三大登場人物でいえば、働いて報酬を得る人間がどんどん貧困になっていく情況にさらされました。もうひとつは、スミスの描いた「分業」という概念の牧歌性は、もうはるかに遠くなって姿を失うほど細分化と膨化《ぼうか》がすすんだ時代に入ってしまったのです。そこでは、抜け道を作ろうにも作りようがなくなってきますし、経済的な〈牧歌〉をうたおうとしても、経済学の範囲では〈歌〉をうたうことがもうできなくなります。マルクスの詰め方は緻密でみごとな詰め方ですし、マルクスが作っている「相対的な価値形態」と「等価形態」という概念の作り方も目覚しいのですが、どうすることもできません。マルクスは、すべての事物は同一でなければ差異であるというヘーゲルの作りあげた緻密な弁証法論理の体系を縦横に駆使していて、なかなか異論をはさむことができないほどです。とてもみごとな〈ドラマ〉なんですが、〈歌〉はすでにないわけです。

この〈歌〉のなさということが、マルクスの経済学と、『資本論』以降現在に至るまで、マルクスの考え方の系統を踏む経済的な考え方にとっては、さまざまな意味で反撃をうけているところです。つまりマルクスの経済学には〈ドラマ〉はあるけれども〈歌〉がなくなっちゃっている、それは致し方ないんだ、というような問題が、さまざまな意味あいで問われているのだといえます。

リカードの〈散文物語〉にたいして、マルクスの〈ドラマ〉がもうひとつやりとげたことを挙げてみますと、ただひとつだとおもいます。

リカードが（アダム・スミスもそうですけども）、すべての分配の仕方は、それを作るために加えた「労働の量」の割合で分けられる、という考え方をしましたが、この「労働の量」という考え方を、マルクスは「労働の時間」というふうに変えることができたとおもいます。どうしてできたかといいますと、分業があまりに緻密化し、膨大になっていったために、Aという分業にたずさわることと、Bという分業にたずさわることと、Cという分業にたずさわることとは、分業の極限に達したとみなせば、区別しなくてもいい、ということに帰着します。スミスの概念では、動物とちがって人間は、それぞれに役割を果たし、専門化して分かれて、それぞれを補いあうことができるんだ、というのが「分業」概念の「起源」だったわけです。マルクスの時代にいたっては、分業があまりに微細化され、あまりに微細化されたため、いってみれば、Aという分業とBという分業を取り換えたって同じだ、ということになったのです。なぜなら、あまりに細分化されれば、ぜんぶが均質だとみなしてもあんまりまちがわないからです。そうすると「労働の量」をいう必要はもうないので、「労働の時間」といえばいいことになります。つまり「労働の時間」が、できあがった商品の「価値」を決定する大きな要因なんだ、とマルクスはいい換えることができたのです。

リカードにくらべてマルクスの時代がはるかに分業が発達し、細分化し、膨大になったということがそういわせたわけです。リカードの考え方をもっと追いつめて、人間が難しい仕事を一時間するのと、易しい仕事を一カ月するのとくらべると労働の「量」は、難しい仕事を一時間するほうが多いんじゃないか、みたいな疑問はいたるところに存在するわけです。それにたいしマルクスは、そうじゃない、ひとりの個人のなかでそういうことはありうるけれど、つまり、難しい仕事を一時間やったときのほうが、易しい仕事を一カ月やったよりずっとくたびれたよとか、ずっと苦労したよ、ということは、個人個人の主観のなかではありうるけど、全般的な社会過程で微細な分業が行われ、細分化がすすみ、膨大な商品が作られるところでは、そういうことをいう必要はないので、もうただ「時間」をいえばいいことになります。「時間」が一時間かかってできたものと、二時間かかってできたものとは、二倍の「価値」のちがいがあるんだ、といえばいいんだということを、マルクスははっきりさせることができたのです。それがもうひとつ、リカードの〈物語〉にくらべてマルクスの〈ドラマ〉が、抽象化・均一化を、いちだんと進めたゆえんだとおもいます。

マルクスの考え方は現在、さまざまな批判にさらされています。その批判は主としてどういうところから起こっているかといいますと、スミスがはじめ経済学的な範疇としてかんがえた、「働いて賃金を得る者」という概念（労働者という概念）は、けっしてなまのままの労働者（つまり社会的な労働者）という意味ではなくて、経済学的な範疇としての労働者なんだ、ということです。マルクスの労働者という概念には、しばしば経済的範疇の労働者と社会的な労働者との混同が起こっている、という批判のされ方がありえます。マルクスの「労働価値」概念と、実際に具体的な現実の市場での商品の価格とのつながりがうまくいかないという批判のされ方もあります。

こういう批判のされ方の根柢にあるのは何かといいますと、いってみればマルクスの〈ドラマ〉が〈歌〉を喪失したということ、否応なく喪失してしまったところで作られた〈ドラマ〉であったということを、問いただされているんだ、といえばいえなくもないとおもいます。マルクスの作りあげた「価値」概念とか、経済学的な範疇にたいするあらゆる批判は、そういうところから起こっているので、いってみれば、その〈ドラマ〉には、自然の〈歌〉がもう聞こえないじゃないか、自然の〈歌〉はどこへ行っちゃったんだ、という問題、あるいは自然の〈歌〉とその

〈ドラマ〉とのつながりは、いったいどうなるのか、あるいはそのあいだの空隙はいったいどういうふうになっているんだ、ということです。マルクスの経済的な〈ドラマ〉にたいする批判の根柢にあるものはそれだとおもいます。その根柢にある問題は、最初にたぶんスミスが持っていた〈歌〉が、どこで失われ、どこでそれが回復できないのか、あるいは緻密化が進んだということで、それは回復できないのか、という問題と大きくつながっているとおもいます。

Ⅳ　古典経済学の可能性

現在の経済学的な範疇、あるいは概念は、たぶん〈物語〉も〈ドラマ〉もなくなっているんじゃないかとおもわれます。そこではさまざまな考え方がありうるわけですが、かつてスミスが自然の〈歌〉から緻密に経済学的な範疇、あるいは概念を作りあげていったというような過程を見ることができません。そういう過程にある、強固さとか、道具を積み重ねる緻密さとかはまず見ることができないのです。今はどうなっているのか、今をどうするのかとか、今の状態から経済学的な範疇を作るとすればどうなるか、という問題だけではじまり、そしてそれで終わらなければいけない、終わるほかないんだということです。そこでは、どんな〈物語〉も〈ドラマ〉も、もう作ることができません。そこに、現在の経済学的な考え方がぶつかっているとおもいます。

また、マルクスの〈ドラマ〉を継承しようとしている人たちは、マルクスの〈ドラマ〉が、どうして、どこで狂ってしまったのか、どこで自然の〈歌〉を失ったことの復讐を受けつつあるのか、ということについて、もはやあんまりかんがえることができなくなっているとおもいます。そこでは〈ドラマ〉の自家中毒みたいなものが起こっていて、いつでも外に出ていくことができなくて〈すりこみ〉の循環ばかりしていることになっています。そこらへんのところで、マルクスの描いた〈ドラマ〉がいちばん大きな問題にさらされているんだとおもわれます。

スミスとかリカードとかマルクスとかという人たちは、古典経済学といわれている範疇にあります。ところで、古典経済学という範疇は唯一の範疇ではないんで、さまざまな形の経済学的な主張、あるいは学説があるのですが、ぼくはこのスミスとリカードとマルクスの三者の三角形のあいだで作りあげている〈歌〉と、〈物語〉と、〈ドラマ〉と、それから〈歌〉の喪失と、〈ドラマ〉の運命、つまり、〈ドラマ〉が〈歌〉を失ったことから何を受難しているのかということをおもいめぐらすことが、経済学以外の範囲にあるものにとっていちばん刺激になる場所です。皆さんのばあいでも、たぶんここが刺激を受けるところだとおもいます。ここには根柢的な考え方、つまり「起源」あるいは発生論的な考え方も生きており、〈物語〉も、また〈ドラマ〉もありますから、ここからさまざまな別の問題を引き出していく実りのある素材が、豊富に見つかります。じぶんもそうですけど、皆さんのほうも何度でもこの三つのつくる三角形から、汲み取って、じぶんの分野にひきつけて何か作れないか、思いをめぐらせることができるような気がします。

たとえば、ぼくらは文学をもとにして文学を作ることもできますし、文学の歴史を確かめて文学の現状を見直すこともできます。もうひとつのやり方は、全然それとはちがうところに、ある根柢的な考え方の原型があるとしますと、その原型を、じぶんなりの読み方をして、そこからあることを汲み取っていくという考え方も、また成り立ちうるのです。ぼくはじぶんの〈言語〉の美についての考え方を作りあげるばあいに、そういうことでマルクスの『資本論』からたくさんのことを得てきました。これはぼくだけじゃなくて、もっと較べものにならない優れた人ですが、ソシュールなども、マルクスの『資本論』からたくさんの言語学的な範疇を借りてきているとおもいます。だから、現在、言語学の検討をなされるばあいでも、もちろん言語学の著書によってもいいわけです。しかし、その著書によるばあいには、現在の言語学の言語は具体的には民族語ですから、ソシュールの言語学にはどうしてもインド＝ヨーロッパ語をよく知っていないとうまく把めないところがあります。そこにいきますと、経済学的な範疇にはそういう特殊性がありません。言語学の概念を作りあげていくばあいでも、ドラマはどうやったら作れるんだ、あるいは戯曲を書くにはどうしたらいいんだということを作りあげていくばあい、あるいは、小説を書くにはどうしたらいいかということを作りあげていくばあい、あるいは歌はどう作ったらいいんだ、詩はどう作ったらいいんだということをかんがえていくばあいでも、経済学のなかでは概念が民族語によってさえぎられることはありませんから、ここから類推していかれると、たくさんの得るところがあるんじゃないかとかんがえます。

　じぶんの体験から、それをいうことはできますし、また、じぶんがこれからやろうとすることにたいする、一種のヒントといいますか、そういうことからもそういうことがいえるんじゃないかとおもいます。だから、皆さんのほうでも、「起源」を包括した、スミス、リカード、マルクスの経済学的な範疇からたくさんのことを得られるとおもいます。もし今日お話したことを機縁に、〈もう一回ちょっと見てみよう〉みたいな気を起こされることがありましたら、ぼくのお話した役割は果されるわけです。簡単ですが、時間がきたようですから、これで終わらせていただきます。

第四章
生産と消費

解説

一九八〇年代の日本社会は、いよいよ成熟した消費社会に入っていった。生活のためにどうしても必要な「必需的消費」にたいして、外食や高級車や新型電化製品やファッションなどにたいする「選択的消費」の家計の中で占める割合が、いちじるしく拡大していった。欲望の末端の微妙な違いに対応できる商品の多様化も進んだ。「欲しいものが欲しいわ」という広告が象徴しているように、消費資本主義はもはや欠乏をドライブとする社会ではなくなってきた。

こういう段階に入った資本主義にたいしては、マルクスが『資本論』で与えた解明だけでは不十分になってしまった。近代経済学者の中にも、シュムペーターやハイエクのような少数の例外を除いては、消費資本主義の本質に触れることができている人は、ほとんどいなかった。そういうときにフランスの哲学者ボードリヤールだけが、「生産ではなく消費」という視点から、現代批判の論陣を張っていたが、それとても伝統的な左翼言説の限界内にあるように感じられてしかたなかった。誰かが消費資本主義に関する新しい『資本論』を書かなくてはいけなかったのだが、それを引き受けることのできる力量と情熱をもっていたのは、世界中で吉本隆明ただ一人であった。

マルクスが知っていた資本主義では、「生産は同時に消費である」という命題によって、生産と消費の過程をほぼまんべんなく説明することができた。物の生産がおこなわれるとき、労働力・設備・原料がまったく遅延なしに消費されていく。仕事を終えた労働者がレストランで食事をすると、労働で消費された体力や気力が再生産され元気が取り戻される。これらの場合、消費は必需的消費だけでできている。

ところがウォークマンを買って仕事帰りの電車の中で好きな音楽を聴くことや、コム・デ・ギャルソンのデザインしたおしゃれな洋服を着ることや、エスノフードのレストランを選んで食事をしたことで、「すぐさま」なにかの生産がおこなわれるわけではない。ここでは消費がただちに身体の生産や生活の生産に結びついていく必需的消費の場合とちがって、時間や空間のずれ（遅延）が発生して、生産と消費の分離がおこっている。選択的消費では「生産にたいして大なり小なり時空的な遅延作用をうけることになる」。これが吉本隆明のじつにすぐれた着眼点だった。

この「遅延」という概念を自在に使って、吉本隆明は現代における生産の現場にも大胆に踏み込んでいった。製品の多様化が進むと、部品も多様化し、その生産を受け持つ下請け工場の作業も細分化され、そうやって分化をとげた末端産業群を巨大なネットワーク状につないでいく高度な組織がつくられる。こうやって消費資本主義は産業全体を高度化していく潜在力をもつことになる。

とてつもなく強力な批判精神が、資本主義が高度化に向かって変貌をとげていくその「自然史過程」に強力にポジティブな解明をほどこした。動物は消費だけをおこない、人間だけが生産する。このような常識が覆されるような段階に、いまや資本主義は足を踏み入れているのである。

1　エコノミー論

I

i

わたしたちが思いおこすあのふるい自由の規定は、現実が心身の行動を制約したり疎外したりする閾値《しきいち》のたかい環境のイメージといっしょに成りたっていた。こんな過去形をつかうのはそれほど深刻な意味からではない。ふるい自由とあたらしい自由という規定を、一九六〇年代から一九八〇年代のどこかで転換したイメージとしてかんがえたいからだ。そんな程度の気分からだ。わたしたちが現に実感している自由の規定は、現実は心身の行動をうすめ埋没させてしまうという環境のイメージといっしょに成りたっているものだ。ふるい自由のように制約や疎外を実感できないので、まったく恣意的に振舞っていいはずなのに、と惑《まど》っているのだ。ほんとはちいさく部分的な制約や疎外でしかないものを、膨大に誇張して、いやまだ深刻で人類の運命にかかわる制約や疎外はあるとみなして、虫めがねをたずさえて探しあるき、世界苦のたねを発見しなくてはならなくなっている。発見できなかったら、でっち上げなければならないのだ。だがふるい自由のこの振舞い方は、現在から遠ざかっていくほかない。わたしたちが本格的にこの矛盾をとりあげるときがきっとやってくるとおもえる。ここではあたらしい自由の規定がぶつかっている余計に恣意的になってしまった環境、制約も疎外もいちようにのみこんでしまった現実が、わたしたちにあたらしい自由とはなにかを問いかけ、自由をまるで無意識を造るように造るとはどうすることなのか解答を求めていることが大切なのだ。

制約と疎外をのみこんで、ひとりでに増殖する生物のように、ありあまる恣意性（自由）を先き占めしてしまった現実に、あたらしい自由の規定が戸惑っているとすれば、いちばん要めにあるのは、映像と、その対象になった現実とが、区別をなくし、同じになってしまったからだとおもえる。わたしたちはほんとをいえば制約や疎外にのみこまれてしまっているかどうかさえ把《つか》めていない。にもかかわらず、制約や疎外の画像がたしかにのみこまれ、うしなわれているのは、映像と現実との区別が無意味になってしまったからだ。これはもうすこし正直な言い方ができそうな気がする。たしかに物や貨幣や心像の制約や疎外は、いまでもひとつひとつの場面でわたしたちを悩ませたり患わせたりしている。なにひとつ解決されていないとみなせば、たしかに、なにひとつわたしたちの恣意になるものはない。無定形な逼迫感ならば、かえって現実が制約とみえ、それに抗《あらが》うことが自由の獲得のようにおもえた時期よりも、膨大でとりとめもなく困難になっているとさえみえる。ただ制約や疎外をもたらしている強度が、かつてのようにわたしたちの外部からやってくる強度ではなくて、自由そのものに貼りついていて、現実は自由の規定よりもはるかにおおきな許容性をもち、自由の振舞いを戸惑わせるほど先行していると感じられる。わたしたちの心身の振舞いには、いつもほんのすこし先行して制約や疎外や逼迫《ひっぱく》が貼りつき、それにとりつかれているようにおもえてくる。そしてよほど内省的な瞬間でないかぎり、心身の振舞いを制約し、存在を疎外する現実などは、どこにも実体を指摘できるほどの形態がないと感じられる。わたしたちは、何を求め、自由はどこに規定性を追ってゆけばいいのか。これがさしあたって当面している問題だといえよう。ふるい自由の規定性が無意味にされてしまった現在は、またあたらしい自由の規定性がつくれないために、自由そのものを死にさらそうとしておし寄せてくる強度のことなのだ。

現実の方が主観がつくる自由の規定性よりもっと過剰な自由をゆるしているようにみえることは、さしあたり現実を映像化してしまう。また心身の行為そのものに、制約や疎外が貼りついて離れないとおもえることは、わたしたちの映像が現実とおなじ属性をもった状態だということを意味している。こういう現実と映像とのおなじだとおもえる状態の核心にあるものは、ふたつだ。ひとつは、規定できる現実（これはまちがいなく現実だと呼べる条件）よりもあり余り、つみ重なった現実は、かならず映像化される（映像とおもわれて現実を離脱する）ということだ。もうひとつは、構築された物の体系からできあがった現実が、天然（物の起源）を内包するところでは、差異が映像を生むということだ。このふたつの特異点によって、現実と映像とが同一になった、そしてそのふたつの要素が交換可能になった状態に、あたらしい自由の舞台をみていることになる。何をなすべきかという問いが消滅して、そのおなじ場所にどう存在すべきかという問いが発生するのはそのためなのだ。

ii

マルクスは「経済学批判序説」のなかでスピノザの Determinatio est negatio（規定することは否定することだ。規定性は否定性だ）という命題をあげて生産と消費の同一性を説明している。マルクスが論理として強調してやまないことは、否定が直接に事物の規定に付着するものだということだ。この魔術的な概念はヘーゲルの論理学なしには生みだされなかった。わたしたちはその論理の方法（弁証法）の効力におどろき同時に何かがはぐらかされるような感じをうける。この実感だけが捨ててならないもののようにおもえる。

マルクスの説明では、生産を規定（定義）しようとすることは、そのまま生産の否定（反対物）

としての消費を規定しているのとおなじことになる。もっと具体的にいえば生産するとき、個人はじぶんの労働力を支出し、消費する。また生産手段（装置・道具）も消耗し消費される。また原料も消費される。そのほかさまざま消費されるものがあるだろうが、いずれにせよ何らかの消費を裏面につけなければ生産は、いつもまったく成り立たない。おなじことは消費についてもいえる。たとえばわたしたちは金銭を支払ってレストランで食事をする。この消費の行動は、同時に身体の生産にあたっている。喰べた料理から摂取された栄養を吸収し、欠如をおぎない、身体の状態をととのえるという生産行為がレストランでの消費にはつきまとっている。またレストランでの食事が気分を快活にし、あたらしい意欲を生産することにもつながっているかもしれない。まだある。一緒に食事した人とのあいだに、あらたな親和感情が生産されるかもしれない。これも数えあげれば無数にできるはずだ。

　生産を規定することは、裏面についた生産の否定としての消費を規定することとおなじだ。規定をもっとのっぴきならない場面にひっぱりだせば、ある人間の行為に術語的な規定をあたえることは、その行為の否定を規定することとおなじだ。わたしたちは何となくこんな言い方ではまだ物足りない気がする。もっと別な言い方をたくさんしてみることができる。ある術語的な規定（まちがいなく反復されると予想される規定）があったら、その背後にはその術語の規定に向きあって、相互に否定の関係がかならずみつけられるような二つの種類の人間的な行為が存在しているといってもよさそうにおもえる。ただ、二つの種類の人間がという言い方はさしあたってできそうもない。

わたしたちはここで実感に立ちかえってみる。「生産は直接消費でもある」というマルクスの言い方には、おどろきの感じと、はぐらかされた感じとがふたつともつきまとう。おどろきの方からいってみれば、それは、生産という概念と消費という概念とはまったく正反対なもので、別々にきり離して考察するよりほかないとおもっているわたしたちの常識が、虚をつかれるところからきている。マルクスのこの言い方を正当づけているのは、あるものの規定は同時にその規定の否定性だという命題からはじまって、すべての規定の否定性はかならず関連するという命題が是認されるからであり、それが是認されるかぎりにおいてだといえる。これは図示できる（図1参照）。

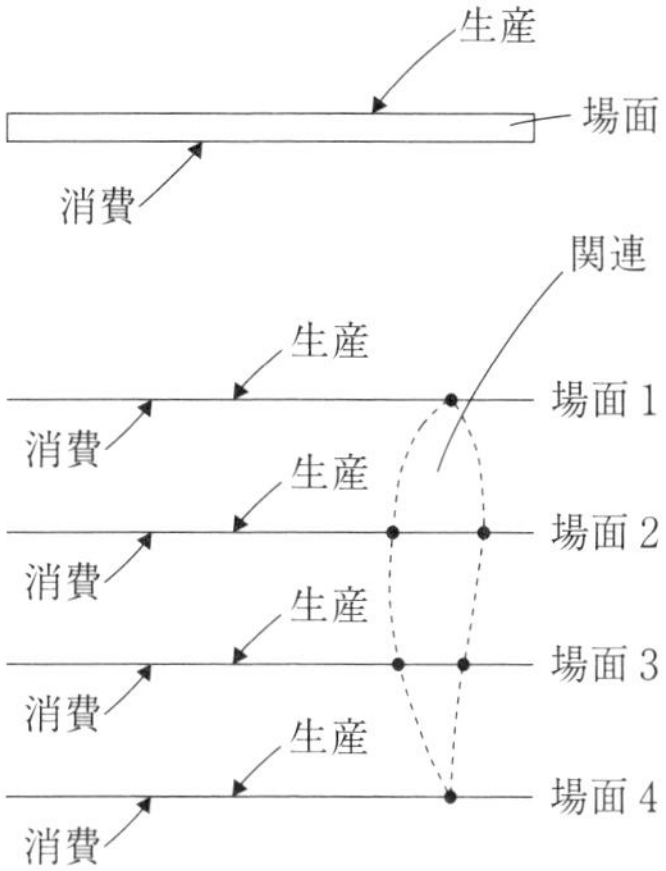

図 1　生産と否定としての消費の関連

一方、わたしたちが「生産は直接消費でもある」というマルクスの言い方にはぐらかされた感じをもつのは、この考え方からすると、生産と消費はつきまとってどこまでいっても分離できないことになるとおもえるからだ。ただ生産には、欲望を充たすため、衝動によって、あるいはある目的に役立たせるため、などどれであってもいいが、いつも人間（の必要）が介在しているようにおもえる。それから人間もほかの消費財も補給なしに無限にじぶんを消費することができない。そこでマルクスは、なんだ生産といっても消費といっても、おなじことを表と裏から言っているだけじゃないか、というわりなさを、つぎのように回避している。ここであげた例でいえば、ある場面でひとりの人間が物の生産にしたがうことで、じぶんの身体の力を消費した。このばあい生産（第一の生産と呼べば）しているあいだは、この人間はじぶんを物にかえて消費している。つぎにこの人間が身体力を回復し、栄養を補給するために、レストランへ行き、注文でつくられた料理を喰べた。このばあいは料理という第一の生産物を破壊することで（ぐちゃぐちゃに嚙みくだくことで）、じぶんの身体を生産（回復）したのだ。この第二の生産では物（料理という）が人間化して身体の養分になったという言い方ができる。このようにして生産と消費とは人間という媒介によって関連づけられることになる。このばあい規定とそれにくっついた否定性とは、人間の物象化と物象の人間化のあいだにあらわれることになる。そしてこれは重要なことだが、生産と消費としてみられた社会像の深層に無意識として潜在することになる。

マルクスはここから欲望や衝動について語る方向へゆくのだが、わたしたちは生産と消費の関連についてなおこだわりをもつことにする。じっさいにわたしたちがぶつかる社会の場面では、そこが生産の場所だという習慣や社会的通念や規則がある場所（たとえば製造工場）では、身体力や生産手段や原料の消費は表面からかくされ、逆に消費の場所（たとえばレストラン）だとおもわれているところでは、生産物の破壊（料理を嚙みくだく）とか身体力の生産とかいうことは表面からかくされ、しかも場所として隔離されてへだたっている。生産の場所で物の生産や身体力の消費がおわってから、消費の場所へ出かけることになっている。この分離はどうして起り、どんな意味があるのだろうか？　この場所の分離のために、交換とか分配とか流通とかがエコノミー世界の中間に介在することになる。

もし場面を生産の側面からみて、否定としての消費を表面からかくす場面と、消費の側面からみて、否定としての生産を表面からかくす場面が隔離され（工場とレストランというように）、この隔離が自然な過程としてかんがえられるとすれば、そうなる理由はただひとつだとおもえる。生産がしだいに高度な質をもつようになり、また量的に膨大になったあげくに、生産の場所を特別に設備し、そこに生産の手段（装置や道具）をあつめ、生産（的消費）をやるたくさんの人員を共働するようにしたということだ。この生産の場面を特別につくり、生産の手段や人員をそこに集中することは、他方の極に消費の場面と消費の手段（設備・建物）と消費する人間をあつまるようにすることと、おなじことになるはずだ。

マルクスが「生産は直接消費でもある」と言明したとき、生産と消費の規定性である**否定**は、**凝集**と**反復**を意味した。わたしはここで生産の裏面には否定性としての消費がつきまとっているというようなものだった。この否定性のもつ無類の、はじめての概念はヘーゲルが論理学で定立したものだった。わたしはここで生産の裏面には否定性としての消費がつきまとっているというような感覚的な言い方をした。だがこれはちっとも正確だといえない。ただいわんとしていることはわかるという反応を期待した言い方にしかすぎない。規定は否定のことだというスピノザの命題についてマルクスがやっている理解では、**否定**はただ**凝集**と**反復**から成り立っているといえるだけだ。生産の**凝集**と**反復**は否定としての消費を生産する。わたしたちの理解によれば、これがマルクスのいっている否定性の意味にほかならない。ところでいま生産の側面からみられる場面

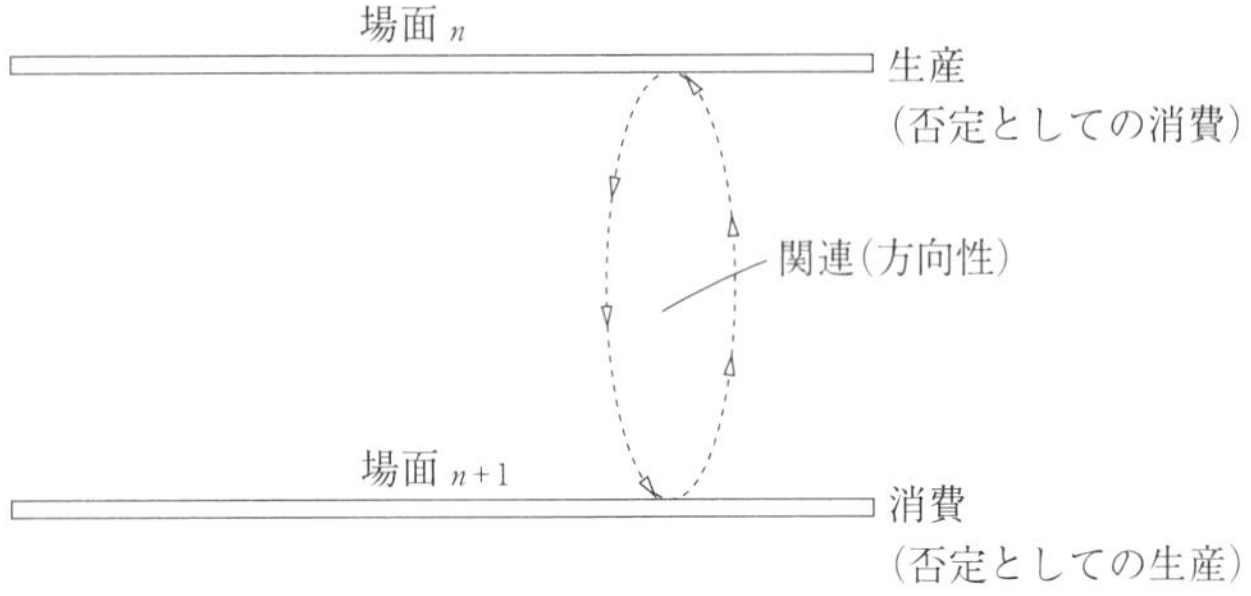

図2

と、消費の側面からみられる場面とは隔てられたイメージをもつようになった。この場所的な隔離は、生産と消費のあいだの否定性を、どんなふうに何にむかって変化させるだろうか？　すぐにいえることは、**凝集**は**分散**に転化し、**反復**は**方向性**に変化するということだ（図2参照）。

　ひとつの事象の規定につきまとった凝集と反復からできた否定性は、場面が分離してはなれたところでは、分散と方向性に転化する。生産とその否定性である消費のばあいには、分散は場面の距たりによって中間に介在する**分配**に、方向性は場面の距たりをふくんだ（いいかえれば流通をふくんだ）**交換**に転化されることになるといっていい。

　マルクスが指摘するように生産と消費の場面が距てられたあとでは、生産は消費の場面に外部からもたらされることになる。このことから消費の場面で生産は二重になってあらわれる。ひとつは消費がすなわちその否定性として身体の生産であったり、生活の生産であったりということだし、もうひとつは外部からもたらされた生産を、像や欲望や衝動やそれらの統合されたものとしての生産にたいする願望や要求として、内面的な生産にするという二重性だ。このことはさきにあげた例をあくまでもつかえば、レストランで食事をするとき、それは栄養を摂取することで身体を生産し、生活を生産するといえるとともに、気分の解放であったり、人間関係の拡大や親和を生みだしたりすることだとかんがえたときにすぐに気づかれていいものだった。もっと積極的なかたちで、さらに安くてうまい料理が欲しいとか、もっとくつろげるレストランの環境をつくってもらいたいという願望や要求が生産されることは、当然だからだ。

人間は意識と無意識のあいだで、身体の限度を気づかずに消費しながら生産することができるし、それをやりかねない存在だということは、リカードやマルクスを悩ませたエコノミーの課題だった。だが一方でいままで法や道徳や神とかの外には住めなかった人間の精神の内面性に、生産したい物のかたちのイメージや、欲望や、衝動が、像としての消費の場面であらわれることもまた、マルクスにとってあたらしいエコノミーの発見だったかもしれない。わたしたちは無意識の深層のほうへおし込まれて潜在する陰の生産と消費のかたちを、どこかでいつかとりださなければ、解放と自由の行方を語れないかもしれない。

iii

マルクスの生産と消費の否定性のつながりは、これは生産の場面、これは消費の場面というように、習慣的にいっている社会像が、じつは省略をふくんだ近似的な概観にしかすぎなくて、ほんとは生産の場面では否定性としての消費が、消費の場面では否定性としての生産がいつもつきまとっている社会像のほうが適確だということをおしえている。いいかえれば意識的にこしらえられた生産の場面と意識的にしつらえられた消費の場面とが別々に距たりをもって分布し、その深層には無意識の生産と消費が対応して付着しているという社会像がほんとうにより近いということになる。そして消費の場面の深層の底のほうには、生産してほしい物についての願望や要求や欲望の内面的な像もまた二重にこしらえられている。

ここまでの社会についてのエコノミー・イメージでは、まるで定常宇宙の像とおなじように、生産には、それと等量の否定性としての消費がつきまとい、消費にはそれと等量の否定性としての生産がつきまとい、直接の部分的な交換も、流通をふくめた総体としての交換も、等価と等量としておこなわれ、ただ消費の場面の内面にある生産についての願望や要求や欲望の刺戟のイメージだけが、**方向性**にあずかっているという像がえられるようにおもえる。わたしたちはこの社会像を現在が当面している社会像にかぎりなく近づければいいのだ。

ここで、意識された生産の場面と、意識された消費の場面とから、供給と需要とが寄りあう単一の場面として市場の概念をつくりだし、また方向性のかわりに成長の概念をおきかえることはできるだろうか、と設問してみる。わたしたちの単純な対応意識からすれば、それは充分にできそうにみえる。つまり大切なのは生産とその否定態としての消費の場面の在り方からみた社会像と、総供給と総需要の場面としての市場の在り方からみた社会のエコノミー像のあいだに、ひとつの対応函数の関連をみつけることだといっていい。

もし意識された生産と意識された消費のあいだに、あるいは企てられた総供給と企てられた総需要のあいだに、等量と等価の本態と否定態の関連が成りたち、それがゆるがないとすれば、活動的なエコノミーの関係はありえないことになる。またそれと同時に方向性という概念も無意味なものになってしまう。わたしたちはどこからとりだすにしろ生産と消費のあいだに、あるいは総供給と総需要のあいだに、たえず不等量か不等価の状態をもった場面をつくりだしていなければ、エコノミーの活性化は成りたたないことになるだろうとおもえる。もうひとつある。方向性のもとになっている消費の精神的な内面性、いいかえれば生産すべき物にたいする欲望や、衝動や、願望や、要求を、はっきりした物の像の形態として創造してゆくことが問題になるはずともえる。

またここには、すこしちがった考え方も成りたちうる。エコノミーはべつに活性化の状態になくてもいいのではないのか。生産と消費とが等量と等価で交換の場面をもち、ただ方向性（あるいは成長）が、人間の身体や生活の再生産が充分にみたされるような食糧をあたえて、すくなくとも飢餓の状態にならないようにしながら、食糧以外の欲望や衝動や願望や要求のイメージを増大させる方向に（エンゲル係数が少なくなるように）移ってゆくとすれば、もはや何もほかに必要でないというような考え方はありうるようにおもえる。それはエコノミーの活性化や膨張がなくてより低い水準であっても、平等と充足がえられて、静謐《せいひつ》な生が保てる保証がえられるならば、理想の社会像にあたっているとかんがえることとおなじだ。

このふたつのすこしちがった考え方のあいだには、歴史が自然史から歩みはじめ、無意識の欲望や衝動を充足しようとしながら、ひとりでにつくりあげてしまった歴史の無意識の現在と、歴史を意識的に自然史の無機的な時期として再現したい願望とが、選択すべき社会像としてよこたわっている。そこにはとりもなおさず、生産と消費、あるいは総供給と総需要として問われるべき問題が、ふくまれているとおもえる。そして歴史を意識的に企画しようとする試みは、現在までとられた方法では、ほとんど完全に失敗し、現在もとの木阿弥に当面していて、あらためてそれをつくづくと眺めまわしている状態にあるといっていい。もちろん生産と消費、あるいは総供給と総需要とは、過剰と過少のあいだで波立っている。このもとの木阿弥の状態は、いまから四十年ほど前の状態にさし戻すとすれば、たいへん見事に描写された一枚のその画像をさがしだすことができる。

およそ資本主義は、本来経済変動の形態ないし方法であって、けっして静態的ではないのみならず、けっして静態的たりえないものである。しかも資本主義過程のこの発展的性格は、ただ単に社会的、自然的環境が変化し、それによってまた経済活動の与件が変化するという状態のなかで経済活動が営まれる、といった事実にもとづくものではない。この事実もなるほど重要であり、これらの変化（戦争、革命等）はしばしば産業変動を規定するものではあるが、しかもなおその根本的動因たるものではない。さらにまたこの発展的性格は、人口や資本の準自動的増加や貨幣制度の気まぐれな変化にもとづくものでもない。これらについても右とまったく同じことがいえる。資本主義のエンジンを起動せしめ、その運動を継続せしめる基本的衝動は、資本主義的企業の創造にかかる新消費材、新生産方法ないし新輸送方法、新市場、新産業組織形態からもたらされるものである。

前章でみたごとく、たとえば一七六〇年から一九四〇年までの労働者の家計の内容は、単に一定線上での成長ではなく、質的変化の過程を経たものである。同様にして、輪作、耕耘、施肥を合理化しはじめたころから、今日の機械化された器具——エレベーターや鉄道と連絡して——にいたるまでの典型的な農場生産設備の歴史は、革命の歴史である。木炭がまから現在の型の溶鉱炉にいたる鉄鋼産業の生産装置の歴史、上射水車から現代の動力工場にいたる動力生産装置の歴史、駅逓馬車から飛行機にいたる運輸の歴史、みなしかりである。内外の新市場の開拓および手工業の店舗や工場からU・S・スチールのごとき企業にいたる組織上の発展は、不断に古きものを破壊し新しきものを創造して、たえず内部から経済構造を革命化する産業上の突然変異——生物学的用語を用いることが許されるとすれば——の同じ過程を例証する。この「創造的破壊」(Creative Destruction)の過程こそ資本主義についての本質的事実である。(シュムペーター『資本主義・社会主義・民主主義』中山伊知郎・東畑精一訳)

この画像がなぜ見事かは誰の眼にもはっきりしている。わたしたちが確かにそうだと実感できる社会像が、生産と消費、総供給と総需要との跛行《はこう》してはまた傷をいやし、傷を回復しては跛行する反復のイメージとして、とても根本的な、枝葉には足をとられない画像で記述されているからだ。わたしたちはそのあと四十年間の経験的な事実をこの画像に補足すれば、現在に到達できそうな気がしてくるほどだ。

Ⅱ

i

あらかじめふたつ注釈を入れてみる。生産と消費とは、たがいに否定しあう規定で、しかも同時におなじだという二重性をもっている。この奇異さをすでにある概念にできるだけちかづけて、理解の流れをつけたいというモチーフがはたらく。このモチーフをすこしはっきりさせたうえで、もうひとつ生産と消費との場面が、場所ごとに空間的に距たってゆくとき、「生産は直接消費でもある」というマルクスの命題、あるいは「規定することは否定することだ」というスピノザ的な命題に、人間が(身体が)関与する部分は、いったいどうなるのか、どうかんがえればいいのか、解明をすすめてみたいのだ。

マルクスがいうように生産と消費がたがいに規定と否定性の関係にありながらくっつきあっている状態の像から、なにはともあれ生産をおもてにする場面と、消費をおもてにする場面とが距たってしまったとき、この場所や空間の距たりは、分散と方向性を骨組みにもった**市場**と呼んでいたことになる。もちろんマルクスのような規定と否定性の関係からいえば、生産をおもてにする場面と消費をおもてにする場面との距たりを、凝集し反復することで連結するもの(充たすもの)を**市場**と呼ぶといってもおなじことになる。エコノミーの通常の概念の流れからいえば、あとの言い方のほうが市場と呼ぶにふさわしい。なぜならば市場は生産された物をもつものが、べつの生産された物をもつものと、その場所に集まり、物と物との交換をくりかえす場所としてはじまったものだからだ。しかし市場をこんなふうに起源から規定すると片寄ってしまう。マルクスの「生産は直接消費でもある」という生産と消費の起源は、その規定からはまったく死滅させられてしまうからだ。わたしたちは、生産と消費との場面の距たりそのものが市場だという規定を、あくまで固執しなければならない。そうまでいわなくても、何の根拠もなしに消去してしまうわけにはいかない。わたしにはこれはとても大切なようにおもえる。

たとえば医者が治療の技術をもって患者に接し、患者はそれにたいして、病気をもってその場所（病院）へやってきて治療の技術や薬を買う場面を、市場と呼ぶことができる。また資本家が貨幣をもってあらわれ、労働者が労働力をもってあらわれ、これを資本家に売って貨幣をえる場面（会社）を市場と呼ぶこともできる。これらの場面の系列をすべて総合して、「さらに、全世界は社会的富の売買が行なわれる各種の個別市場によって形成せられる広大な一般的市場であると考えることができる」（ワルラス『純粋経済学要論』久武雅夫訳）。そんな言い方もできるはずだ。だがわたしたちは市場について、こんな規定を無条件につかえるところからは出発しなかった。「生産は直接消費でもある」という命題でいえる生産と消費の規定と否定性が、水に溶けるように分離して、場所の距たりをもったとき、状態はどうかんがえたらいいのか。その像のゆくえを見うしなうわけにはいかない。

市場を分散と方向性を特徴にした距たりとみなしても、その逆に凝集と反復を特徴とする交換の場面とみなしても、そこに市場人という人間が関与することを勘定に入れるかぎり、わたしたちは「生産は直接消費でもある」という規定とその否定性とがつきまとうのを、どうしても捨象できないようにおもえる。

たとえばワルラスが、社会的富、市場、交換価値、商品にあたえている規定を簡単にいってみればつぎのようになる。

(1)社会的富とは価値があって交換されうる有形無形のものの全体だと定義する。そして価値があって交換されるすべてのものは、効用があり（有用で）量が限られている。

(2)交換価値は、あるものがもつ性質であって、無償で得られることも譲られることもなくて、売買され、他のあるものに対して一定の割合の量で授受される性質のことだ。そして交換価値という現象は、市場ではじめて生じるものだ。

(3)価値があって交換されるものは商品と呼ばれる。

(4)市場とは商品が交換される場所のことをいう。

こういう規定はそれ自体をとってきたら、どこにも不都合はないようにみえる。そのとおりでたぶん不都合はないのだ。しかしわたしたちがここでこだわってきた「生産は直接消費でもある」というマルクス起源の規定は、こういうワルラスの規定のなかにははいりこむ余地はない。その徴候はすでに「それゆえ交換価値という現象は市場において生ずるものであり」（ワルラス

『純粋経済学要論』久武雅夫訳）という規定にあらわれているといえる。マルクスの「生産は直接消費でもある」という規定は、売りは直接買いでもあるという言い方になおせば市場での交換が売り手と買い手の「二つの売りと二つの買いとから成り立っている」というワルラスの規定に対応している。だがマルクスのこの命題を、本源的な特殊な商品としての労働力の売り手と、それを買う買い手のあいだの交換市場についていえば、ワルラスの規定はそのまま通用はしても、この規定におさまりきれないものが露呈してくる。労働力という商品の所有者としてやってきた売り手労働者は、買い手と交換市場で交換過程にすぐにはいれるが、労働力の表出者（生産者）としての労働者は、この過程にはいることができず、労働力の所有者としての労働者が、その市場で労働力を売ってえた貨幣をもって、べつの消費市場へ出かけてゆき、その貨幣で喰べたり、遊んだりして、身体を養い、体力を再び生産しなければならないし、そうするだろうことは間違いない。これを単純化して言っておけばワルラスのいう交換市場に売り手として登場した労働者は、労働力商品の所有者としての労働者であり、労働力の表出者（生産者）としての労働者は、ワルラスの市場概念からは弾きだされてしまう。これはべつの言い方をすれば、労働力市場における労働者は、労働力の所有者と表出者（生産者）とに分裂してしまう。そしてこの労働者の分裂は、資本家が労働力市場では貨幣の所有者（資本の所有者）と労働力の買い手（経営者）とに分裂することと対応している（図3参照）。

この問題をもっとさきまで追ってゆくとすれば、さしあたってふたつの問いに象徴させることができる。ひとつはワルラス的な市場から弾きだされた労働力の表出者（生産者）としての労働

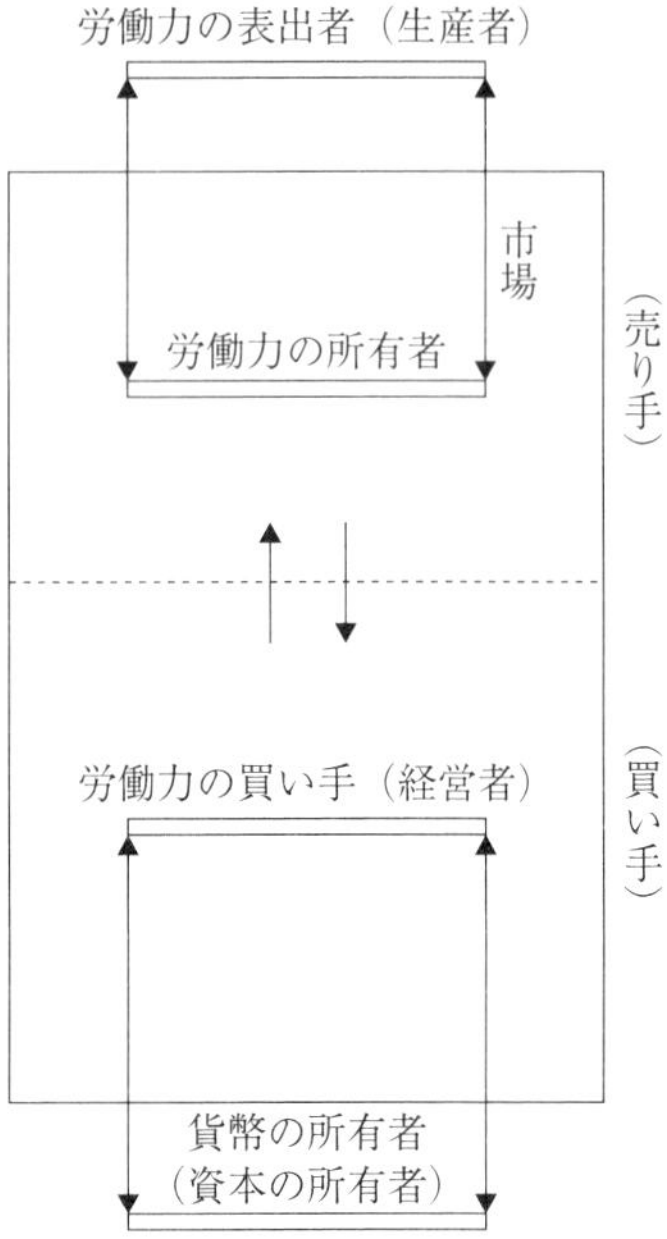

図３　市場における労働（者）と資本（家）の分裂

者は、どこをさまよい何をしていることになっているのだろうか？　ということだ。そしてエコノミーの画像は、これをどう描写すればいいか、あるいは無視しても大過ないとかんがえるべきかということも、この問いのなかにふくまれる。もうひとつの問いは、「生産は直接消費でもある」というマルクス的な命題は、労働力という商品が人間の身体の表出（生産）という輪郭をでられないとみなすかぎり、市場を構成するだけの空間的な距たりや時間的な蓄積をもちえず、そのかぎりではすべての市場（ワルラス的にいえば全世界）の陰に潜在するほかないのではないか？ということだ。

　市場で労働力の表出者（生産者）と労働力の所有者とに分裂したあと、労働力の表出者（生産者）としての労働者がさまよいあるく場所は、べつのところにある消費市場しかありえないだろう。そしてその消費市場は、手にいれた貨幣を消費して、じぶんの身体を養うために喰べたり、精神や神経を養うために遊んだり、休息したりする場所をさしている。つまりかれは「消費は直接そのまま生産である」というようにマルクスの命題の逆をたどりながらマルクスの命題を保存することになる。

ところで労働力の所有者とその表出者（生産者）との分裂は、労働力の市場における売り手である労働者にだけおこるのではない。労働力の買い手（経営者）として市場に登場する側にも、労働力の所有者と表出者（生産者）との分裂は、まったくおなじようにおこる。「二つのものの相互の交換はすべて、二つの売りと二つの買いとから成り立っている」（ワルラス『要論』）という言い方を真似ていえば、市場での労働力の売り手である労働者と買い手である経営者との差異は、たんにより多い売り手で同時によりすくない買い手である者（労働者）と、より多い買い手で同時によりすくない売り手である者（経営者）との差異にすぎない。もっとはっきりした画像でいえば、表むきで労働力の売り手であり、同時に深層で貨幣の買い手である者（労働者）と、表むきで労働力の買い手であり深層で貨幣の売り手である者（経営者）との差異にすぎない。さまざまな意味で、この市場で仲介の役目を負うことになる中間管理者（係長、課長、部長、局長等）が、この市場が混乱や対立や紛争になったとき戸惑うのは、労働力の所有者と表出者（生産者）としてのじぶんにとって、どちらがおもてでどちらが深層か判断しにくい場面に出あうからだ。このばあいおもてで労働力の売り手である者（労働者）よりもおもてで労働力の買い手である者（経営者）の方に近づくにつれて、給付される貨幣の量が逓増する傾向にある。そんな画像もつけ加えなければ、正確さを欠くことになるだろう。だがしかし、労働力の表出者（生産者）としての労働者も、労働力の表出者（生産者）としての経営者も、この市場からはじきだされることも共通しているし、さまよってゆく場所が消費市場で、そこでは貨幣を消費して、喰べたり、遊んだり、休息したりして身体や精神を養う（生産する）ことも共通している。貨幣の所有者（資本の所有者）だけは、論理的な像だけからいえば、労働力の所有（者）と表出（者）（生産者）との分裂を体験しなくてもいいことになる。かれが消費市場で貨幣を消費して喰べたり、遊んだり、休息したりして身体を養う（生産する）ことは、そのまま貨幣を生産する行為と同一になっている。あるいはべつの言い方で、かれは消費市場で貨幣を消費せずに喰べたり、遊んだり、休息したりして身体を養う（生産する）ことができるといってもおなじだ。なぜならその消費市場でも、かれは資本の所有者と等価だとみなすことができるからだ。いままで述べてきたところから、いくつかの記憶していていい画像がのこされる。そして読者はどうか記憶していてほしいとおもう。

(1)労働力市場では労働力の所有者である売り手（労働者）よりもその買い手（経営者）の方がよりよい給付をうける傾向がある。しかし売り手（労働者）から買い手（経営者）への移行の中間（仲介者）は連続的であって、断続的でも対立的でもない。

(2)労働力の市場では、労働者も労働力の表出者（生産者）と労働力の所有者（労働者、経営者）や貨幣の所有者（資本の所有者）に分裂する。

(3)労働力の表出者（生産者）としては労働者も経営者も、労働力市場のそとに弾きだされて消費市場にさまよいでて身体を養う（生産する）ほかにすることはない。これとべつの挙動をとり、消費市場での消費がそのまま貨幣の生産行為でありうるのは、資本の所有者だけだ。

ii

すでにすこし触れたようにワルラスでは「交換価値という現象は市場において生ずるもの」とされている。だがマルクスではAという商品のある量とBという商品のべつのある量とが交換されるためには、価値の共通の基底がなくてはならず、その基底の条件をそなえているものは、それらの商品を生産するのに加えられた労働の量になる。そして帰するところは労働時間だとみなされる。だとすれば、マルクスでは商品の価値はそのまま交換価値であり、交換価値という現象が市場において生ずるというワルラスの規定は、マルクスの（労働）価値イコール交換価値として商品に内在するという考えを意識して、それに異をたてるためになされた規定だといっていい。試みにワルラスが『要論』で市場の例として挙げているものを列挙してみると、

(1)競争の点からいちばんよく組織されていて売買が取引員、仲買人、競売人のような仲介者によって行われる市場として、証券取引所、商品取引所、穀類取引所、魚市場等。
(2)競争が多少制限されている野菜と果物の市場、家禽市場。
(3)小売商店、パン屋、肉屋、乾物屋、服屋、靴屋などが並んでいる商店街。

(4)医師や弁護士の仕事、音楽家や歌手の演奏などの世界。
(5)そして最後に「全世界は社会的富の売買が行なわれる各種の個別市場によって形成される広大な一般的市場」であるとみなせることになる。

ワルラスのあげた市場の例のなかに、労働力市場はでてこない。医師や弁護士の仕事、音楽家や歌手の仕事の例がでてくるのだから、当然あげられていいはずなのだ。なぜでてこないのだろうか？

さいわいなことにワルラスは『純粋経済学要論』の第十六章で、スミスとセイの価値説を批判するという形でこれに触れている。

まず、スミスが『国富論』でとっている労働が価値の源泉だとする考え方にたいしては、ワルラスはつぎのようにいう。

この理論（スミスの――註）に対する反論は一般に不適切であった。この理論は、要するに、価値があり交換せられるすべてのものは、労働が種々の形式をとったものであり、労働のみが社会的富のすべてを構成すると主張するものである。これに関してスミスを批判する人々は、価値があり交換せられても労働の生産物でないもの、すなわち労働以外に社会的富を構成するものがあることを主張する。しかしこの反論は皮相的である。労働のみが社会的富のすべてを構成するか、または労働は社会的富の一部を構成するに過ぎないか、はわれわれの関心事ではない。種々の場合において、なにゆえに労働に価値があり交換せられるか。これがわれわれの取組んでいる問題であるが、スミスはこの問題を提起もしなければ、解決もしなかった。ところで、もし労働が価値をもち交換せられるとすれば、それは労働が効用をもち、量において限られているからである。すなわち、それは稀少であるからである(一〇一節)。ゆえに価値は稀少性から来るものであり、稀少なすべてのものは労働を含むと否とにかかわらず、労働のように価値をもち交換せられる。すなわち、価値の原因を労働であるとする理論は狭過ぎるというよりは、全く内容のない理論であり、不正確な断定であるというよりは根拠のない断定である。

(ワルラス『純粋経済学要論』第十六章「交換価値の原因についてのスミスおよびセイの学説の解説とそれに対する反論」久武雅夫訳)

おなじようにセイの『経済学問答』のなかの、効用性が価値の源泉だとする考えにたいしてはワルラスはつぎのようにいう。

これは、少なくとも証明の一つの試みとはいえるが、極めて不十分である。「ものがもっている効用はこのものに対する欲求を生ぜしめる」ことは確かである。「効用はこのものの獲得のために人々に犠牲を払うようにさせる。」これは一様にはいえない。効用は、人々がこの効用を得るために犠牲を払わねばならない場合にのみ、犠牲を払わさせるのである。「人の何の役にも立たないものを獲得するために、なにものをも与えようとはしない。」これは疑いもなくその通りである。「これに反し、自分が欲望を感ずるものを獲得するためには、自分が所有するもののある量を与える。」これには条件がある。それは、このものを得るためになにものかを交換に与えなければならない場合に、ということである。それゆえ、効用だけでは価値を創造するのに不十分である。さらに、効用のあるものが無限量に存在せず、すなわちそれが稀少であることを必要とする。この推理は事実によって確認せられる。呼吸せられる空気、帆船の帆を膨らませ、また風車を回転させる風、われわれを照らす太陽の光線と収穫と果実を実らせる太陽の熱、水と熱せられた水が提供する水蒸気、その他多くの自然力は効用があり、また必要でもある。けれどもこれらのものは価値をもっていない。なぜなら、それらは無制限に存在しており、誰でもそれらが存在する場合にはなにものも与えることなく、またこれと交換に何らの犠牲を払うことなく、欲するままに得られるからである。

（ワルラス『純粋経済学要論』第十六章「交換価値の原因についてのスミスおよびセイの学説の解説とそれに対する反論」久武雅夫訳）

これでは、スミスとセイにたいしては批判になっているかも知れないが、リカードをへてマルクスで完成に達した労働価値説にたいする批判にはなっていないとおもえる。ワルラスの著書とマルクスの『資本論』とくらべると凡庸なその時代の秀才と世紀の天才ほどの違いがある。だがワルラスが労働価値説の批判に深入りできなかった理由は、商品の交換価値（つまり価値）の源泉についてまるで発想がちがうからだとおもえる。ワルラスは交換価値の現象は市場においてはじめて発生するという言い方で、労働市場における労働力の売り手である労働者を、はじめから労働力商品の所有者（ワルラスの言い方をすれば自然的資本の一種）とみなしていることを意味する。だが労働価値説の源泉は、とくにマルクスの『資本論』のような完成された論理の配慮があるところでは、労働者の（人間の）身体が、労働力の表出者（生産者）として、無際限の反復に耐えるような底無しの価値体であるだけではなく、機能的な定常量の表出者ではなく主体的な状態によっては、どこまでも定常量を超えても気づかない存在だというところに根拠をおいている。この人間の身体的な表出（生産）力の特殊な本質にたいするおどろきや不安や憂慮、いいかえれば超合理性にたいする気づきがないところでは、労働価値説はワルラスのいう市場では、いいかえれば労働力の所有者としてのみ労働者が売り手として登場するところでは、捨象できるものでしかない。ワルラスが「全く内容のない理論」と呼んだのは、ほんとはワルラスにとって〈全く内容のいらない理論〉と呼ぶべきであった。

　ワルラスは「もし労働が価値をもち交換せられるとすれば、それは労働が効用をもち、量において限られているからである。すなわち、それは稀少であるからである」という。だがこの考えは、市場ではじめて交換価値が発生するのだというワルラス自身の前提がなければ、まったく意味をなさないことははっきりしている。ある物の価値がそのものに加えられた労働の量によってきまるという考え方にたてば、労働が効用をもつか、あるいは稀少であるかということは、価値いいかえれば交換価値にとって、まったくどうでもいいことだ。

iii

いままでここで述べてきたいきさつからして、マルクスの労働の量によってきまる商品の価値（交換）の概念をとっても、ワルラスの市場ではじめて発生する交換価値という概念によるとしても、おなじように労働力の表出者（生産者）としての労働者や経営者は、労働力の所有者としての労働者やその貨幣による買い手としての経営者を市場にのこしたまま、分裂して労働力市場からはじきだされ、消費市場にさまよいでなくてはならない。両者はひとしなみに身体を養う（生産する）ために貨幣を消費して喰べたり、遊んだり、休養したりすることで、労働力市場での明日の労働にそなえなければならない存在であることはたしかだ。この存在はいったい何を意味し、どうなればいいのか？

たしかにいままで述べてきた範囲でこうなればいいといった理想の存在が、ひとつだけかんがえられた。それは市場での労働力の買い手としての資本家（経営者）ではなく、資本の所有者（貨幣の所有者）としての資本家だ。なにが理想の像にかなうかといえば、かれだけは消費市場で身体を養う（生産する）行為そのものが、貨幣の生産（増殖）であるか、あるいはすくなくとも貨幣の消費を伴わないことができる存在とみなせるからだ。身を養うことが同時に貨幣の生産だというほど理想の存在が、経済世界のなかでありえようか？　労働力の表出者（生産者）としての労働者も経営者も、こういう存在になれば申し分ないことになる。たしかにそうなのだろうか？

この問いは疑いぶかい欲ばった問いだ。まだ何か外部的な解決すべきことがあるというのか。わたしたちにはもうただひとつの解決すべき問題しかのこされていないというべきではないのか？　これらをめぐってまったく違う射程から参考にしていいことに言及しているシュムペーターの画像をみてみよう。

およそ四〇年前までは、マルクスのほかにも多くの学者が次のように信じていた。資本主義過程は国民総所得のなかでの相対的分け前を変化させる傾きをもつ。したがってわれわれの平均増加率から導き出される明白な結論は、少なくとも相対的には富者がますます富み、貧者がますます貧するということによって無効にされるであろう、と。しかしかような傾向は少しもない。その目的のために工夫された統計的測定についていかに考えられようとも、次のことだけは確実である。すなわち、貨幣で表わされた所得のピラミッド構成は、われわれの資料にもうらされている期間——イギリスでは一九世紀全般にわたる——には大きな変化を示していないこと、および賃銀プラス俸給の相対的分け前も、その期間をつうじて実質的には不変であったこと、これである。資本主義のエンジンがそのまま活動しつづけるとすれば、いかほどのことをなしとげうるであろうかを論じているかぎり、所得分配、ないしわれわれの平均数値に関する分散が、一九七八年には一九二八年のものと著しく相違するだろうと信ずべき根拠はまったくない。

われわれの結論を示す一つの方法は次のごとくである。もし資本主義が一九二八年以降の半世紀間にその過去の成果をくりかえすとすれば、その場合には人口の最低層のあいだにおいてすら、現在の水準で貧乏と呼ばれうるいっさいのものが——病理学的な場合だけは別であるが——解消されるだろうということ、これである。

ルイ一四世ほどの人が欲しいと熱望しつつ、ついにもち得なかったようなもの——たとえば、近代歯科医術——でも、現代の労働者には利用できるものがいくつかあることは疑いない。だが全体からみれば、そのような高いレベルの家計が資本主義の業績によって利益を享受するということは、事実上問題にならないくらい少なかった。この上もなくもったいぶった紳士にとっては、旅行の迅速さなどもたいしたことだとは考えられなかったであろう。たくさんのお金に恵まれておって、十分なローソクを買い、それを世話する召使を雇うことのできる人にとっては、電燈でさえもたいして恩沢ではあるまい。資本主義生産の代表的な業績は、安価な衣料、安価な綿布、人絹、靴、自動車等であるが、それらは概して、金持ちにとって重要な意味をもつ改良ではない。なるほどエリザベス女王は絹靴下をもってはいた。けれども資本主義の業績は、典型的には女王たちのためにいっそう多くの絹靴下を用意することにあるのではなく、必要労働量をつねに減ずる代償として絹靴下を女工たちの手の届くところにもたらすことにあるのである。

現在では、社会立法に対する闘争の技術や雰囲気があるので、それがなければ明瞭なはずの次の事実がぼかされている。すなわち、一つには、この立法の一部が、以前の資本主義的成功（換言すれば、以前の資本主義的企業によって創造される富）を前提条件としていること。二つには、社会立法が発展せしめ一般化せしめたものの多くは、以前は資本家階層自身の行為によって着手されていたということ、これである。この二つの事実は当然資本主義成果の総額に付加されねばならぬ。いま、資本主義体制がもしも一九二八年以前の六〇年間になしたことをもう一度遂行して、人口一人あたり一三〇〇ドルにまで実際に到達したとすれば、その時には、あらゆる社会改良家――多くの変わり種をも含めて、実際にはほとんど例外なしに――がいままでに夢みてきたいっさいの願望が自動的に満たされるか、もしくは資本主義過程に著しく手を加えることなしに満たされうるということがただちに了解されよう。ことに失業者を十分に世話するということも、そこでは単にがまんしうる程度の負担であることを通り越して、まったく造作のない負担になってしまうであろう。

（シュムペーター『資本主義・社会主義・民主主義』第二部・第五章、中山伊知郎・東畑精一訳）

この画像はとても高い水準で、現在の知的迷信に衝撃をあたえる力をもっている。そこで好んで引用してみる価値があるのだ。おおく《良心的》知識人たちは《良心》を使う場所を間違えて、いまから四十年まえですら、ロシア・マルクス主義（レーニン・スターリン主義）が塗ったくった誇張された画像のなかに《良心》を閉じこめていた。それはたんに二〇世紀に支配的な影響を知識人にあたえてきた知的な宗教と迷信でしかなかった。そういうよりも知識人という概念自体が倫理として登場するとき、それはこの知的な宗教が産みだした副産物にほかならなかった。よほど鈍感でないかぎり知識人という自己覚醒の倫理は、大衆への嫌悪であり、同時にこの知的な宗教への帰依であるという矛盾を意味した。知識人のあいだに喜劇が悲劇として演じられたり、悲劇が喜劇として演じられたりしたのは当然だった。何しろ大衆をもっとも嫌悪して、大衆から自己感性を隔離したいと無意識に熱望している連中が、この知的な宗教に帰依せよと街頭布教しはじめたのだから。

わたしたちがここで解明できたらとかんがえている画像は、シュムペーターの画像でも解明されているわけではない。ましてこれほどの巨匠にも迷信はなおあって、そのあと四十年の世界像は、たぶんかれの思いがけないものになっていった。わたしたちは労働力市場で、労働力の所有者としての労働者は売り手であるかぎりにおいて、労働力の買い手である貨幣の所有者（経営者）よりも貨幣の取得量において不利な傾向性があり、その中間は断続しているというより連続して移行するものだという画像を描いた。そして労働力の市場では、売り手としてあらわれる労働者とその買い手としてあらわれる経営者とのあいだのこの傾向性は、消費市場ではひとしく労働力の表出者（生産者）としてあらわれ、おなじように身体を養うために貨幣を消費することになり、その差異は消費可能な貨幣額の差にあらわれるだけになる。この二重にあらわれる傾向性は、どの極限をとっても連続的で階級像を描き得ないようにみえる。それといっしょに経済市場を介してあらわれる社会像のなかで、わずかに消費可能な貨幣額の差異としてしかあらわれない労働者と経営者の姿は、どう描写されるべきなのか、マルクスの「生産は直接消費でもある」という命題はそれを要請しながら、それを自らに問うたことはないといっていい。

Ⅲ

i

労働力が売り買いされる市場で、買い手になってやってくる資本家（経営者）ではなくて、資本になる貨幣の所有者を経済からみた人間の理想像としてかんがえるべきだろうかと自問してみた。そしてこの理想像の根拠をひとつ挙げて、かれだけは消費の市場で、身体を養う（生産する）ために遊んだり、休養したり、喰べたりすることが、たんに手にした貨幣の消費ということにならず、そのまま貨幣の増殖になる可能性をもった存在だというところにおいた。じじつ労働力の売り手である労働者は、それを売って手にした貨幣を消費して身体を養わなくてはならないし、労働力の買い手として登場した資本家（経営者）でさえ、消費市場で貨幣をついやして身体を養わなくてはならない。ただ貨幣の所有者で、いつどこでも貨幣を資本として提供できる可能性をもった者だけが、消費市場で身体を養うことが、そのまま貨幣の増殖になっている可能性を、いたるところで（貨幣を資本として提供したところではどこでも）もっているのだ。

ふたたびわたしたちは自問する。この存在は経済人としてみられた人間の、いちばん理想の姿だろうか？　そして万人が（ということは一般大衆が）この存在になることは理想像であり、またこの存在に近づく社会は、理想の社会状態だろうか？

率直にいってみれば、ポリティカル・エコノミーやソシャル・エコノミーが、まだわたしたちの外部にあるときは、たしかにそれは到達すべき目標であったり、ときどきはのどから手がでるほどの渇望の対象像であったり、とみなすことが妥当のようにおもえる。だがエコノミーが内在的になったときには、万人が（ということは一般大衆が）この理想像の経済人になりおおせたとしても、すこぶる浮かない多数の貌に出遇うだけのような気もする。わたしたちは、現在、単独で（個人的な努力で）この理想の経済人になっている存在を見つけようとすれば、少数だが見つけることができるに違いない。そしてかれらに問うてみれば、じぶんは経済人として理想の状態にあるかどうか、それぞれ答えてくれることは疑いない。その答えは、まちまちだろうが、ただひとつ共通な点が想像される。われらのなかでポリティカル・エコノミーやソシャル・エコノミーが、外部から内在へとスムーズに連結されていないということだ。かれら資本としての貨幣の所有者の理想像は、マルクスのいうように収奪とだましによってそうなったとみなそうと、シュムペーターのいうように勤勉とたゆまない努力によってそうなったとみなしても、外部と内在とをむすびつける偶然と必然のないまぜられた無意識が存在せずに、大なり小なり意図と実現の断層をもっている点が共通しているに違いない。そうだとすれば外部からどんな理想像にみえようとかれらはどこかで浮かない貌を見せている存在だといえそうな気がする。

わたしたちは万人にとって（一般大衆にとって）理想の経済人の像とみえるこの存在を、もうすこし詳しくみてゆくべきだとおもえる。

わたしたちが経済人としての理想像（みんながそうなればいいという意味での理想像）と仮定してきた貨幣資本の所有者は、いままでのいきさつから労働力市場を例にとりつづければ、そこへ労働力の買い手としてやってくる経営者にたいして、貨幣を提供するとき〈貸しつけ〉という方法をとる。〈貸しつけ〉を交換の特殊なひとつの形としてみれば、貨幣を資本として〈貸しだす〉ことで利潤をうみだすことを見越した分だけの使用価値で、貨幣を商品という性格で〈貸しつけ〉るのだ。けっしてもともとその貨幣が貨幣の額面どおりにもっている使用価値でつかわれるのではない。

マルクスが『資本論』（第五篇・第二十一章「利子生み資本」）でつくり、ヒルファディングが『金融資本論』で引用している具体例をとってみるともっとわかりやすい。

いま年平均の利潤率が二〇％のところで、価値一〇〇ポンドの機械は、平均条件で資本として使用されると、二〇ポンドの利潤をうみだすことになる。いまAという貨幣所有者がこの一〇〇ポンドを一年間、Bという買い手資本家（経営者）に〈貸しだす〉とすれば、AはBに二〇ポンドの利潤、いいかえれば剰余価値を与えたことになる。BはAに年末には、利潤のうちからたとえば五ポンドを、一〇〇ポンドの資本機能にたいして支払うとする。これはAの〈貸しだし〉にたいする利子と呼ばれることになる。

いま最初Aが〈貸しだし〉た一〇〇ポンドをGであらわし、AがBから利子として得た貨幣を

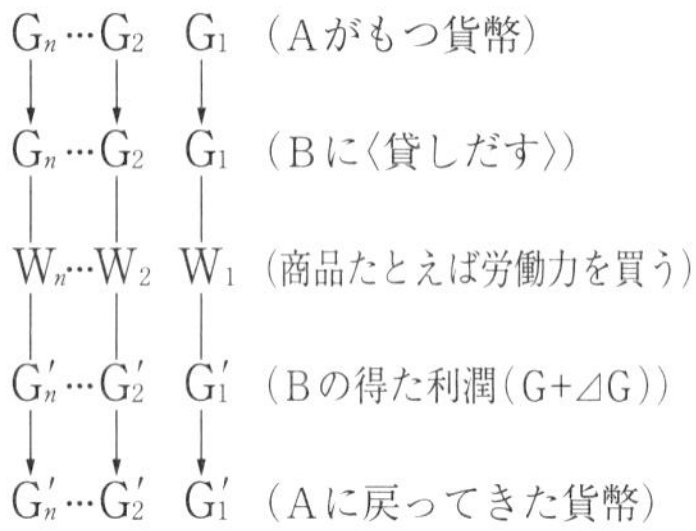

図4　利子生み資本(家)の図式

⊿Gとすれば、Aは最後は居ながらにしてG＋⊿Gを手にいれることになる。これを図示すればつぎのようになる（図4参照）。

貨幣資本の所有者の境涯に、万人が（一般大衆が）なりえたとして、経済的にみられた人間としては理想像だとおもわれる根拠は、図式のようにかれが居ながらにして貨幣を多角的な場面に〈貸しだす〉だけで、はじめ〈貸しだし〉たGに、利子を加算されて、G＋⊿Gに増殖した貨幣を手にすることができることにある。これは見易い道理だし、誰だってそんな手品みたいな境涯は経済的に理想像として願望するにちがいないとおもえる。

もうすこしこの理想像に具象的なイメージをあたえてみることにする。さしあたってハイエクが「貨幣の理論と景気循環」でやっている例を装飾して使ってみる。それはできるはずだ。いま貨幣資本の所有者Aの〈貸しだし〉も、買い手の資本家（経営者）Bの〈借りだし〉も、銀行を介するものと仮定する。この仮定は事実像にいちばん近いはずだ。Aが〈貸しだし〉のために新しく銀行に預金した額のうち一〇％を支払い準備のために保持して、九〇％をBに貸しだしたとする。Bが買い手としての支払いを小切手でやり、売り手はその小切手をじぶんの銀行へ振り込んで現金に代えることにした。この銀行もまた預金の一〇％を準備金として保持し、九〇％を貸しだすとする。現金で引きだされないかぎりこの過程は第3の銀行、第4の銀行とつづくことができる。こうして全部の銀行が、預金の九〇％を再貸しだしと

して、別の銀行に同額の預金増加をひき起すとすれば、最初の預金は、初めの預金額の

$$0.9+0.9^2+0.9^3+0.9^4\cdots$$

いいかえればこの無限級数の和9、つまり9倍の信用を創造できることになる。いいかえれば貨幣所有者の境涯に、万人が（一般大衆が）なれたらという理想像は、はじめの9倍に高揚して、わたしたちの胸に希望をもってくることになる。

ところでこの経済的な理想像にはどこにも弱味はないのだろうか？　わたしたちがどこかに経済的な浮かない感じをもつのはどうしてだろうか？　こんどはアラをさがして、できるだけ数えあげてみなくては、公平でないことになる。資本として貨幣を〈貸しだす〉資本家（貨幣資本家）は貨幣を資本として、あるいは利潤をあげる商品として〈貸しだし〉ているあいだは、利子を手にすることができる。だがそのあいだ元金を自由に処分することはできない。かりに元金を回収できたとしても、資本としてあらたに〈貸しださ〉ないかぎりは、利子をうみだすことはない。マルクスのいい方をかりれば「それが彼のてにあるかぎり、それは利子を生まず、資本としては作用しない。そしてそれが利子を生み、資本として作用するかぎりは、それは彼の手にはない」（『資本論』）のだ。マルクス的にいえば、もっと嫌な言い方もできる。貨幣資本家から〈借りうけ〉て運営する資本家は、利子の歩合が、ゼロに近づいた極限のところでは自己資本を運営している産業（商業）資本家（経営者）の像に一致してしまう。一方で貨幣資本を〈貸しだし〉だけで利子を増殖できる貨幣資本の理想像を保とうとするなら利子歩合がゼロ・パーセントにど

んなに近づいても、いつも産業（商業）資本に〈貸しだし〉をつづけなくてはならない。いま利潤をPとし利子をZとすれば、〈借りうけ〉た貨幣資本を運営している資本家と自己資本で運営している資本家との差は、PとPマイナスZの違いで、Zがゼロに近づけばPマイナス$Z=P$になって、両者はおなじ立場にたつ。〈借りだし〉資本はいつも返済してあたらしく〈借りだす〉ことをつづけなければならないし、自己資本もまた、いつも資本をあらたに生産（商業）過程に投入していなくてはならない。また貨幣資本を〈貸しだし〉ている理想像の経済人も、どんなに利子がゼロに近づいても〈貸しだし〉をつづけなければ利子をうむことができないし、利子を生んでいるあいだは、眼のまえに貨幣の山を築いて、さて何に使おうか、使い道にこまるという場面を悦に入って満喫しているわけではない。おなじように絶えまのない貸借や生産や利潤の経済過程にはいっていなくてはならない。

わたしたちの経済的な理想像には、もっと陰りをもたせることができる。というのは貨幣資本の所有者を、たんに産業（商業）資本家に貨幣を〈貸しだし〉て、利子を増殖して受けとる存在というところから連れだして、利子といっしょに経済人として必然の息苦しい場所にはめこんでしまうことだ。

もし〈借りうけ〉る産業資本家がまったくいないとすれば貨幣の所有者は貨幣を資本として〈貸しだす〉ことで利子を増殖する貨幣資本家にはなりえないで、たんに貨幣をもっているものにすぎない。だが産業（商業）資本家という概念は、もともとそのある部分は〈借りだし〉た資本を生産（商業）過程に投下する存在だという前提でしか成り立っていない。資本は〈借りだし〉た貨幣のことだというのは経験的な事実だといっていい。このことは総利潤はいつでも利子と生産（商業）の企業者利得とに分裂すべく（用意されて）いることを意味している。このことはまた資本制以前の歴史的にもいいうることだ。極端なことをいえば未開や原始の社会でおこなわれる〈贈与〉のばあいでも、これを〈貸しだし〉の特殊なばあいのようにみなせば、それによって生みだされる無形の恩恵もまた利子の変種とみなすことができる。ほんとに「資本制的生産様式が実存しこれに照応する資本および利潤なる肖像が実存するよりもずっと以前に、利子生み資本が完成した伝来の形態として実存し、したがって利子が、資本によって生みだされる剰余価値の完成した下位形態として実存する」（マルクス）といってもいいことになる。ここまでくれば利子が必然化されるとおなじように貨幣資本の所有者もまた必然化されるといってよい。いいかえれば産業（商業）資本家が自己資本を運営して生産（商業）過程にはいっても、〈借りだし〉資本を運営しても、それに対応する貨幣資本家の実存は必然化されてしまうし、利子もまた自立した剰余価値の形としてたしかな根拠をもって経済的な必然化の環のなかにはいることになる。利子は質としてみれば生産（商業）過程の外部にあってただ貨幣を所有しているだけでもたらされる剰余価値である。また量的には貨幣資本に対応して利潤のうちから利子になる部分は、利潤の大きさによって、ひとつの利子率によってきまったものになる。ここまできまってくれば〈借りだし〉た資本を運営する資本家と自己資本を運営する資本家とのちがいは、企業者所得だけをうる資本家と企業者所得と自己資金にたいする利子をじぶんで増殖分として元金といっしょにうけとる資本家との違いに還元されてしまう。

わたしたち万人は（一般大衆は）そうなればいいのかと問うた経済人としての理想像（貨幣資本の所有者の像）は、捏《こ》ねくりまわしているうちに、しだいに浮かない姿をあらわしてきたようにおもえる。ただそれでも時代の平均的な欲望をとげるのには、格別不自由がないばかりか自在だという程度の利子の蓄積はできているということが、できないものに比べたら神の業《わざ》にもひとしい。そうとみなすばあいは、話はまったく別なことになる。

iii

貨幣資本の所有者ほどではないが、それにつぐ理想的な存在である産業（商業）の資本家（経営者）は、利子をめぐって貨幣を〈貸しつけ〉る資本家と対立している。かれは総利潤のうちから利子を貨幣資本家に支払ったあとの企業者利得だけをうけとるのだし、この利得はそれが単純な労働者にくらべれば多いとしても、また必然である以上にもらいすぎた利得であったとしても、かれだって生産（商業）過程で労働したこと、いいかえれば労働者としてうけとったものだ。マルクス的にいえば「それ自身、労賃であり、監督賃であり、wages of superintendence of labour である」にほかならない。つまり賃労働者にくらべるといくらか複雑な労働だったり、じぶんで じぶんの労賃をいくらか自由にきめられたりするところからくる差異にすぎない。それればかりではない。貨幣資本を所有していることと、これを運営して生産（商業）過程に入るものとの対立と差異は、総利潤、いいかえれば剰余価値を、利子と企業者所得との二部分に分裂させる本性をもっている。

この理想像として二番手であり「次」であり「亜」である産業（商業）資本家（経営者）の性格を、もうすこしつきつめてみる。かれは聡明なら労働力の性格と利子生み資本の性格とが深い類似性をもっていることに気がつくはずの存在である。どうしてかといえば、いままでみてきたように、このふたつに深くじぶんが経験的にかかわってきた存在だからだ。かれが労働市場（会社）で労働力を買うのはそれが価値をうみだす能力だとおもうからだ。でも買った労働力を生産（商業）過程で使うかどうかは、どうでもいいことだ（私用でサービスにつかうこともありうる）。おなじように利子をうむ貨幣資本も、資本として使ってじっさいに剰余価値をうみだす活動をやるかどうかは〈借りだし〉た資本家の勝手だ。かれは商品としての資本にふくまれる可能性としての剰余価値にたいして利子を支払うのだから。産業（商業）資本家は労働力の買い手としては労働者に貌をむけ、利子の支払い手（生み手）としては貨幣資本の所有者に貌をむけている。これはふたつの深淵に面しているようなものではないのか？　かれは（経済）社会の循環器官や筋肉をもった社会的身体である資本と、循環器官や筋肉をもった身体である労働力とに直面している。かれがこの息苦しさから脱出するには、左右の手を同時に別べつに行使できるような自己システムを人工的につくりだすほかにありえない。そしてもちろんそれができるためには相手である貨幣資本の持ち主と労働力の持ち主である労働者の同位性がなくてはならないはずだ。貨幣資本も労働力も底知れない深淵の画像から底をもたないシステムの画像にかわることになるというような。たとえば貨幣資本はシステムの代理体としての銀行に〈貸しだし〉を集約して、じぶんはシステムをのこしてたんなる画像になって消えたり現われたりする。この有様は具象的に描きだせるかどうかわからないが、やってみる価値はありそうにおもえる。

iv

貨幣（G）があって、それが生産（商業）の過程で物（W）をうみだし、それが売られて貨幣（G′）が手にのこる。そしてG′＞Gになっていることは、資本の画像のかんたんな記述になっている。それはG—W—G′とあらわされる。あいだをつないでいる「—」は、いちばん単純にかんがえて生産過程と流通過程を記号化したものだ。いま利子をうむ資本のばあいには、貨幣は、すくなくともじぶん自身ではこの生産過程と流通過程をへないからG—G′とあらわされていいはずだし、しかもG′＞Gになっている。G—G′を実現する目的のためにだけ、貨幣は資本になるわけだから、中間の過程をへないでG—G′が実現することは、経済（人）としていちばんの理想像ではないのか。そして万人が（一般大衆が）みなこの理想像をつかんだ状態が究極の理想状態ではないのか？ わたしたちはそういう問いから出発した。いままったくその通りだとすれば、利子をうむ貨幣の所有者は理想像だとみなされる。この状態はどうしたら実現されることになるのか？ すくない人数ならばいまでもこの理想状態にいるとみなせる人たちは存在している。かれらがとても利殖の技術にたけていたのか、超人的な刻苦のはてに蓄財したのか、偶然の幸福にであったのかは、さまざまでありうる。だが万人が（一般大衆が）そうなる状態はどうやって実現されるのかは、現在まで存在している理想像の経済人をどんなに分析し、解剖してもわかるはずがない。かれらはそうなってしまった個々の、特殊な少数例にすぎないから、一般化できないし、一般化できる要素はあったとしても、すくないに違いないからだ。

この経済人としての理想像を経済的な範疇であらわしたもの、すなわち利子をうむ貨幣資本について、マルクスがつぎのように述べている個所がある。

利子生み資本として、しかも、利子生み貨幣資本としてのその直接的形態（ここで吾々に関係のない他の利子生み資本諸形態は、この形態から再び誘導されるのであって、これを内蔵する）において、資本は、主体・売ることのできる物・としての純粋な物神形態G―G′を受けとる。第一に、資本がたえず貨幣――この貨幣形態では、資本のすべての規定性が消滅し、資本の現実的諸要素が眼にみえなくなっている――として定在することによって。貨幣こそは、まさに、そこでは使用価値としての諸商品間の区別が消滅し、したがってまた、これらの商品とその生産諸条件とから成りたつ諸産業資本間の区別が消滅している形態である。貨幣は、そこでは価値――この場合には資本――が自立的交換価値として実存する形態である。資本の再生産過程では、貨幣形態は一つの消滅的形態であり、一つの単なる通過的契機である。これに反し貨幣市場では、資本はつねにこの貨幣形態で実存する。――第二に、資本によって生みだされた・この場合にはやはり貨幣の形態での・剰余価値は、資本そのものに帰属すべきもののように見える。樹木の生長と同じように、貨幣を生むということ（トーホス〈生まれたもの、転じて利子、の意〉）が、この貨幣資本としての形態をとる資本の属性のように見える。

利子生み資本においては、資本の運動が簡略体に要約されている。媒介過程が省略されており、かくして一資本1000が、それ自体は1000であるが特定期間がたてば——あたかも、あなぐらにおける葡萄酒が特定期間後にはその使用価値を改善するように——1000に転化する物として、固定されている。資本はいまや物であるが、物として資本である。貨幣はいまや恋を宿している。それが貸付けられるか、または再生産過程に投下されれば（その所有者としての機能資本家にたいし、企業者利得とは別に利子をもたらす限りは）、それが睡っていても起きていても、家にいても旅していても、昼も夜も、それには利子がつく。かくして利子生み貨幣資本において（また、およそ資本は、その価値表現からみれば貨幣資本である、あるいは、いまや貨幣資本の表現たる意義をもつ）、貨幣蓄蔵者の敬虔な願望が実現したのである。

（マルクス『資本論』第五篇・第二十四章）

この引用で万人が（一般大衆が）経済人としての理想像になればいいという願望をなし遂げる条件になりそうなのは「貨幣こそは、まさに、そこでは使用価値としての諸商品間の区別が消滅し、したがってまた、これらの商品とその生産諸条件とから成りたつ諸産業資本間の区別が消滅している形態である」と述べている箇所だとおもえる。なぜかといえばこういう言われ方が成り立つところでは、貨幣資本として〈貸しださ〉れて生産（商業）過程にまではいりこんだ貨幣は、たくさんの産業（商業）のあいだのどんな区別もなくなってしまった高度な抽象的な商品の象徴であり、そんな高度な抽象的な商品をうむためのたくさんの産業（商業）資本のあいだの区別もなくなった市場（貨幣市場）の象徴になっているからだ。いいかえれば貨幣がそんな象徴でありうるような高度な経済社会がやってくることが条件としてかんがえられるか、それとも貨幣がそんな象徴でありうるような経済システムをつくりあげることが、理想像の一般化のもとになるとみなされうるからだ。そこでは貨幣がさまざまな産業の抽象であること、そしてさまざまな産業が生産したものの抽象であることという画像がとび交う。マルクスがここで描写しているように利子をうみだす資本としての貨幣だけは、たしかに資本制のはじめからその徴候を受胎していたし、やがて金融資本として分娩し、成長しはじめ、思春期に達したときには、寝ても醒めても、昼も夜も利子を恋うまでに成熟した。でもそれはすべての場面における貨幣の姿ではなかった。シュムペーターがいいにくい言い方をして、でもはっきり言っているように、マルクスがいうほど少数だけが得恋し、大多数の貨幣は失恋のどん底に沈んだわけではなかった。ただ恋をする暇がなかったとか、ちいさな恋しかできなかったというだけだ。近似的にだけいうとすれば、たくさんの産業は、そのレプリカのなかに抽象の面影を宿し、たくさんの産業のたくさんの生産物（商品）は、その機能的な形態のなかに抽象の似姿をもっているかのようにおもわれてきた。貨幣がたくさんの産業やそれらの産業の抽象なのではなく、たくさんの産業やその生産物（商品）が、貨幣の抽象であるようにおもわれてきたのだ。わたしたちはふしぎな抽象の二重性を、貨幣とたくさんの産業や産業の生産物のあいだで体験している。そこではふたつの抽象の貌のうちどちらがほんとの得恋の貌なのか失恋の貌なのか、わからないのだ。もっと極端なことをいって仏頂づらなのか歓びをおしかくした貌なのかわからない表情をして、人びとは巷を歩いている。読者諸氏においてもまた。
（後略）

2　消費論

I

i

ヘーゲルの自然概念のかなめにあるのは、観察する理性にとって自然が段階化するという点であった。この段階化によって自然は無機物や植物や動物に区分される。わたしたちが現代つかっている概念でいえば、ヘーゲルの段階化は、位相的な構造と順序の構造の結合を意味している。無機物は存在がそのものであり、それだけであるようなものだ。植物は存在が個別的であるだけの存在だ。動物になると存在は個別的でありながら種としての区分をうけいれている。これは位相的な構造にあたっている。もうひとつ段階化は順序の構造をふくんでいる。生命の在り方として無機物・植物・動物は順序的だとみなされる。また動物のうえに人間（ヒト）という順序を加えることもできる。もうひとつヘーゲルの段階化にはたいせつな特徴があった。これらの段階化された存在は、じぶんのまわりの外部の自然にたいして部分的な関係しかもちえないということだ。いいかえれば段階化は自然との関係の部分化を意味した。ヘーゲルがあげた例をとれば、鳥類は天空がなければとぶことができない。だが天空という自然は鳥類がとぶためだけにあるわけではない。だから鳥類の自然にたいする関係は部分的なものだ。おなじように魚類にとって水はなくてはならない生存の環境だ。だが水は魚類の生存のためだけにあるのではない。そこで魚類の水にたいする関係は全面的なものではない。これは獣類をとってきてもおなじだ。段階化された存在〈自然〉と、それ以外の自然との関わりは、こんなふうにいつも部分的なものだ。

マルクスはヘーゲルの段階化の概念のうえに人間〈ヒト〉をかんがえた。順序でいえば動物的の上位に人間的をおいたといってもいい。そして人間とそれ以外の自然との関わりは部分的ではなく全面的で普遍的なものとみなした。すくなくとも可能性としては人間だけが外部の自然にたいして、全面的な普遍的な関係をつくるものとかんがえようとした。これは逆にいってもいい。じぶん以外の自然にたいして全面的で普遍な関係をもちうるものを人間〈ヒト〉と定義した。ここで普遍的な関係は特定の構造でなくてはならない。マルクスはどうかんがえたかといえば、この普遍的な関係は、こまかくいえば直接に生存〈生活〉の手段である自然としても、また生存〈生活〉の行動の対象や材料や道具としての自然についても、全面的に自然を人間の非有機的な〈無機物としての〉肉体にしてしまい、またじぶん自身はそのとき有機的な自然〈肉体〉になってしまうという〈組み込み〉の関係によって、普遍的な関係は生みだされるとかんがえた。たとえば、道具や装置をあつかうばあいでも、農耕のように、ほとんど素手で耕すばあいでもおなじだ。道具や装置をつかって素材に手をくわえても、素手で地面に種子をまいても、人間は自然（物）を非有機的な肉体にしているのだし、このとき人間の方は筋力（の行使者）という有機的な自然に、じぶんを変化させていることになる。

マルクスにとって、すぐにもうひとつの問題があらわれる。人間がまわりの自然とのあいだにこの〈組み込み〉の関係にはいったとき、べつの言葉でいえば自然にたいして行動にうつったとき、この非有機的な肉体である自然と、有機的な自然であるじぶんの肉体との〈組み込み〉の領域から価値化されてゆくということだ。また価値という概念はここの領域のほかからは生みだされないとみなされた。経済的なカテゴリーの言葉からこの関係を記述するとすれば、生産という概念をつかうか消費という概念をつかうほかに、この普遍的な関係はいいあらわせない。そしてじっさいにマルクスは、生産という概念をつかって人間とのこりのぜんぶの自然との〈組み込み〉の普遍性をいいあらわそうとした。その極端ないい方の断片をいくつかあげてみる。

宗教、家族、国家、法、道徳、科学、芸術等々は、生産の特殊なありかたにすぎず、生産の一般的法則に服する。

歴史全体が、自然史の、人間への自然の生成の、現実的な部分である。人間にかんする科学が自然科学をそのもとに包括するように、自然科学はのちにまた人間にかんする科学をそのもとに包括するだろう。すなわち、それは一つの科学となるであろう。

思惟自体の基盤、思想の生命発現の基盤、すなわち言語は、感性的自然である。

（マルクス「経済学と哲学とにかんする手稿」）

こういった断片的な文句は、マルクスの汎生産と汎自然とががっちりと組み込まれているところを、よく象徴している。たとえば宗教、家族、国家、法、道徳、科学、芸術などが生産の特殊な在り方だといわれると、嘘がいわれているのではないとしても、おおいに躓《つまず》いてしまう。そして躓く方が正常だといっていい。だがこのばあい生産という言葉は、自然と人間のあいだの関係という概念を経済学的な範疇におきなおしただけの言葉なのだ。いいかえれば生産＝関係を意味している。つよい直観的な論理がはたらいているので、たくさんの補いをつけなければならないとしても、見事な判断になっている。だがわたしたちが言葉通りうけいれれば、だめなところがでてくる。もうひとつある。この方がたいせつなのだが、一種の論理のはぐらかしをうけた奇異な感じをいつもともなう。比喩的にいえば〈組み込み〉の概念が、二つのものがひとつに合体されたものであるため、余地、空隙、遊び、分離がなく、対立した概念がシステミック（組織がらみ）に結合している印象をうけてしまう。人間とそのほかのぜんぶの自然との普遍的な関係は、人間の働きかけの面からは生産といっていいように、働きかけによって有機的な自然となった肉体（筋力）という面からいえば、消費にほかならない。じじつマルクスの消費の概念は生産にくっついた裏にあたっている。マルクスは書いている。

消費は直接にまた生産でもあるが、それは、自然界において諸元素や化学的諸成分の消費が植物の生産であるのと同じである。たとえば消費の一形態である食物の摂取によって人間が自分自身の肉体を生産することはあきらかである。しかしこのことは、なんらかのやり方で人間を、なんらかの面から生産するものであれば、どんな種類のほかの消費についてもいえることである。消費的生産。しかしながら消費と同一のこの生産は、第一の生産物の破壊から生ずる第二の生産であると経済学はいう。第一の生産では、生産者が自分を物と化し、第二の生産では、かれによってつくられた物が人間となる。だからこの消費的生産は——たとえそれが生産と消費との直接の統一であるとはいえ——本来の生産とは本質的にちがうものである。生産が消費と、消費が生産と一致する直接の統一は、それらのものの直接の二元性を存続させる。

（マルクス「経済学批判序説」）

植物という自然の段階について、代謝の活動をここでは消費、すなわち生産だという〈組み込み〉の関係におき直している。自然界にたいして植物は諸元素や化学的な成分を提供されるように働きかける。そしてじぶんは酸素を提供しながら生長する。自然界は消費したのだし、植物はじぶんを生産したのだ。人間も段階として、おなじことをやっているというのが、このばあいのマルクスが言いたいことだ。

生産は同時に消費の行為であり、また逆に消費があるときかならず生産をモチーフとしていて、人間の行為はそれ以外のあらわれ方はしない。こういう生産と消費がシャムの双生児のようにひき離せない概念は、はじめにヘーゲルの自然の段階化をうけいれ、そのうえに人間とそれをとりまく自然とのあいだの相互行為をシステミック〈組織がらみ〉な〈組み込み〉として普遍化を企てたとき、どうしても避け難いものだった。古典派以後の経済学の概念では生産人という概念は生産行為に関係づけられ、消費人という概念は消費の行為に関係づけられ、それぞれが別の人間であることも、また同一の人間の別べつの局面での行為であることもできる。それは無意識に前提にされている。だがヘーゲル－マルクス的な考え方では、段階は観察する理性に関係づけられ、生産と消費の〈組み込み〉の関係は、人間の行為〈行為的理性〉に関係づけられるので、同一の人間の内部での区別にしかすぎない。具体的な例でいえば、ある一人の生産にたずさわる人間が、仕事以外の時間にレストランに出かけて料理を喰べた。この消費行為の局面では、かれは消費人だということになる。これはある一人の人間は生産にたずさわり、別の一人の人間がレストランで料理を喰べたとかんがえてもおなじことだ。だがマルクスのかんがえ方ではそうならない。ある一人の人間が職場で物の生産にたずさわった。このときかれは物を生産し、同時に生産する行為によって身体〈のエネルギー〉を消費したことになる。またある一人の人間がレストランへ行き、料理を喰べて金銭を支払った。かれは消費行為をしたのだが、同時にそのことによって栄養を補給し、気分を安らかにすることで、かれの身体を生産したのだ。すくなくとも明日また職場で生産にたずさわれるほどに身体を生産したことになる。

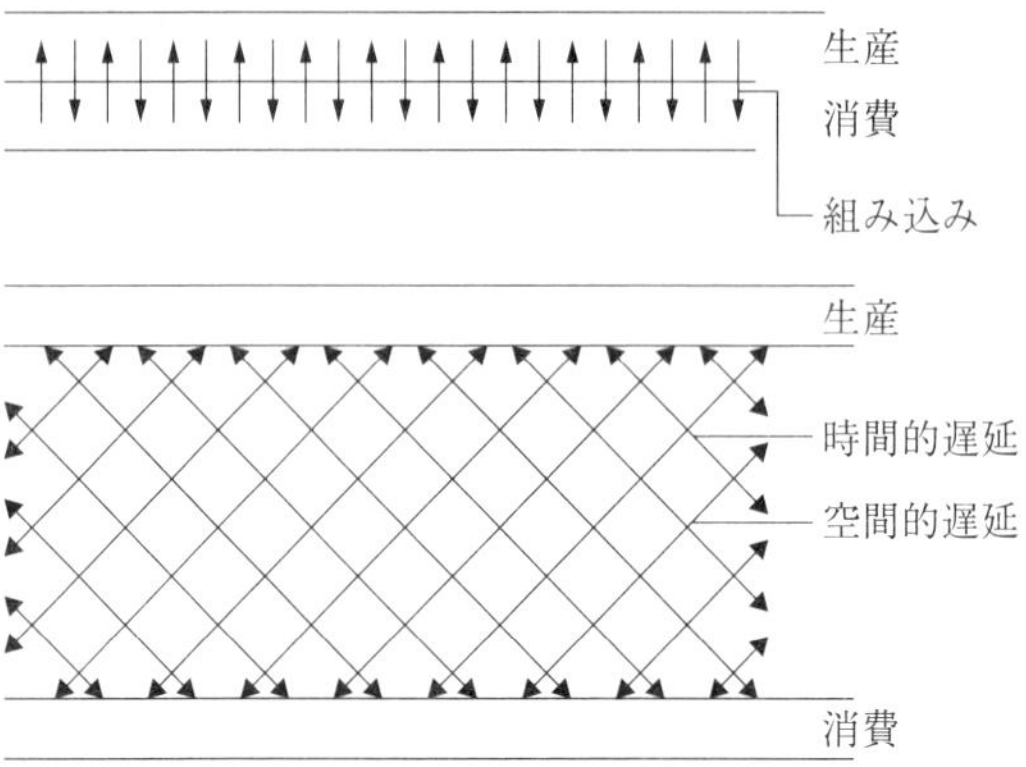

図５　生産＝消費の遅延

わたしにはヘーゲル－マルクス的な生産と消費の概念のほうが妥当なようにおもえる。生産人と消費人を人間のべつの局面とかんがえることは、近似的には差支えないようにおもえるが、あくまでもげんみつにいえば、ヘーゲル－マルクス的な概念で生産と消費をかんがえざるをえなくなる。ただ人間は生産の場面でそれにたずさわっているときには、疲労がひどくこたえないかぎりは、身体を消費していることには無意識だし、消費の場面では逆に、料理を喰べることによって、玉突きや、パソコン遊びをやることによって……身体や精神を生産していることは無意識になっている。もうすこし留保すべきことがある。ヘーゲル－マルクス的な生産と消費は、どうかんがえても〈組み込み〉の息苦しさ、ぬきさしならない関係の感じがつきまとって、どこかで風穴をあけなくては我慢ならない気がしてくる。もうひとつあげれば、生産の行為の裏に身体の消費が附着していることは、その行為が理性的な内省の機会をもつか、あるいは身体の消費のあげく病的な症候を呈すれば気づくことができるが、生産の局面とそれに対応する消費の局面とが時間的にか空間的にあまりに隔っているばあいは、消費がいいかえれば身体の生産にあたることは、直接には指定できないことになる。このばあいには生産はすなわち消費であり、消費はすなわち生産であるというマルクスの概念は、一般的な抽象論の次元にうつされてしまう。そしてこのことは生産と消費の高度化にとって避けることができないといっていい（図5参照）。

ii

この生産にたいする消費または消費にたいする生産の時空的な遅延については、もうすこし論議をすすめることができそうだ。ここに個人的な消費が多様化してゆく動向を語るグラフがある。昭和五五年（一九八〇）年から昭和六三（一九八八）年にわたる八年間の消費支出が多様化しながら増加してゆく傾向をしめしたものだ。消費支出は高度（産業）化社会になるにつれて、必需的支出と選択的支出に分岐してゆき、その分岐の度合はますます開いてゆくことがわかる。そしてもうひとつ選択的支出のうち選択的な商品支出と選択的なサービス支出とが、また分岐してゆくことがわかる（図6参照）。ここで、

(1)選択的サービス支出　　旅行、カルチャー・センター、外食等
(2)選択的商品支出　　家電製品、乗用車、衣料品等

（備考）総務庁「家計調査」により作成。
各支社とも五五年を一〇〇として指数化。
必需的支出：食料（除一般外食） 家賃地代 光熱・水道 保健医療 通勤・通学定期代 教育（除補習教材）
選択的支出：一般外食 設備修繕維持 家具・家事用品 被服及び履物 交通通信（除通勤・通学定期代） 補習教育 教養・娯楽

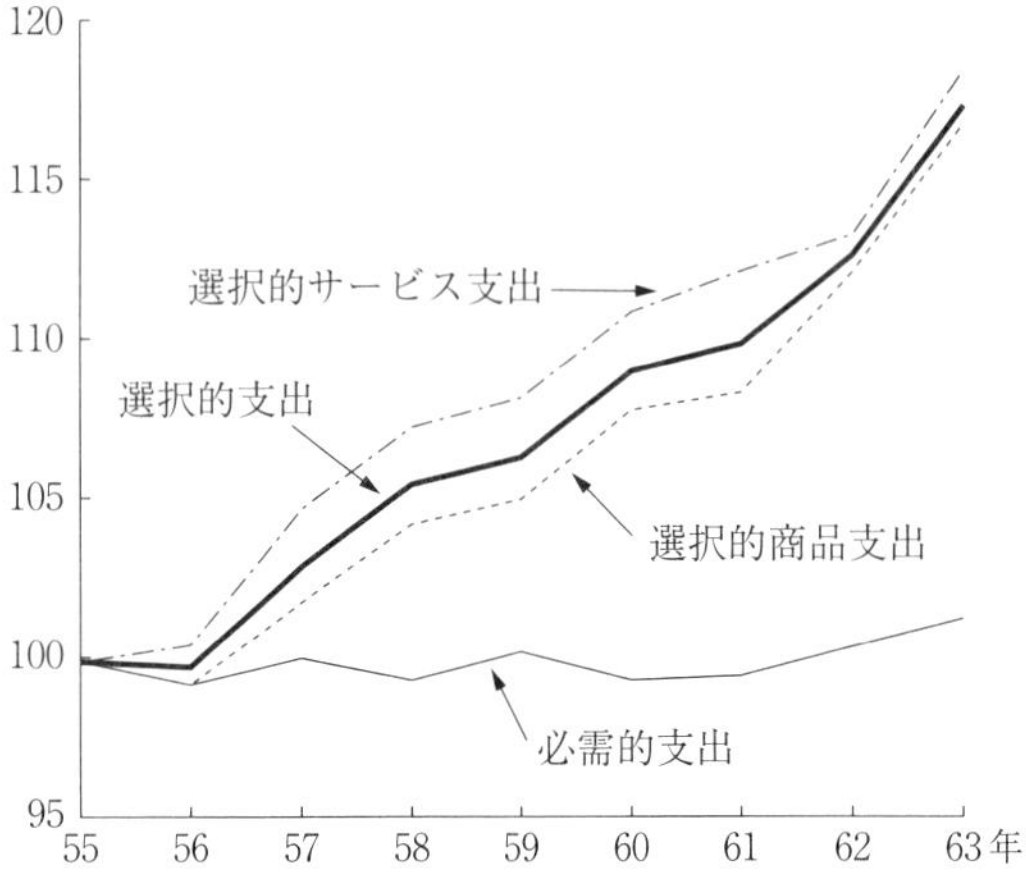

図６　消費の増加と多様化（平成元年版『経済白書』）

	片働き世帯		共働き（夫婦２人）世帯	
		55年度	55年度	
全消費支出	100	100	100	100
選択的サービス支出	21.9	19.2	20.6	22.5
選択的商品支出	28.0	27.2	29.6	30.2
必需的支出	50.2	53.7	50.1	47.2

図７　消費支出の種類と割合
（昭和63年度、平成元年版『経済白書』よりアレンジ）

ここでもうすこしグラフについて立ち入ることができる。必需的支出、選択的サービス支出、選択的商品支出の割合はさきの図のようになる（図7参照）。

この図は、さきのグラフとあわせてつぎのことを語っている。

(1)必需的消費支出は、絶対量を増加させているにもかかわらず、割合（パーセント）としては減少の傾向にあること。

(2)選択的な商品支出と選択的なサービス支出は増加の傾向にあること。

(3)さらに数字にこだわれば、必需的支出の割合は減少しながら半分（50％）の境界をこえて、もっと低い割合に移ろうとする過渡にある。いいかえればわたしたちの消費生活は必需のための消費線からそれ以外のための消費線へと移行しつつあるといっていい。

それ以外のための消費線とはなにか？　わたしたちはなにのために消費生活をやっているのか？　こう問われるべき段階にはいりつつあるのだから、それは問われなくてはならない。だがそのまえに言うべきことがいくつかあるとおもえる。

このばあいにマルクスのいう消費がすなわち身体の生産、生活の生産、生存の生産であるような消費は、このばあい表やグラフの必需的な消費支出にあたっていることがわかる。すると必需的な消費支出と生産とのあいだには時間的な遅延や空間的な遅延をかんがえなくても、対応が成り立つことがいえる。そこでさきの図5の生産と消費との関わりはすこし修正しなくてはならないことになる（図8参照）。

ここでは生産が同時に消費だというばあいの消費は必需的消費だけをさすことになり、選択的消費は生産にたいして大なり小なり時空的な遅延作用をうけることになるといえよう。ところでここでもうひとつ大切だとおもわれることがある。それは遅延という概念だ。わたしたちはこの時空的な遅延が産業社会の高度化のカギをにぎっているものとみなしたい。なぜかといえば、この時空的な遅延のところで生産と消費のあいだの組み込みは、複雑な時空的なフラクタルに変容し、その結節点で価値化が起こるとかんがえることができる。そしてこの遅延の領域で産みだされた価値は、生産が同時に消費であるというマルクスの価値領域にたいして、高次の価値領域とみなすことができる。高次の価値領域の成立はすなわち高次の生産業の成立を意味している。いいかえれば時間的な遅延を介してみられた空間的な遅延は価値を構成し、空間的な遅延を介してみられた時間的な遅延は意味を構成するといっていい。すこし具体的な例をつかってこの問題をより具体的に語ることができる。

いまここに産業の高度化にいたるプロセスを掲げた表がある。産業の分野として、わかりやすくするため、さきにあげた選択的商品消費支出の品目に対応する家電と自動車の産業がどう高度化されるかを例として抽出してみる（図9参照）。

ここで産業の高度化にあたるものは、高付加価値化、生産手段の高度化、関連技術の開発、多角化などに分類されていることがわかる。そしてこれらの生産の高度化は選択的な商品消費支出とのあいだの時空的な遅延のところで対応していて、そこで連結されている。高付加価値化や生

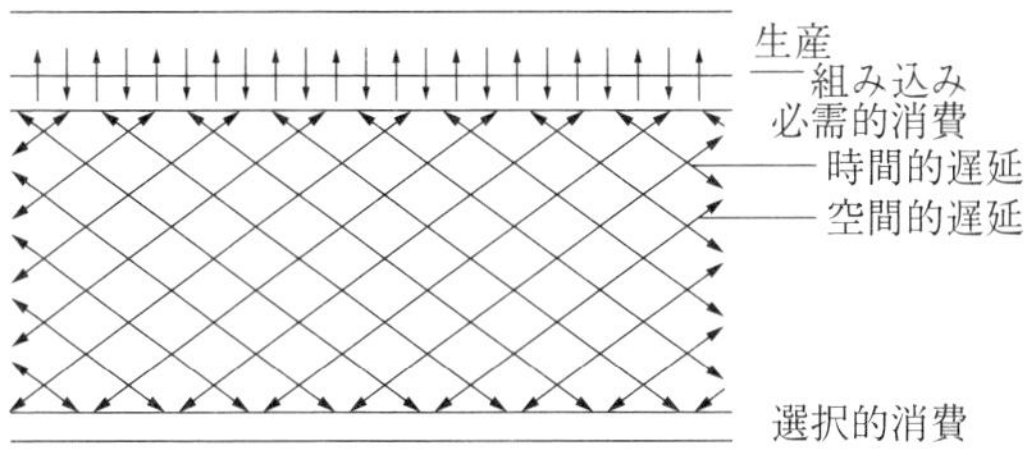

図8　生産=必需的消費の遅延

	家　電	自　動　車
高付加価値化	大型化 （大型カラー TV, 大型冷蔵庫） 高機能・多機能化 （Hi-Fi VTR, カメラ一体型 VTR, S-VHSビデオ, 多機能 電子レンジ, BSチューナー内 蔵 TV,コンパチブルプレーヤー） デジタル化 （DAT, 電子スティルカメラ） ホームエレクトロニクス化	大型化 高級化・高機能化 （DOHC エンジン搭載 4WD, 4WS） 個性化 情報機能の付加
生産工程の改善	多品種少量生産システム	多品種少量生産システム （超自動化組立ライン 部品発注オンライン化 CAD／CAM の導入）
技術開発	ハイビジョン AI 超電導	カー・エレクトロニクス セラミックス・エンジン 新素材の開発・利用
多角化	情報関連サービス業 半導体 ソフト分野	情報関連サービス業 マイクロエレクトロニクス 航空・宇宙 スポーツクラブ, レストラン 住宅
その他	家電 VAN の構築	販売店ネットワーク化

図9　選択的商品消費支出に対応する産業の高度化の態様
（平成元年版『経済白書』より抽出）

産工程の改善はより時間的な遅延であり、技術開発や多角化はより空間的な遅延にあたっている。そしてもうひとつ大切とおもわれることは、これらの産業の高度化の姿は、末端のところで、（サービスなどを介して）消費にひとりでにスイッチされているといえる。わたしたちはこの末端で消費にスイッチされる領域が、確定した輪郭をもちうるようになったとき、それを産業の高度化から、より高次産業への移行とみなす。そう定義できるようにみえる。

ここであらためて産業の高度化と高次産業への転移、また高次産業の発生と成立とが、なにを意味するのかをかんがえてみる。わたしたちはたぶん常識でかんがえられないほどの高度化の契機にさらされている。

第一に挙げられるのは、生産の多角化がいわば自然に移行するように、末端から選択的な消費につながっているところで、いつも高度化をかんがえることができる。もうひとつ第二にかんがえられることは、生産の本来の流れが自然に支流に移行しているときに産業の高度化とみなすことができる。たとえば製造業種を例にとってみる。するとこれらの全業種について、売上高からみた非本業比率の数字は与えられている。非本業とは、本来その業種の主流であるべきものから枝葉を多角化していった度合をあらわすとみなされる。昭和五四年度に全業種の非本業比率は、13・3％であった。昭和五九年度には15・5％に上昇し、昭和六一年度には19％になった。いいかえれば本来の業種の主流からの多角化がすすんでいったことを意味している。この多角化は高度化のひとつの支柱であることはいうまでもない。精密機械、繊維、非鉄金属、一般機械、鉄鋼などの分野で非本業比率は、全製造業種の非本業比率の平均売上高を超えている。いいかえれば高度化が進行したことを意味している。とくに精密機械の分野では昭和六一年度に非本業比率は60%を超え、繊維分野では40%を超えようとしている。このことはいうまでもなく、売上高からみたばあい精密機械という分野が解体し、高次産業へ移行したことを意味している。たぶん使用価値として情報産業用の電子事務機器やOA機器や、高度情報装置、医療機器の部品といったような、高次（第三次）産業の次元へと解体し、転化してゆく過程をたどりつつあるとみなすことができよう。

わたしたちはこの種の考察を堂々めぐりしながら、だんだんと高次産業についてひとつの像と輪郭をはっきりさせられるような印象をうける。ひと口にいえば産業の高次化（$n \geqq 3$）は素材を製造業の分野からあつめて、高付加価値化、生産手段の高度化、電子技術化、多角化などによって空間的な遅延と時間的な遅延を産みだし、ひとつの構造に組み立てることを意味している。この組み立てはもちろん生産と消費とを連結することを目的にしている。そしてこの生産も消費もたぶん抽象的、非感性的なものだ。そしてそれにもかかわらず、わたしたちは人間の段階化された自然のどの場面にも適応できる原型を、高次の自然（人工）と高次の人間（情報機械化）とのあいだに想定していることになる。

消費社会と呼ばれているものはなにか。みたされない規定をわたしたちの考えてきた経路にそって言いなおしてみなくてはならない。ある著書はこの言葉を、大多数のひとびとが消費行動のほうにこころを傾けている社会のようにうけとっている。またべつの著書は、ひとびとが消費をする社会の部分的な局面の意味に解している。そこではひとびとに消費をしいる設備や場所が集まっていて、おもに消費行動だけがおこなわれる。またべつの著書では、むしろ高次な産業社会とおなじ意味で消費社会という言葉がつかわれている。いままでとってきた考え方から消費社会をわたしたちなりに定義することができる。それをいってみれば、生産にたいする消費の時間的な、また空間的な遅延の割合が50％をこえた社会が消費社会ということになる。ちがう言い方もできる。必需的な支出（または必需的な生産）が50％以下になったのが消費社会だ。必需的な支出（または生産）というのは、さきの消費論Ⅰ図5、図6から食料、家賃・地代、光熱・水道、通勤・通学の交通費など、日常生活として繰りかえし再生産するのにかかる支出（または生産）のことになる。するとこの支出（または生産）は、マルクス的な概念による生産が消費である（または消費が生産である）部分、いいかえれば生産と消費が遅延なしに密着し組み込まれている部分にあたっていることがわかる。

　さきの図6（消費論Ⅰ）の数値をみるとこの必需的支出は、夫婦の片方だけが働いているばあい、昭和五五年度で53・7％、昭和六三年度で50・2％、また夫婦共働きのばあい、昭和五五年度で50・1％、昭和六三年度で47・2％となっている。すると共働きの夫婦のばあいをとれば、必需的な支出は50％以下になっていて、わたしたちの規定の仕方では日本は消費社会にはいっていることがわかる。さきの図5（消費論Ⅰ）はこの消費社会的な図像をしめしている。人口構成からいうと第一次産業（農・漁・林）は9・3％、第二次産業（製造・建設業など）は33・1％、第三次産業（サービス・小売・卸・流通業）は57・3％となっていて、消費社会という呼び方は、第三次産業が50％をこえた社会の画像と対応していることがわかる。これは国内総生産の図像からもうらづけることができる（図10参照）。

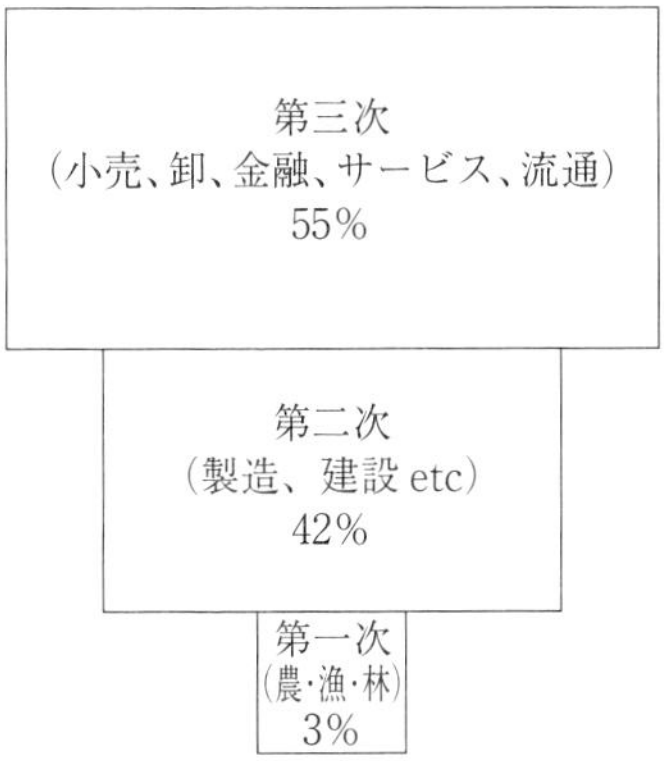

図10　国内総生産からみた産業構成
（昭和62年度、平成元年版
『経済白書』よりアレンジ）

　もうすこし立ち入ってみる。約三〇年前の昭和三二年をとると第一次産業である農林水産業の国内生産の割合は約18％あり、それが三〇年間に3％まで減少している。第二次産業の主役である製造業は昭和三二年には約19％だったが昭和六二年には35％に増加している。また第二次産業を構成しているもうひとつの柱である建設業は、昭和三二年から昭和六二年まで大体8％から7％のあたりに固定している。一方で第三次産業のうち昭和三二年から昭和六二年にかけて三〇年のあいだに、はっきりと増加をしめしているのは小売、卸業と金融保険業であり、減少しているのはサービス業だといっていい。これをおおきく傾向としてとりだせばつぎのようになる。

(1)第一次産業（農・漁・林業）は三〇年のあいだにはげしく減少している。
(2)第二次産業の主役である製造業は、第一次産業（農・漁・林）の激減と建設業の現状維持をテコにして、割合としては三〇年間に増加している。
(3)第三次産業（小売、卸業、金融、サービス、流通）は小売、卸業と金融保険業の増加などをテコにして全体の50％をこえてきている。

わたしたちは第二次産業の基幹である製造業の国内総生産はもっと比率がすくなく、また傾向としては現状維持か、すこしずつの減少とかんがえていたが、むしろ増大していることは意外であった。これは農業、漁業、林業などをはげしく喰いちぎって増加しつづけてきたことを象徴している。それならば製造業のうち何が増加のもとになっているのかを言ってみれば、昭和三二年から昭和六二年のあいだに、加工組立ての分野が11％から45％にはげしく増加していることがわかる。これと逆に、生活に関連した製造業は昭和三二年の60％から昭和六二年の18％にはげしく減少している。いってみれば必需的な生産にかかわる製造業は、はげしく減少し、組立て加工にかかわる製造業は、はげしく増加して第三次産業化へのかかわりの通路をつけてきたといっていい。

ii

いままでみてきたところからもあきらかなように、産業の高次化は、必需的な消費（または生産）支出の百分率が低下すること、それとは逆に遅延的な支出（または生産）いいかえれば選択的な支出（または生産）の百分率が伸びてゆくことと対立している。だがわたしたちが手易くみられる著書では、どんな様式をとりながら産業は高次化してゆくのかについて、はっきりした画像をあたえているものはない。そこでわたしたちの考察の流れにそってこれを集約してみたい。第一にわたしたちは産業の高次化を、生産と消費の空間的な遅延、時間的な遅延化そのもの、および空間的な遅延と時間的な遅延の交差するところでおこる価値の高次化を意味すると規定できるとかんがえる。もうすこし具体的にこの画像をはっきりさせてみたい。例えば、選択的な商品消費（生産）支出のひとつの分野、自動車産業のばあいをかんがえてみる。これを『白書』のわけ方にしたがってつぎのいくつかに類別してみる。

(1)高付加価値化

まずクルマの大型化とか、高機能のエンジンをつけて高い機能をもたせるばあいには、自動車産業の高次化という画像はほとんどかんがえなくていい。だがこの車に情報機能を高度にもたせようとして、電信、電話、受像、送信の設備をつけたとする。このばあいにははっきりと情報関係の機器を生産する他の分野の産業との連結がおこる。この連結は車の生産というところからは付加価値をつけくわえたということだが、他の分野の産業との網状化結合という視点からは、自動車産業が高次化する契機をはらんでいるといえよう。これは消費支出の側からもいうことができる。車が高い情報機能をうることによって、共時的に複数の用途をなしとげることができるし、車にいて移動しながら複数の指令を送ったり受けたりすることができるようになる。このばあいは空間的な遅延や時間的な遅延の多数回を一回化することによって、価値の高次化をうみだしているとみていい。

(2)生産工程の改善

組みたての工程を超自動化することで、たくさんの品種を少量生産するシステムをつくったとすれば、このシステムは他の分野のおなじシステムの連結によって組みたてられるか、あるいは他の分野のおなじようなシステムを組みたてるために、連結されて使用されることになる。この連結はまえの(1)とおなじように車の組みたて産業の高次化の起源をなすとみなされる。

(3)技術開発

たとえばカー・エレクトロニクス装置を開発したり、セラミック製のエンジンを開発してとり付けたりすれば、エレクトロニクス産業や高度なセラミック機械化の産業との連結がおこなわれることになる。これは自動車産業の流れとしては付加価値化にあたっているとみなせるが、他のエレクトロニクスやセラミックの産業との連結という面からかんがえれば、産業の高次化への萌芽をもっていると理解される。

(4) 多角化

たとえばカー・エレクトロニクス装置を車につけることで、他の情報関連のサービス業と連結して、使用の目的を多様にすることができる。この使用の多様化はそれ自体が高次産業そのものである。また他の産業分野との連結という面でも産業の高次化の契機をもっているといっていい。

このばあいレストランや外食産業と連結して料理の宅配にこの車が使用されたとすれば、この使用目的の多角化は、第一次、第二次産業との連結として実現したことになる。また情報関連産業と連結して空間的な遅延や時間的な遅延を共時的に重層化するために使用されたとすれば第三次産業との連結が実現されたことになる。

こういった考察は、わたしたちに産業の高次化とはなにか、それはどんな局面でおこるかについて示唆を与えている。さまざまな言い方ができるだろうが、わたしたちはつぎの二つに要約することができる。

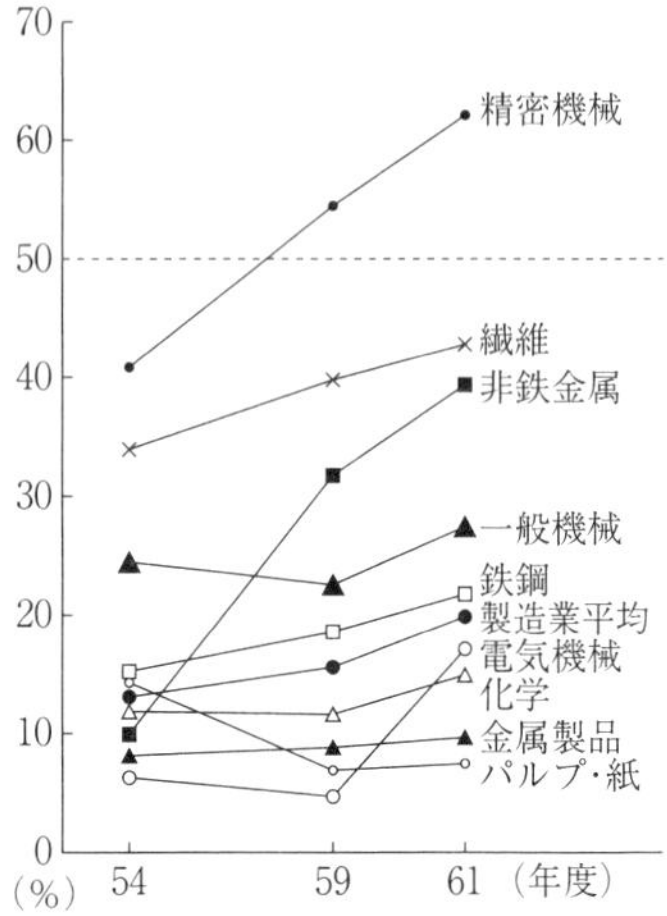

（備考）公正取引委員会「リストラクチャリングの実態について」による。

図11　非本業売上高の比率
（平成元年版『経済白書』よりアレンジ）

(1)ひとつの産業分野のなかで生産の工程の改善や付加によって、生産と消費との空間的な遅延や時間的な遅延を共時化することで価値をうみだそうとするときは、産業の高次化の契機をもつ。またそのばあい逆に他の分野の産業と連結することで空間的な遅延や時間的な遅延を産出するとき、その遅延の産出は産業の高次化の契機をもっている。

(2)ひとつの産業分野が他の分野の産業と連結されて網状化がすすんだあげく、本来の産業分野よりも網状化の支脈のほうがあたかも本来のような比重を占めるようになったとき、それを産業の高次化とみなすことができる。

この(2)のばあいについては、売上げ高の面からみた図表をみつけることができる（図11参照）。この図表をみてゆくと精密機械の分野だけは、非本業的な売上高が50％をこえていることがわかる。売上高はかならずしも生産の比重と一致しないともいえるが、およそのところで売上高の

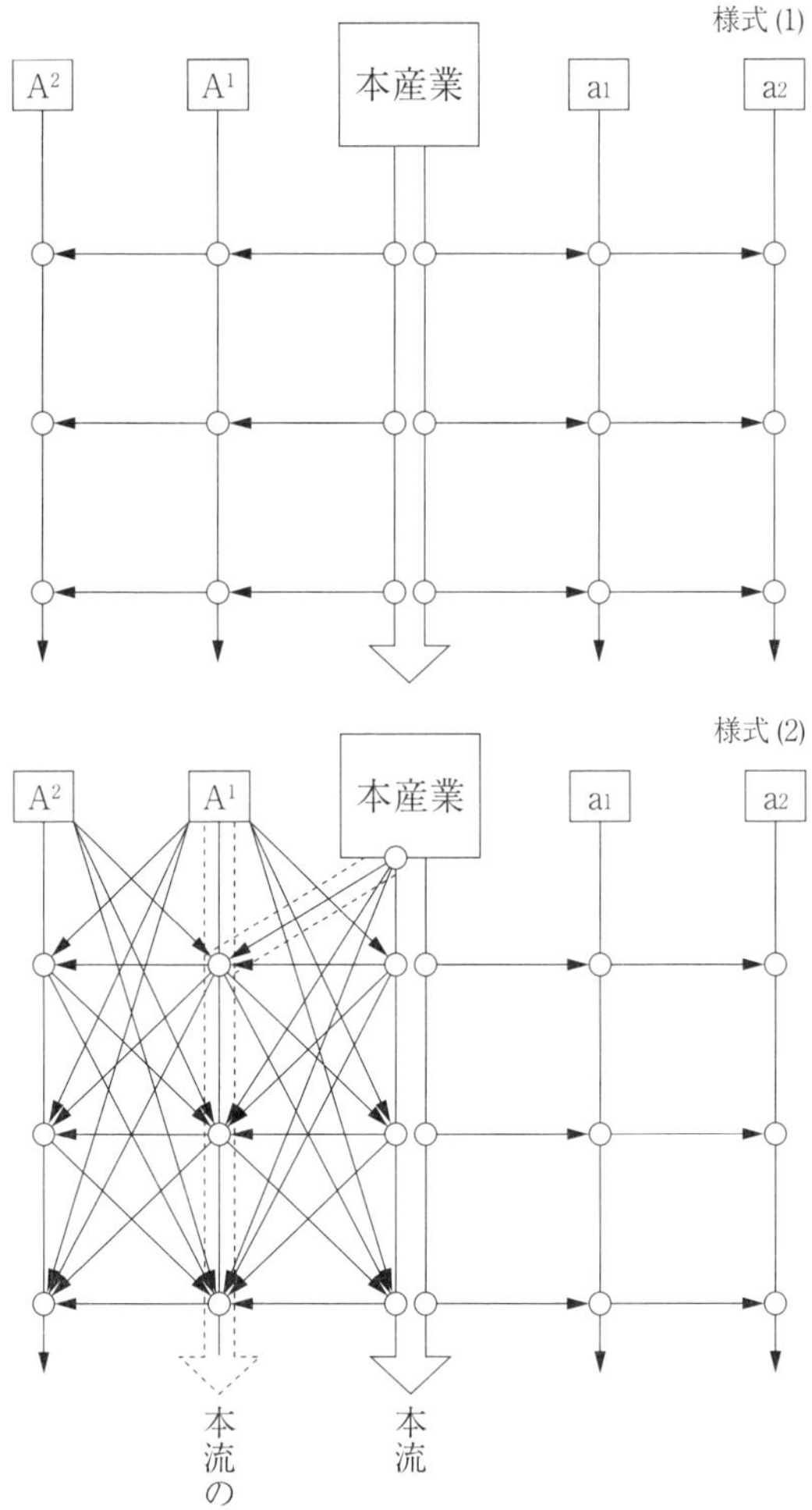

図12　産業の高次化の様式

大小は生産の比重の大小と対応するとみなせる。すると精密機械の製造の分野では、はっきりと産業の高次化がすすんでいるといえる。傾向としていえばすべての産業の分野は現在に近づくほど非本業化の比率はおおきくなっている。繊維と非鉄金属の分野で非本業化が50％をこえることは時間の問題だといっていい（図12参照）。

iii

わたしたちは産業の高次化する契機を、他の分野の産業とのあいだの連結と、もうひとつその連結によっていままで本流でなく非本業的な支脈だとみなしていた連結の流れが50％をこえてしまって、その方が本流のように変容してきたとき、様式としてありうるものとかんがえてきた。だがおなじような連結は、おなじひとつの産業分野のなかでもおこりうる。

たとえばひとつの自動車産業を具体例としてこれをかんがえてみる。トヨタの自動車産業において従業員の数はジェネラル・モータースの約七〇万人にたいしてわずか六万人くらいであるといわれる。しかしながらこのトヨタの第一次下請の中小企業の数は六〇〇強というデータになっている（榊原英資『資本主義を超えた日本』）。いいかえれば下請は高度に分業化されている。そしてこの第一次下請のそれぞれの企業は、第二次下請の納入業者数百と取引きしているとされる。いいかえればトヨタ自動車の単独の企業として六〇〇のまた数百倍の下請企業と毛細管のように連結をひろげていることになる。これを一般化して図示すれば図13のようになる。

おなじ企業系列のあいだのこの微細で膨大な網状組織は、それ自体が産業の高次化の契機をも

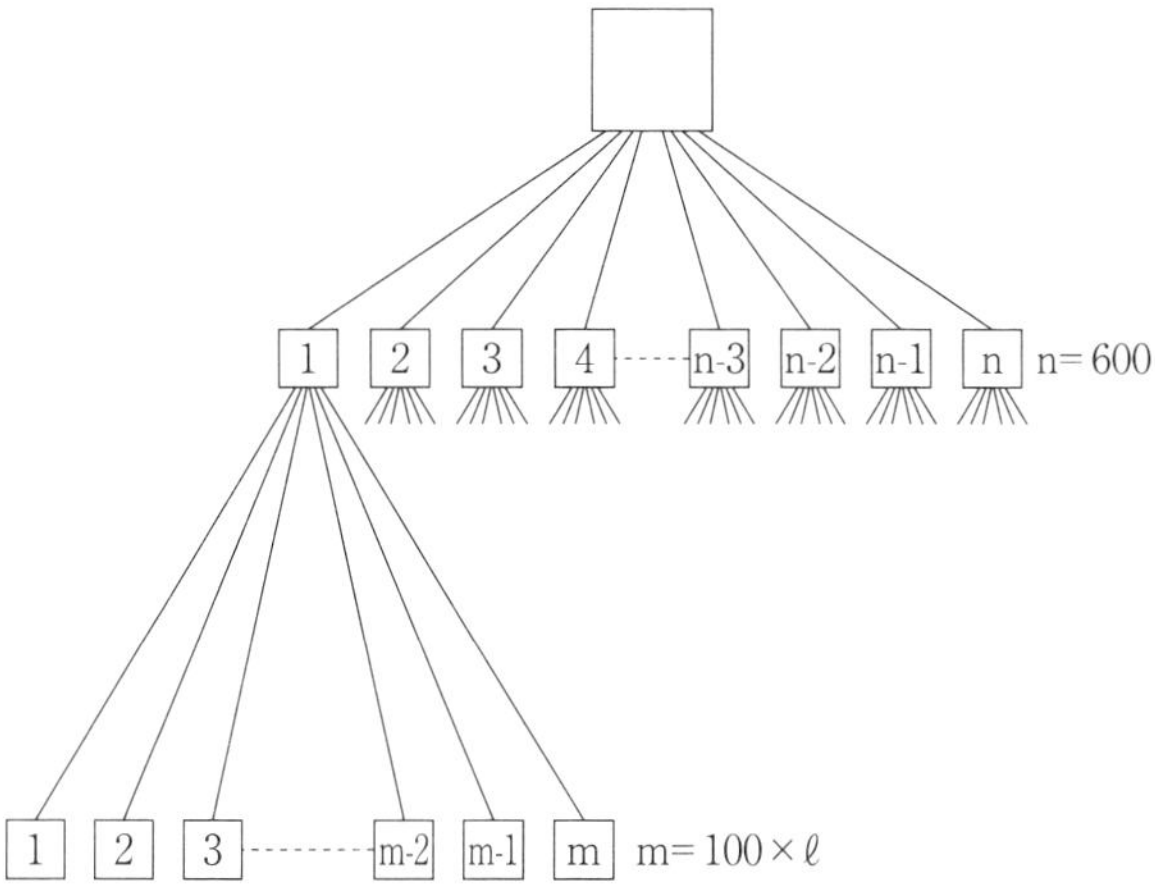

図 13　企業内系列の網状化

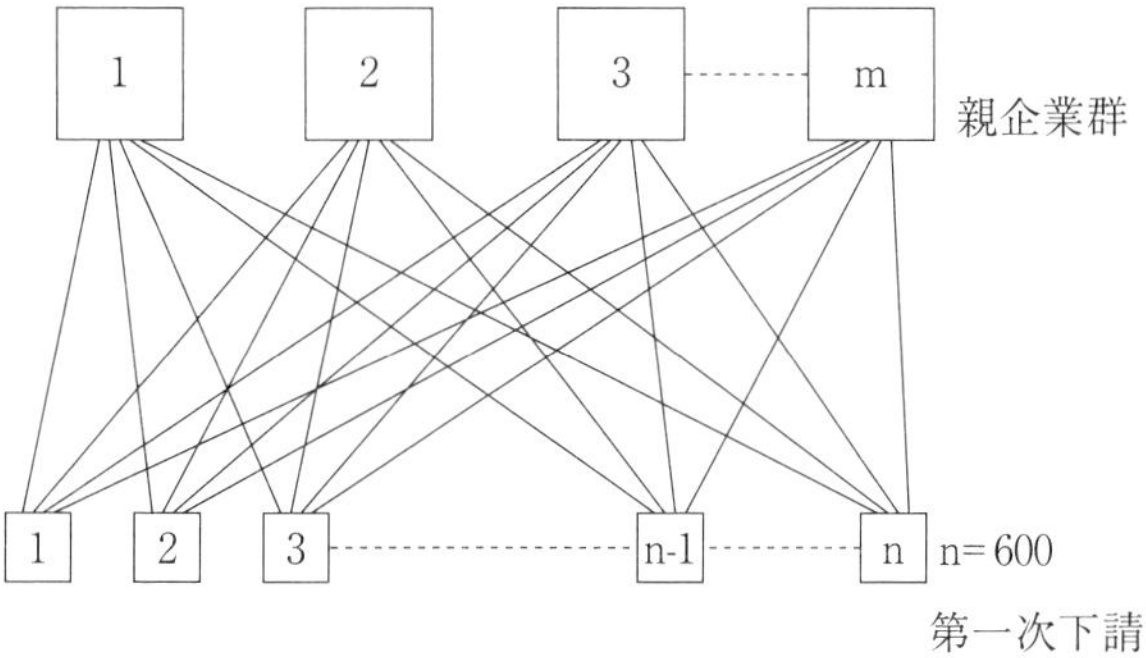

図 14　下請企業から親企業への逆の網状化

っているといえる。もっと比喩的な言い方をすれば下請の膨大な数の分業システムのそれぞれが、また膨大な数の分業システムと連結しているこの画像は、それだけで末端のところで生産が消費に反転し、消費が生産に反転する契機を暗喩している。このような末端の連結システムをもつことは、それ自体が産業の高次化を意味しているといってよい。そしてほんとうをいえば産業の組織システムとしてこの標識は、究極にちかいものだといってもよい。この企業の内部系列における網状化のシステムには、もうひとつ逆のばあいをかんがえることができる。ひとつの下請の中小企業が、単独の親企業を指定するだけではなく、高度な部品メーカーとして複数の親企業を指定するばあいである（図14参照）。

このばあいにも網状化自体が企業の高次の産業化の契機をもっていることが指摘される。ひとつの産業分野を基幹にして下請の企業数が、幾何級数的に増殖してゆく画像は、究極的にはそのひとつの基幹になっている産業が、裾野の方に微細な、高度な、ひとつの部品の生産に、ほとんどひとつの企業が対応しているという画像に収斂してゆく。一台の自動車はそのあらゆる小さな部品毎に一企業の高度な専門的な製造工程が対応しているという画像をいだかせることになる。これはたとえば自動車産業を産業としての高次化という概念にぴたりと適合させずにはおかないとおもえる。消費者がこのようにシステム細胞化された産業の集大成として、自動車にたいして、選択的な商品として消費支出したとき、かれは部品企業の幾何級数的な増殖によってもたらされた空間的な遅延と時間的な遅延の細胞のように微細な網状の価値物を購買しているのだといってよい。また逆に一下請の中小企業がほとんど一種類の高度な部品を製造しており、それが一基幹となる産業ごとに幾何級数的な数で第一次下請から第二次下請の方にむかって増殖しながら分布している産業の構成をかんがえると、製造（生産）の様式としては極限の形をもっていて、もはや産業は第二次以後の高次な段階にすすむよりほかに、この製造（生産）の画像をこえる方途はないことを、暗示しているようにみえる。

わたしたちは意図的に生産し、そしてそれを消費する。たぶん動物は（ほとんど）意図的には生産しないで、消費だけはやる。そして共時的にいえばこの過程で人間も動物も昨日とおなじ身体状態を残余としてのこす。この残余を通時的にいえば生まれ、育ち、成熟し、老い、死ぬという過程がのこることになる。なぜわたしたちは意図的には生産しないで動物一般のように消費だけをやって、残余として身体状態を昨日とおなじに保つということに終始しなかったのだろうか。ここにはメタフィジックが関与しているようにおもえる。

わたしたちが分析し解剖したいのは、消費社会と呼ぶのがふさわしい高度な産業社会の実体なのだが、この画像はふたたび動物一般の社会に似ているようにおもえる。動物一般の社会は（ほとんど）意図的な生産をやらないで消費行動だけをやって、あとに残余として昨日とおなじ身体状態をのこす。わたしたちがそのなかに生活し、対象としてとりあげている高度な消費社会でも、意図的な高度な生産をあたかも生産が（ほとんど）行われないかのように考察の彼方へ押しやり、消費行動だけが目に立つ重要な行為であるかのようにあつかおうとしている。これはラセン状に循環して次元のちがったところで動物一般の社会に復帰しているような画像にみえてくる。相違はわたしたちのなかにメタフィジックが存在するということだけだ。このメタフィジックによれば消費は遅延された生産そのものであり、生産と消費とは区別されえないということになる。

Ⅲ

i

消費社会の画像を、記号の象徴がとびかい、物に浸透して、物と空気のあいだのいちばん強固な界面があいまいになった神話の世界にしてしまったのは、ボードリヤールだ。そこには大胆な踏みこみといっしょに、ひどい判断停止があり、哲学と経済学の死に急ぎがつきまとっている。いままでわたしたちが論議してきた文脈からいえば、第三次産業に産業の重心が移ってしまった社会（第三次産業が全産業の50％以上を占めてしまった社会）が、物質的な生産が終焉し、記号が物のかわりに消費される社会とみなされている。これは現在の高次産業社会の実像とも、可能な想像図ともまったくちがう。減衰が死に、移行が分断におきかえられ、そこにボードリヤールの好みが集約されている。いちばん実像とちがうところは、第二次産業の社会（製造・工業・建設業等）までで資本主義社会の概念は終焉とみたてられており、商品生産物をめぐる価値法則、いいかえればスミスからマルクスまでの古典学派のつくりあげた価値法則はおわり、象徴的な価値が構造体として流通するとみなされていることだ。わたしたちはまったく高次産業社会にも、そのあとにもそんな画像をつくろうとしていない。可能性としてだけいえば第三次産業よりも高次の社会はかならず生産についての価値法則を貫徹するし、マルクスの価値概念は拡張し、修理されなくてはならないとしても、ボードリヤールのいうような象徴の記号と物との境界をおびやかす事態などどこにもありえないとかんがえている。これはわたしたちとボードリヤールとが根本的に消費社会の画像をちがえていることを意味する。第三次産業に重心をうつしてしまった社会を、資本主義社会の死と等価におき、生産の死、労働の死、物の価値法則の死、象徴交換の神話と死を語るとき、ボードリヤールは、すこし早まったラヂカリストにみえてくる。かれは壮大な物の体系の死から、ちょっとみると矮小にしかみえない物の氾濫と分布への転換を、産業社会のなかに崩壊作用として見つけだしてきた。鋭敏でユーモアに富んでいるが、いくらか死の画像におびえ、その論理化を急ぎすぎているように見うけられる。死はいつも向こうからこちらへやってこなければほんとうの死の像とはおきかえられない。だがそれでもボードリヤールほど本気に消費社会の絶体絶命の像を描こうとしたものはいないとおもえる。そこでボードリヤールを批判的に通り過ぎることは、たぶんさまざまな消費社会の画像を批判的にあつかうことを象徴するにちがいない。わたしたちはちょうどそこまでやってきた。

ボードリヤールが挙げている消費社会の特徴を要約して順序不同に列挙し、必要ならば註釈をつけることからはじめてみる。

(1)消費社会では、マス・コミュニケーションが三面記事的性格をもつ。いいかえれば一方では当りさわりなく、どれもこれもおなじように表面だけしかないのに、他方では煽情的、非現実的な記号を、その表面に氾濫させて実像をわからなくさせている。このばあいの一方と他方がなにをさすかは、以下の項目ですこしずつはっきりさせられる。

(2)消費社会では、物が消費されているようにみえながら、第一義としては象徴的な記号が消費されている。現実の物を消費すること自体は二の次なのだ。こういうボードリヤールの言い方は恰好がよくいっているが、かなりあいまいだ（あいまいで恰好がいいことはボードリヤールの高次社会像の本質的な特徴だといえる）。わたしたちの言葉で註釈をつければ、消費社会では選択的なサービス消費（娯楽・教養・文化・医療・旅行等）が主体とかんがえられるべきで、選択的な商品を購買するための消費支出、また日常必需品の消費支出は第二義的なものだという意味にうけとれる。

(3)現実の世界、政治、歴史、文化と消費社会の消費者との関係は、利害、投企、責任などのかかわりをもたない。そうかといってまったく無関心な、かかわりのない位相だともいえない。もちろんよく認識されているという関係でもない。消費社会の消費者の典型的な態度は、世界情勢、政治、文化などにたいして「否認」の関係にある。こういう言い方から、だんだんと消費社会と、そのなかの一般大衆にたいするボードリヤールの描いている像が姿をあらわしてくる。

(4)消費社会の一般的な大衆の生活は、政治、社会、文化の領域と「私生活」の閉じられた領域とに分裂した日常生活になっている。べつの言葉でいえばじぶんたちの日常生活は平穏無事であることを望み、そんな生活にひたりながら、ベトナム戦争とかアフリカの飢餓とかが、情報や映像になっておくられてきて、記号と像の刺戟を与えてくれれば程よい日常だとおもわれている。

(5)消費社会では、現実、社会、歴史のなかにおこる緊張から解除されて、弱者（一般大衆のこと）が幸福であることが理想として目指される。そこでただ消費社会の「欲望と戦略家」に左右されるだけの、苦労や心配事のない大衆の受動性が支配的な社会の雰囲気になる。そしてこの受け身の平穏に、「罪の意識」を感ずることをまぬがれるために、マス・メディアによって三面記事的なカタストロフに仕立てられた事件のあつかいが氾濫する。ボードリヤールにいわせると自動車事故のニュースというのは、消費社会の「日常性の宿命」をいちばん見事に具体化した象徴的な事件だということになる。車がつぶれ血が飛び散るといった事件の映像が皮膚のちかくで出現するからだ。

(6)消費社会は「脅かされ包囲された豊かなエルサレム」たらんと欲している。ボードリヤールに言わせればこれが消費社会のイデオロギーだということになる。

ひとまずこれくらいで中休みにして、註釈をつけよう。こういうボードリヤールの言説には批判的な感想をすぐ申し述べることができる。第一に、ボードリヤールが描いている消費社会の画像は、ひとびとが（一般大衆が）世界の情勢にも社会や政治や歴史の現状にもあまり関心をもたず、じぶんの豊かな消費生活だけを大事に抱きこんで日常をおくっており、そのくせ何かドラマティックな惨劇や事件がじぶんたちの生活社会以外のところでは、映像や記事の象徴としておこればと刺戟的だなどとかんがえている社会だとみなされている。つぎに言えることは、消費社会とは何か、はっきりした社会経済的な把握をしめさない（しめせない）うちに、トリヴィアルな修辞的な断片をあげつらって、否定的な言説をつくっていることがわかる。現実、社会、歴史の緊張にあまり関心をむけずに、無数の弱者（一般大衆）が平等な幸福をめざし、せいぜい身近な日常生活の場面でおこる宿命的な大事件は、自動車事故くらいだ。こういう弱者（一般大衆）が受動的である社会が、どうして否定的な画像で描かれなくてはならないのか、どうしてみくだされなくてはならないのか、わたしにはさっぱりわからない。知識が体系をもち教養がはっきりした輪郭と厚味を帯びているという錯視をもった知識エリート意識からの愚痴話か、あるいは弱者（一般大衆）を侮蔑し、自分をそこから択《え》りわける知的エリートを気取りながら、弱者（一般大衆）の解放を理念として標榜《ひょうぼう》して、実際は弱者のための地獄をつくってきたスターリニズム周辺の知識人という以外の像を、ボードリヤールのこの種の言説からみちびきだすのは不可能におもえるからだ。もしボードリヤールのいう「弱者の幸福」が否定やおちゃらかしの対象になるとすれば、すくなくとも政治的理念、社会的理念はいっさいこの世界に不要だということになる。弱者が知識人の知的専制下におかれた「知識エリートの幸福」を目指す社会などは政治的エリートの専制による「政治的エリートの幸福」を目指して、最近破産を露呈した社会主義の社会とおなじように、茶番にも何にもなりはしないのだ。わたしたちは消費社会の理論的解剖という現在の課題に踏みこみながら「消費社会は脅かされ包囲された豊かなエルサレムたらんと欲しているのだ。これが消費社会のイデオロギーである」などと、落ちをもてあそぶわけにはいかない。消費社会とは何かという、解剖そのことが重要であり、消費社会にたいする否定的レッテルや肯定的レッテルなどは論理をはぐらかし、判断の停止の方に誘導してゆくほかに何の意味もなさない。こういう課題をボードリヤールが回避しているのは、まったく不可解というほかない。この種の手のこんだ倫理的判断停止ならば哲学者、社会学者、文学者の顔をして、世界中の文化の現状を牛耳りながら、その実スターリン地獄をいまも支えている連中が、いたるところでやっている。ボードリヤールは消費社会を誇張した象徴記号の世界で変形することで、資本主義社会の歴史的終焉のようにあつかっている。実質的にいえば産業の高次化をやりきれない不毛と不安の社会のように否定するスターリニズム知識人とすこしもちがった貌をしていないとおもえる。わたしには消費社会の画像が、わたしたちの感受性と理念に問いかけてくるものは、ボードリヤールがときに落ちこんでいる退行による否定や欠如による否定とは似てもにつかぬものにおもえる。押しつけてくる肯定と、押しつけてくる格差の縮まり、平等への接近に、どんな精神の理念が対応を産みださなくてはならないか。ここではまったく未知のあたらしい課題が内在的に問われているとおもえる。

ii

ボードリヤールは、一九六五年度において（フランスでは）行政機関等からの第三者支出された消費予算は全消費の一七％で、その内容は、

食料品と衣類　一％
住居、運輸、通信施設　一三％
教育、文化、スポーツ、厚生部門　六七％

だと述べている。わたしたちの文脈に沿っていえば大衆の生活必需支出にたいして一四％、選択サービス支出にたいして六七％が補充されている消費社会の実態への国家の寄与をしめしていることになる。この効果を選択的サービス支出である教育について、かれは確かめている。ボードリヤールによれば、フランスでは一七歳の少年少女の就学率は、全体で五二％だとされる。その内訳は、

上級管理職、自由業、教員の子供　九〇％
農民、肉体労働者の子供　四〇％

また、高等教育にすすむ機会

上級管理職、自由業、教員のばあい　三分の一以上
農民、肉体労働者のばあい　一、二％

そこで行政機関等による第三者支出が、階層の固定化をゆるめ、教育の不平等をなくし、教育費を再分配する効果は、ほとんどないとボードリヤールはのべている。この数値が正確ならば、フランスにおける階層の固定化はたしかに強固なものだとうけとれる。だが第三者消費支出の効果をこれで測ることはできないはずだ。たぶんフランスでは国家が産業社会に規制力を発揮している（法律、法規などを介して）割合はもともと三〇%くらいだとおもえる。その制約のもとで第三者消費予算一七%のうちの、また六七%にあたる教育、文化、スポーツ、厚生などの割当てが、個々の教育支出に寄与できる率は、はじめから取るにたりないことは、わかっているからだ。

因みに日本のばあいについて、教育の階層別の均等、不均等に言及してみる。『白書』（『国民生活白書』昭和六三年度）によれば、全階層をI分位からV分位まで所得にしたがって分ける。I分位がいちばん所得がすくなく、V分位がいちばん所得がおおい階層とする。これらの分位のそれぞれについて、大学生の子供をもつ家庭の割合をみると、

	第I分位	第V分位
昭和四九年	約一〇%	約三三%
昭和六一年	約二〇%	約二六%

つまりはっきりと選択消費支出が半分を超えて、わが国が消費社会と呼べるようになったといえる昭和六一年をとれば、第I分位と第V分位、いいかえれば消費社会の最低の生活程度と最高

の生活程度の階層のあいだの高等教育にすすんだ子供の割合は、十の位のおなじオーダーにあって、ほぼ同等といっていい。わたしにはこの数値のほうが消費社会の実態に適っているとおもえる。フランスの社会が特殊で階層の固定化が強く、どうにもならない社会という画像が与えられる。

たぶん三〇年以前には第Ⅰ分位では、家庭の生活経済がゆるさないから、大学進学をあきらめろと子弟にいう親はありえた。またすこしでもはやく働いて家計を助けよという親もありえた。第Ⅴ分位ではそのころでも、子弟はすべて大学教育をうけるのがあたりまえということはあった。この格差は「無」と「有」の格差だといえよう。現在では数値のしめすところで、第Ⅰ分位と第Ⅴ分位のあいだに、教育費の支出について格差はほとんどないことをしめしている。ここには消費社会の本質が描き出されている。ひと口にいえば、すでに飽和点に達した生産的消費の分野では、格差は縮まって相対的な平等に近づいているということだ。もっと判りよくいえば、子弟を大学に進学させるという分野で一家族が一〇〇人の子弟をもつことなどありえない。たかだか数人で子弟教育費は極大に達する。そういう分野では最低所得の階層と最高所得の階層が、格差を縮め、平等に近づく可能性が生じるということだ。消費社会というのは、こういう飽和点に達した生産的消費の産業分野から、しだいに高次化してゆく社会のことをさしている。これを消費社会の定義としてもいいくらいだ。消費社会（高次産業化社会）にたいする肯定も否定も、この本質を本質としておいたうえでなされるのでなければ、まったく無意味だといえる。この意味ではボードリヤールの消費社会論は、意味をなさない。

わたしたちはだんだんとボードリヤールの理念の批判の核心に近づいていく。

ボードリヤールは、凡庸な左翼進歩知識人の誰でもがいうこととおなじことを、繰返しいいはじめる。消費社会は（ほんとうは高次産業社会はといいなおすほうがいい）平等な消費可能性へ万人を近づけ、格差をなくしていった。テレビ、車、ステレオなどは以前は特権的な階層だけにしか手に入らなかったのに、いまでは万人が（一般大衆が）誰でも手に入れられるようになった。これはただのありふれた事実だが、ボードリヤールによればこの平等への格差の縮まりは、うわべだけで、社会的矛盾や、不平等の内在をおしかくしていることになる。だがわたしにはそんな馬鹿げた言い草はないとおもえる。テレビ、車、ステレオなどが以前は一部の特別な階層だけが自由に購買できたのに、いまでは万人（一般大衆）が誰でも購買できるようになったということ、いいかえれば選択的な商品の消費支出に財力をまわすことができるようになった消費社会の出現は、あきらかに弱者のボードリヤールのいう「平等」な消費の「幸福」にむかって格差を縮めたことを意味している。形式も表面的もなければ、社会の内在する不平等をおしかくしてもいない。これはたんなる事実の問題だ。この事実を否定的な言辞で迎えるのは左翼インテリ特有の根拠のない感傷と大衆侮蔑的な言辞にすぎない。たとえば上級管理職は車三台をもつことができるのに、肉体労働者や農民は車一台しか購買できないといった格差は、すべての選択消費についてありうるだろう。だが車一台を特権的な上級職は購買できるのに、農民や肉体労働者は車をもつことができないといった格差とは雲泥の質のちがいなのだ。何となれば上級管理職がどんなに財の余裕があっても乗用車を十台も二十台ももつことはまったく無意味だからだ。そうだとすれば消費社会は、車の購買について上級管理職と肉体労働者のあいだに車三台と一台の格差以上のものを消滅させてしまったことを意味する。すくなくともそう理解するのが実態にかなっている。もちろんテレビ、車、ステレオ以外のものについて、消費社会はまだたくさんの社会的矛盾や不平等を残存させている。それは解決されなくてはならない。だがこのことはボードリヤールのいうような、テレビ、車、ステレオのような消費財の購買についての「平等」はうわべだけのもので、社会的矛盾や不平等の深刻な内在には手が届かないなどということとは、まったくちがっている。テレビ、車、ステレオについての不平等の解消は、社会的矛盾や不平等のうちの一部分が解消されたことにほかならないのだ。

ボードリヤールはだんだんと馬鹿げた言説の核心に近づく。肉体労働者と上級管理職の支出の間の差異は、（フランスでは）生活必需品で一〇〇対一三五にすぎないが、住居設備では一〇〇対二四五、交通費では一〇〇対三〇五、レジャーでは一〇〇対三九〇になっているとボードリヤールはいう。そして「ここに、均質な消費に関する量的な差を見るべきではなくて、これらの数字から、追求される財の質に結びついた社会的差別を読みとるべきなのである」（ボードリヤール『消費社会の神話と構造』今村仁司・塚原史訳）と述べている。わたしには何と愚かなことを言うのかとおもえる。肉体労働者と上級管理職の支出のあいだに、生活必需品で一〇〇対一三五の格差しかないのは、食料品や光熱費などのような日常必需品では、たとえば上級管理職であろうが肉体労働者であろうが、ひとの三倍も五倍も料理を食べることなど不可能だし、ひとの三倍も五倍も上等な質の食料をいつも料理することなど意味をなさない。格差比率がすくなくなるのは当たりまえだとおもえる。住居設備や交通費が二〜三倍の格差をもつことも、そんなに深刻な意味をもちえない。消費社会は賃金や所得の平等が実現した理想社会ではないなどとあらためていう必要がどこにあろうか。また肉体労働者が一〇日間のレジャーをとることができた。上級管理職が三九日のレジャーをとったために、レジャー費の格差が一〇〇対三九〇になった。ボードリヤールはこれが消費についての量的な差ではなく、社会的差別を読みとるべきだと主張する。だがボードリヤールは消費社会を、所得の平等が実現した共産主義社会でなくてはならないとおもっているのだろうか。わたしはひとかどの知識人がこういう言ってみるだけの欠陥の言説、言説の欠陥を得々として語り、それによってスターリニズムの世界支配に寄与してきた歴史をかんがえると肌に粟を生ずる。肉体労働者は一日のレジャーももちえないのに、上級管理職は三九日のレジャーをもつことができた。この「無」と「有」との格差を消費社会は「有」と「有」の相対的な格差に変貌させた。わたしには肉体労働者をそこまで経済的に解放してきたことさえ、「無」であったときに比較して格段の「平等」への接近だとおもえる。消費社会にたくさん残存する社会的矛盾や不平等を批判するのに、所得が万人に平等な架空の社会を基準におくなど、ふざけはてた言い草だとおもう。

ボードリヤールは消費の概念を、健康、空間、美、休暇、知識、文化など第三次産業の中心におかれた分野にまで踏みこんだうえで、おなじ倫理（というよりも固定観念）のほうへ誘導している。

健康や空間や美や休暇や知識や文化への権利が口々にいわれている。これらの新しい権利が出現するたびに、新しい官庁が生まれている（保健省、余暇利用省）——美観やきれいな空気を保護する官庁というのも出てくるかもしれない。これは制度化された権利によって公認されるだろう個人的かつ集団的な一般的進歩を表現しているらしいが、この現象の意味はあいまいであり、そこに逆のものを読みとることが可能である。空間への権利が生まれたのは、万人のための空間がもはや存在しなくなり、空間と静けさが他人の犠牲の上に成り立つ一部の人びとの特権となった後のことであり、同様に「所有権」が生まれたのは、土地をもたない人間が出てからのことであり、労働に対する権利が生まれたのも、分業の枠のなかで労働が交換可能な商品となり、その結果もはや特定の個人に属さなくなった後のことなのだ。同じく、かつて労働がそうであったように、「余暇への権利」の出現も、悠々自適の段階から技術的社会的分業の段階への移行、すなわち余暇の終焉を予告しているとはいえないだろうか。

豊かな社会のスローガンや民主主義の宣伝ポスターとして吹聴されているこれらの新しい社会的権利の出現は、したがってそれらの権利に関連する諸要素が、階級（あるいはカースト）の特権の差異表示記号の地位を得ることになったことの徴候である。「きれいな空気への権利」の意味するものは、自然の財産としてのきれいな空気の消滅とその商品の地位への移行、およびその不平等な社会的再分配という事実である。したがって資本主義システムの進歩にすぎないものを、客観的な社会の進歩（モーゼの律法表に刻まれるような「権利」）ととりちがえてはならない。資本主義的システムの進歩とは、あらゆる具体的自然的価値が徐々に生産形態、つまり㈠経済的利潤、㈡社会的特権の源泉へと変質することなのである。

（ボードリヤール『消費社会の神話と構造』今村仁司・塚原史訳）

わたしたちはボードリヤールのあやふやな論理にここまでつきあう必要はない。だがここが消費社会と呼ばれている社会の産業的な構造でいえば、肝要な第三次産業の系列におかれた場面なのだといえる。健康、空間（緑）、美（コスメティック）、休暇（レジャー）、知識、文化は高次産業の中心にやってくるとともに、ボードリヤールのいうようにあたらしい国家官僚の職務が登場してくるかもしれない。そしてかれの言うように健康が産業や国家責務となるのは不健康がまんえんしたからだし、空間がそうなのは万人のための空間が存在しなくなり、余暇がそうなったのは悠々自適の生活がおわったからだし、知識や文化がそうなったのは、叡知が失われたからかもしれない。だがそのことの意味はボードリヤールのいうところとまったくちがう。ひとりでに健康でひとりでに空間をとりもどし、美や休暇や知識や文化や空間や水でさえも、それを万人（一般大衆）の平等な所有に近づけるためには、それを保護するのではなく、あたらしく造りだすよりほかないことを意味している。これが自然への働きかけが高次産業化することの本質なのだ。ボードリヤールのいうのとちがって、資本主義的システムの進歩といえども「客観的な社会の進歩」だし、「具体的自然的価値」が高次生産化することもまた客観的な「社会の進歩」であることは論をまたず自明のことだ。わたしにはボードリヤールの理念は、誰がどうなればいい社会なのか、まったく画像を失っているのに、なお不平のつぶやきが口をついて出るので、それをつぶやいている常同症の病像にみえてくる。

iii

ボードリヤールがせっかく果敢に消費社会の実体に踏みこみながら、一方で陥っている巨大な空孔《くうこう》に、もうすこし先までふれていかなくてはならない。

あらゆる物質的（および文化的）欲求が容易に満たされる社会という、われわれが豊かな社会について抱いてきた固定観念は放棄されなければならない。なぜなら、この観念は社会的論理を一切捨象しているからである。その上で、マーシャル・サーリンズが「最初の豊かな社会」についての論文で取り上げた見解に従わねばならない。それによれば、いくつかの未開社会の例とは反対に、われわれの生産至上主義的産業社会は稀少性に支配されており、市場経済の特徴である稀少性という憑依観念につきまとわれている。われわれは生産すればするほど、豊富なモノの真只中でさえ、豊かさとよばれるであろう最終段階（人間の生産と人間の合目的性との均衡状態として規定される）から確実に遠ざかってゆく。というのは、成長社会において、生産性の増大とともにますます満たされる欲求は生産の領域に属する欲求であって、人間の欲求ではないからである。そして、システム全体が人間的欲求を無視することの上に成り立っているのだから、豊かさが限りなく後退しつつあることは明らかである。

それどころではない。現代社会の豊かさは稀少性の組織的支配（構造的貧困）が優先するために、徹底的に否定される。

サーリンズによれば、狩猟＝採集生活者たち（オーストラリアやカラハリ砂漠に住む未開の遊牧民）は、絶対的「貧しさ」にもかかわらず真の豊かさを知っていた。未開人たちは何も所有していない。彼らは自分の持ちものにつきまとわれることもなく、それらのものを次々に投げ棄ててもっとよいところへ移動していく。生産装置も「労働」も存在しないので、彼らは暇をみつけて狩をし採集し、手に入れたものをすべて彼らの間で分かちあう。何の経済的計算もせず貯蔵もしないで、すべてを一度に消費してしまうのだから、彼らは大変な浪費家である。狩猟＝採集生活者はブルジョアジーの発明したホモ・エコノミクスとはまったく無縁であり、経済学の基本概念など何一つ知らずに、人間のエネルギーと自然の資源と現実の経済的可能性の手前に常にとどまってさえいる。睡眠を十分にとり、自然の資源がもたらす富を信じて暮すのである（これが未開人のシステムの特徴だ）。ところが、われわれのシステムの方は、不十分な人間的手段を前にした絶望や、市場経済と普遍化された競争の深刻な結果である根源的で破局的な苦悩になって（それも技術の進歩とともにますます強く）特徴づけられることになる。

（ボードリヤール『消費社会の神話と構造』今村仁司・塚原史訳）

このすぐあとでボードリヤールは、未開社会は集団全体として「将来への気づかいの欠如」と「浪費性」があって、これが真の豊かさのしるしだといっている。また逆に貧しさというのは、財の量がすくないことではなくて人間と人間との関係の問題だから、社会関係の透明さと相互扶助があれば、飢餓状態でも豊かにくらすことができると述べている。どうもこういう言説には信じられないところがふたつある。だいいちはこれは幼児のときは憂いも苦しみもおぼえず邪気なくくらせて、過去も未来も思い患うこともなく豊かな生活をしていたというのとおなじだ。だれでもそれを否定しないだろうが、そこへ逆行できないことも、再構成できないことも自己史と文明史にとって自明なのだ。もうひとつある。産業の高度化による豊かさと、選択的な消費における格差の縮まりには、たしかにあるうさんくささの影がつきまとう。そのうさんくささは概していえば不安、頼りなさのようなものに帰着するといっていい。これは何に起源をもち、どこからやってくるのか。すくなくともボードリヤールの考えているような人類の未開の幼児期への賞賛などからはやってきはしない。わたしの考えでは産業の高次化が物（商品、製品）にたいする感覚的な働きかけから距たってゆくところからこの不安は主として由来するようにみえる。この感覚的な距たりは遅延として理性と理念を襲うにちがいないからだ。べつの言い方を採用すれば、この遅延は生産が消費に変貌する転換点なのだといえる。

ボードリヤールによれば、はじめに選択的な消費支出の対象として洗濯機がえらばれて入手されたとする。これは衣類を洗濯する道具であるとともに、消費者の幸福感や威信の要素になり、このことのほうが消費に固有な領域だということになってしまう。この意味表示要素に視点がおかれるかぎり、さまざまな物が洗濯機にとってかわることができる。象徴の要素、記号の要素からみれば、物（商品、製品）はどんな機能や欲求とも無関係だ（結びつきがない）とともに、あらゆる物（商品、製品）は固有の意味作用をもたずに、物と物との境界はあいまいなものになってしまう。これが消費社会（高次産業社会）の実状だということが、悲観的、否定的な重心をもって語られている。しかしわたしには消費社会（高次産業社会）の核心がそこにあるとはおもえない。第三次産業以後において、わたしたちは生産が物（商品、製品）の手ごたえ、感覚的な反射から距てられたところからうまれる不定さ、視覚的、触覚的な物の、映像化による非実在感などに由来する不安に対応する方法をもちあわせていないこと。ボードリヤールの見解と反対に、消費行動の選択に豊かさや多様さ、格差の縮まりなどが生じていること。そこに核心があるようにおもえる。もっといえばこういう消費社会の肯定的な表象の氾濫に対応する精神の倫理をわたしたちはまったく編みだしておらず、対応する方途を見うしなっているところに核心の由来があるとおもえる。わたしたちの倫理は社会的、政治的な集団機能としていえば、すべて欠如に由来し、それに対応する歴史をたどってきたが、過剰や格差の縮まりに対応する生の倫理を、まったく知っていない。ここから消費社会における内在的な不安はやってくるとおもえる。

第五章
現代都市論

解説

吉本隆明は現代都市の問題を考えるときも、アフリカ的段階からハイパー都市まで包摂できる大きな射程から、ものごとの全体を見渡すやり方をとる。そこで東京・浅草のアサヒビールのビルの屋上に乗っているうんこ型の巨大オブジェを見ても、そこに第一次産業的要素（肥料）が第二次産業（ビール製造）と第三次産業（ビアホール）と結合した「クレオール化（稚拙化）」の現象を起こしているのだという独創的な見方をしてみせる。

ここには第一次産業と第二次産業と第三次産業を結合した第六次産業（1＋2＋3＝6）こそが、農業が前向きに打って出て生き残る道であるという、最近の官民を巻き込んでの運動などの本質にあるものが、思想によって解き明かされているともいえるし、現代都市の進化の最前線で起きている建築哲学の向かおうとしている方向を説明するものともなっている。資本主義が消費資本主義の段階に入り始めている。それによって産業構造全体が本質的な変化を起こし、それを反映して都市設計にクレオール化現象が発生している。吉本隆明の都市論は、そのような本質的な場所から考えられていく。その意味では、吉本の都市論はもっとも広い意味での経済論に包摂されていると言える。

吉本隆明は都市論の鍵は「視線」にあると考える。都市を視線の構造によって四つの系列に分ける。

第一系列：低い住宅が並ぶ下町の市街地。この町並みは自然に見渡すことができる。このとき人は身長の高さの水平な視線と、真上からくる視線とを同時に用いて都市の自立像を得ている。

第二系列：ビルとビルの谷間につくられた人工的な広場。ここでは水平な視線に、下から上を見上げるしかない垂直な視線が交わっている。

第三系列：異化領域とも呼ばれる。ここではサービス業のために建てられたビルの屋上に畑や林が設けられ、壁面に緑が植え付けられ、そこにハイテク工業が同居していたりする。そうすると巨大オブジェを頭にのせた浅草のアサヒビールのビルのように、見上げた屋上から自然的（第一次産業的、排泄的）な要素が下に向かって落ちてくるような、ねじれた視線構造が生まれる。

第四系列：ビルの密集地帯で、高層階から別のビルを見たとき、いくつもの視野が上空で重なり合っている感覚が生まれる。上空にある視線同士が重なり合っている構造である。高層化する都市が生み出す新しいイメージ群。

これらの中で、吉本は第三系列の都市構造にいちばん興味をもっているように感じられる。それが彼の考える超資本主義の段階に深く関わっているからである。

1　像としての都市――四つの都市イメージをめぐって

都市論と国家論、社会論はパラレル

いま紹介をいただきました吉本です。

自分が都市論に関心を持って、像、イメージとしての都市ということで都市論をやり始めたときは、ちょうど、現在の国家、社会がいったいどういうことになっているのか、どういう方向に行くのか、どういうふうに行けば理想なのかというのが僕自身の中でもなかなかわかりにくくなってきたぞという時だったと思います。都市が現在どうなっていて、これからどうなるか、どうなるのが理想なのかということは、僕の考え方では、国家、社会が現状はどうなっていて、これからどうなっていくのか、どうなっていけば理想なのかということのわからなさと、そのわからない部分というのは共通だというふうに都市論をやってきました。

もう少し申し上げますと、都市の中における建物・街区、あるいは建物という概念、つまり具

体的な建築物、ビルディングだけではなくて、建築・建物というのはどういうふうになっていて、どういうのが理想なのか、どういうふうに行くのだろうかということもパラレルに対応すると僕自身は考えています。

ですから小さくいえば、この日本鋼管のビルでもいいんですが、一つのビルの中、あるいはビルの外郭がどうなっているのかを追求することと、都市がいったいどうなっているのか、どういうふうに行くのかを追求することと、国家、社会がどうなっていくのかを追求することとは全部パラレルで対応する。そういうところで都市というものをつかまえようとした場合、どういうつかまえ方をするかということから、「像としての都市」という考え方を僕はやってきました。

消費社会——未知の部分

それでは都市論あるいは国家、社会の問題でどういうところが一番わかりにくいかというと、アメリカと西欧と日本、その三つだけが現在、消費社会というところに入っていると思います。消費社会というのは皆さんがいろんな考え方でいろんな定義のされ方をするかもしれませんが、僕は僕なりの定義を持っていて、消費社会というのは二つのことによって定義されると思います。これは法人をとってきても個人をとってきてもいいんですが、一応わかりやすいから個人の所得とすると、日本の平均人の個人所得の中で50%以上が消費に使われているということが消費社会と呼ぶ場合の第一の条件です。もう一つ条件があります。それは選択消費、つまり光熱費とか家賃とかの毎月必要だという消費ではなくて、今月旅行へ行こうかとか予算がないから行かないでおこうというふうに、それぞれが選んで使える分を選択的消費あるいは選択消費というと、それが全消費額の50％以上を占めている。その二つの条件があれば、僕の考え方では、消費社会という定義ができます。

いまそういう段階に確実にあるといえるのは、アメリカと日本と西欧です。西欧をフランスならフランスに象徴させれば、そういうところがまず消費社会の段階に入っていると考えます。

消費社会に入っている段階の資本主義は、いままでの分析の仕方では分析できないところが出てきたわけです。そこが未知の部分だろうと思いますが、未知の部分が出てきたということで、国家、社会が現在どうなっているのか、これからどう行くのだろうか、どう行けば理想なのかが大変わかりにくくなっている一番根本の理由は、世界の先進的な社会、国家が消費社会、あるいは消費資本主義といってもいいんですが、そういう段階に入ったということが問題を難しくさせているのです。つまり、かつての分析法が通用しない部分が出てきたということと、いまだかつてこれを完全に全体的に分析し尽くす方法はどなたもできていないで模索中だということです。そこが一番の難しさです。

それと対応するように、都市論の難しさというのも同じところにあります。消費社会の主たる指標はどこに求めてもいいわけですが、僕の求め方では、産業の次元、段階によって決めるのが一番よかろうと考えると、消費社会に入った先進地域ではだいたいにおいて第三次産業といわれているもの、サービス業とか娯楽業、医療とか教育、その手の産業が生産額としても就業人口としても半分以上を占めている。そういう社会が消費社会の一番わかりやすい指標だと思います。

日本鋼管さんは第二次産業の素材をつくるというイメージから出発していると思いますが、現在は第三次産業のほうに手を伸ばしているのか足を伸ばしているのか、そういうふうになっているんじゃないか。それほど日本の産業というのは、製造工業・建設業といった第二次産業と第一次産業、天然自然を相手にする農業とか漁業・林業との主たる対立割合によって社会ができているというイメージを持つと、それは間違ってしまうわけで、現在では第三次産業に従事している生産人口は働く人の半分以上を占めていますから、第三次産業を主体にして日本の産業構造を考えなければいけないのです。

それと同じように、現在においては第三次産業、あるいは第三次段階・第三次層が主体になりつつあるということが都市というものの考え方を大変難しくしています。情報社会とか情報都市とかいろんな言い方がありますが、僕はそういうふうにつかまえます。つまり、第三次産業あるいは第三次層が都市の主体になってきたということが都市を変貌させているし、都市とは何だということを考えるのを大変難しくさせている要素だと思います。

僕の問題意識はそういうところから出発して、自分なりにのろのろと考えを進めてきたわけですが、その考えの筋道を今日お話しできたらいいと思ってやってきました。

都市の四系列

まず僕の都市論はどういうふうに出発していったかというと、都市というものを四系列に分ければ都市というのは考え尽くせると考えたわけです。

一番簡単な系列を系列一（第一系列）とすると、系列一のイメージというのは東京でいえば下町の住宅街とか商店街がそうですが、一階家ないし二階家の低い住宅が地べたに建っている。これは人間の座高とか身長の高さで地面に水平の視線を働かせれば、ちゃんと事実見えるわけで、視覚的な自立像ということになります。イメージをつくろうとするにはどうすればいいかというと、そういうところに目と同じ高さの地面に水平な視線と真上、天上からやってくる視線とを同時に行使しているという自分を想定すると、事実上の下町の住宅街の住宅は自立像、視覚像から、あるイメージ像と考えて転化することができます。ですからつり合い上そう考えると、事実、見ればわかるじゃないかということになりますが、見ている視線と真上から来ている視線を同時に行使しているというイメージを想定すれば、第一系列の場所は尽くすことができると考えます。

第二系列というのは何かというと、たとえばビルとビルの間が人工的に広場として休み場所みたいにつくられているところが日比谷にもありますし、赤坂、六本木、新宿のあたりにもあります。そういうところが第二系列に属すると考えます。これも行って見ればすぐにわかってしまいますが、イメージとしていう場合には第一系列と区別するために、目の高さの具体的な人間の視線というのを、目の高さであるかどうかは別として、地面に水平な視線と、上のほうからといいたいところですが、そうすると第一系列と同じになってしまいますから、符号をつけて、マイナスに下の地面のほうから上のほうに行っている垂直の視線とが同時に重なる場所というふうにイメージをつくれば、ビルとビルの間につくられている人工的な広場みたいなものは尽くせるのではないでしょうか。

人工的な広場というのは、たとえば新宿あたりでは駅と駅ビルの間の空閑地につくられていて、そこに休む椅子とテーブルが置いてあるとか、商店が両端に並んでいるみたいになっています。六本木あたりでもそうです。つまり憩いの場所であって、ちょっと休むという場所であったり、店をのぞいてみるみたいな場所であったりというふうに人工的につくられていますし、ここらへんだったら多少は木も植えたりベンチを置いたりしてつくってあると思います。それを第二番目の系列と考えるとします。ビルとビルとの間につくられている広場的な空間は全部そこに含めて大ざっぱに考えてくだされればよろしいと思いますが、それで第二番目の系列は尽くせます。

この系列は、わかったということで、素早く取り除いておきます。本当はここでも問題はあると思います。たとえば、つくばの学園都市に行くと、原っぱの中に校舎、ビルディングを建てたというふうになっていて、喫茶店とか集会所みたいなものもあるんですが、ちょっと不気味な感じになっています。つまり、学園の中とか集会所にいるときには雰囲気が結構ちゃんとあるんですが、いったん学園から外に出たら真っ暗な野っ原の中に入っていったみたいになってくる。こういう感じというのは非常に問題です。一時、学校でも助手とかあまり特権的でない先生たちが自殺したり、高島平でもそうですが、そういう場所でも自殺者がたくさん出たりして、問題はあるんです。しかし、やりようによってはいかようにも変えられるということで、それは素早く取り除いておくとします。

第三系列と第四系列

そうすると、都市の中であと二つ問題になる重要な系列があります。その第三番目の系列を「異化領域」と考えました。これは何かというと、具体的にいえば簡単なことで、ビルの中に日本庭園や茶室、プールをつくったり、ビルの屋上に教会やゴルフの練習場をつくったりというところが皆さんご承知のようにあります。それが異化領域です。これは第三の系列をなします。

これはどういうことを意味するかというと、先ほどの都市論の問題でいくと、ビルの中に第一次産業と第二次産業と第三次産業を包括してしまう、あるいはビルの中の第三次産業的なものが第一次産業的なものを包括しているとか、ビルの中に組立工業やハイテク工業、あるいは本来地べたにあるべきはずの天然自然のものを包括していると考えると、第一次産業層と第二次産業層と第三次産業層が雑居していると考えたら一番考えやすいわけです。

この種の領域は一見するとばかばかしいのです。つまり大げさなことをいわなくても、ビルの中で飲み屋さんに行くと噴水があったり金魚が泳いでいたりというところがよくあって、ばかばかしいといえばばかばかしいわけですが、このイメージを普遍化していくとかなり重大なことになってきて、流通とかサービス業といった第三次産業的なものの中に第一次産業的なものを包括しているというイメージになります。あるいは組立工業とかハイテク工業を小規模で包括している。規模を大きくすれば、都市の中で第一次産業、第二次産業、第三次産業の割合がどうなっているかという問題とまったくパラレル、あるいは対応するものになります。

たとえば東京の第一次産業、農業なら農業を考えると、東京の農業というのは0・2%、人口にしてても生産高にしてもその程度のものだと思います。それはどういうモデルになるかというと、ビルディング、建物の問題とすれば、ビルの中にちょっとした植え込みを入れてあるというイメージになります。

その問題をもっと重要なことでいえば、国家、社会はやがてどうなっていくのか、特に先進的な国家、社会はどういう方向にどうなっていくだろうかと考えると、第一次産業が0・2%であるというところまでは行くと考えたらよろしいと思います。つまり行く可能性はあるんだよ、東京という都市はそのモデルだよとお考えになったら、かなり重要な国家、社会の問題になってきます。

そして、農業あるいは第一次産業が0・2%になるということは国家、社会の理想かどうかを問うことになります。理想であろうがなかろうが、必然的にそうなっていく、それは防ぎようがないよとお考えになるか、あるいはエコロジストみたいに、緑を大切にすれば変わると思う人もいる。しかし本当はどうなのかということもありますし、どれが理想なんだという問題は直ちに問われてしまいます。

どれが理想の国家、社会なんだと問われるように、どれが理想の都市なんだということは同じように問われてきます。東京は理想の都市なのか。農業、第一次産業が0・2%、それで都市というのはいいのかということになります。しかし、これが一種の究極都市のイメージに近いというのは間違いないことで、理論上、原理上は東京の農業はゼロになってしまうかもしれません。

そうしたら第二次産業と第三次産業の問題になって、緑はどうしてくれるんだということが問題になります。緑というのはその場合には、つくる以外にないんだということになってくると僕は思います。そんな都市は嫌らしい、とんでもない都市だからぶっ壊してしまえというエコロジストたちの主張もあります。しかし、これは直ちに重要な問題で、近未来のうちに問われるだろうと僕は想定します。

たとえば僕の暗記しているデータが間違いでないとすれば、イギリスは農業が２％ぐらい、アメリカは７％ぐらい、日本は９％ぐらいです。これが減っていくということはもうどうしようもない。モデルがすでにあるわけです。それはいったい国家、社会の理想なのか。農業が２％というイギリスは理想の社会なのか。皆さんがいやこれは理想じゃないと思われるなら、何を理想と考えるのか、どうすれば理想になるのかという問題にすぐにぶつかります。

この第三系列の異化領域は一見すると、ビルの中に日本料理屋があって、一杯お燗《かん》をつけて飲んできたよとか、そこに茶室があって、お茶会のまねごとをしてきたよといえば、僕らのちょっとした仕事が終わってからの飲み代になるわけですが、この問題はそんなに簡単ではなくて、いかようにも重要な問題に敷衍することができるように僕は都市論をつくってきました。それは重要な問題です。だからいつでもどういうのが理想なんだということを問われています。ビルディングも、都市も、国家、社会もそれを問われているというのが現状だと僕には思えます。

差し当たって東京という都市がモデルであるように、第一次産業、つまり農業みたいなものが０・２％ぐらいになってしまうのは避けがたいことだとお考えになるのが、怖いことだけれども、常識的だと考えたらよろしいと思います。国家、社会の問題としてもそうじゃないでしょうか。先進国からどんどん第一次産業がゼロに近いところに行くだろう。あるいはそれをやらないなら第一次産業を天然、自然を相手にする産業からハイテク産業に変えるというやり方をするか、どちらかだと思います。

そうしたら不均衡はどのように生じるかといったら、東京と地方との不均衡から類推すればわかるように、第三世界、アフリカとかアジアのある部分が農産物あるいは第一次産業担当地域になって、先進国からだんだん第一次産業がなくなっていくというタイプの社会が、黙っておけば近未来のうちにできあがります。そのとき、その不均衡をどうするか。

何が不均衡なのかというと、所得が第一に不均衡です。天然、自然を相手にする産業に従事している限り貧困から逃れられないということは、経済学上というと、僕は経済学者ではないのに生意気だといわれるからそういわないで経済工学と称していますが、経済工学上の定理ないし公理です。だから農業、農産物担当地域と漁業担当地域が世界中で貧困を背負うことになり、先進国から高次な社会が出現することになり、この不均衡はどうするかということになります。

そうすると、贈与ということが経済工学上問題になってきます。つまり、交換価値ないし価値を主体とする経済学というのはそこでアウトになるだろう。贈与価値を主体とする経済工学上の考え方をしていかないと、不均衡は世界的な規模で是正できない。それは割合に近い時期になってくるでしょうと僕自身は考えています。

そこのところで国家、社会というのはどうなったら理想なんだという問題に対する解答をいつでも問われていると考えられたらいいと思います。この問題を小なる領域、小なる地域、あるいはビルディング内部でもいいんですが、そういうところで提起しているのが第三の系列に属する異化領域という場所だと僕には思われます。

もう一つの系列の領域があります。これは皆さんがこのビルの窓から外を眺めればすぐに見られる風景がそうなんですが、隣のビルの人影を見ると事務をやっている。ここはそうでもありませんが、そのビルの窓越しにＪＲ線の電車か新幹線の列車が走っていたら、その中にまた乗客が立っているのが見えたというふうに、かつては一視野の中ではとうてい収まりがつかないような風景、何視野もなければそれだけの風景は見られないという風景が一視野の中に重なって見えてしまいます。もっと簡単なことをいえば、ビルの密集地域みたいなものがあります。これを第四の系列と考えると、これもとても重要な問題をはらんでいるんじゃないかと僕は考えました。

およそ僕の分け方では、この四つの系列をつくると、イメージとしての都市というものを尽くせる。そのうち、異化領域と、視野が重なり合って過密しているイメージ、つまり過密したイメージがいつでもつくれる、いくつもの視野を想定しないとこれだけのものは見られない、そういう二つの領域が、いまも重要でしょうが、これからも重要な領域になる。そしてそれだけを考えればだいたい現在の都市の持っているイメージというのは尽くせると僕自身は考えて、四つの系列を選びました。

異化領域と過密領域

いま申し上げた重要だと思われる二つの系列について僕が考えたところ、もう少しぐらいは考えることができたので、そこのもう少しというところを申し上げてみます。第一に、どういう都市が平均的な都市かを想定するとします。そうすると日本の場合、都市も農村も含めて平均するとどうなっているか、第一次産業、つまり農業・漁業・林業のパーセンテージが人口でいくと8%ぐらいです。

農業についていってみると、その8%ぐらいのうちの14%が専業の農家です。ですからかなり少ない農業人口になってしまいます。あとは兼業の農家です。兼業農家というのは二つあって、主たる働き手が正規の会社勤めをしている農家が第一種です。第二種は主たる働き手でも従たる働き手でもいいんですがパート、アルバイトで働いている農家です。現在の日本の農業の大部分は兼業農家で、専業農家は8%×14%、つまり8%のうちの14%に過ぎない人口が農業をやっています。

よくよく考えると大変心細いということになりますから、論理としてだけいえば、農業の自給自足とか農業の自由化を阻止するといういい方はまったくナンセンス、成り立たないわけです。だいたい専業農家は8%の14%だけしかいないわけで、それで日本国なら日本国の食料を自給しようというのは夢のまた夢、架空の論議であるということがわかります。これはだんだん減っていく一方であり、その種の論議というのは原理的にいえば問題にも何にもならない論議になってきます。僕の基準はちっとも保守党的ではないんですが、その手の論議をやっているのはうんざりなんだと僕には思えます。つまり原理的にはもうそうなっているのです。

第二次産業、つまり製造業とか建設業などが人口でいって33％ぐらいです。第三次産業、つまりサービス業とか流通業・娯楽業・教育などの産業が人口でいって57％、生産額でいえば60％ちょっととなっています。

だからいってみると、異化領域という場合、もし一つのビルの中に自然的な地べたに元来あるべきものと製造業・組立業的なものとサービス業・流通業的なものが、8％、33％、57％という割合で含まれているとすれば、それが日本の平均的なビルのあり方だということになります。またそれと対応するように、都市においてもそういう割合であったならば、それは日本における平均的な都市のあり方だということになると思います。

その平均的ということは中性点、中立な点であり、よくもないし悪くもない点だということになります。しかし別な意味から言えば、平均的な点というのが一番正常な判断力が存在できる点だということもできます。一つのビルの中の構成割合が平均的なパーセンテージから偏っているとすれば、そのビルはいいビルかもしれないし悪いビルかもしれません。それを判断するのは違う分析をしなければいけませんが、それが平均的から偏っているのは間違いないことだといえると思います。ですから平均というのはよくも悪くもないということですが、逆にいうと、これが基準ですよ、常識ですよということになります。

そして大なり小なり現実の都市というのは平均からずれるようにできあがっているし、マイナスのずれが平均のほうに近づきつつあるか、そのどちらかのかたちが現在の日本の全体の社会で占めている感じ方、状態ではないかと思われます。それが現在の都市の領域だと思います。

ですから異化領域を考える場合、ビル＝都市という一つの外枠、モダンな言い方をすればパラダイムをつくって考えれば、都市における異化領域の問題というのは考えやすくなります。都市の枠組みもまったく同じように存在すると思います。それが現在の平均的な都市からのずれの問題です。

ビルの将来がどうなるかについて極端にいえば、第三次産業層、第三次段階が１００％近くを占めてしまうビルになっていくかもしれませんし、そうではなくて第一次産業だけがなくなってしまうビル、現在の構成が割にそれに近いと思いますが、そうなってしまうかもしれませんし、さまざまな形態が考えられます。

現在、第三次産業あるいは第三次段階が１００％を占めているビルというのは少しはあります。たとえば東京タワーはそうだと思います。もう少しましな一つのビルが一つの観光会社であるとか、同時に一つの都市の作用で、そこに二四時間ではないけれども人口が5万とか10万いるという都市ができあがっていって、近い将来その数は増えていくだろう。それをとどめる力はまず存在しないのです。

たとえばナチス・ドイツならナチス・ドイツで、ヒトラーが国家権力を握ったとき、一般法律のほかに、総統令みたいな臨時法令をつくって、この都市はこうでなければどうとか、こうすべしという人工的なことをやって、都市のあり方とかビルディングのつくり方に対して統制を加えた事実があります。あまり望ましくない政府ができて、そうやれば強制はできるでしょうが、それとてそんなに長続きするものではありません。文明の一種の自然の方向性というものを変えることはできないので、多少遅くするか早くするかという違いがあるくらいで、僕はそういう勢いは止められないと思っています。

第三次段階あるいは第三次層だけでできあがったビルそのものが一個の都市をなします。たとえばプランだけなら現在でも二つか三つ出ていると思いますが、超超高層ビルみたいなものをぶっ建てて、そこで一つのビルが二、三〇万の人口を持った都市としてつくってしまう。上から下へ、下から上へ行くにはリニア装置がついたエレベーターで行くとか、プランだけはあると思いますが、その手のワンビル・ワン都市、そういうビルがつくられ、そういうふうになっていく可能性も割合に近い将来に多くなると僕には思われます。〔一部欠〕それは追々増えていくだろうし、いかようなこともできるだろうと思っています。

もう一つはビルだけではなくて、都市自体を人工都市としてつくってしまうというかたちもできあがっていくだろう。そこでもどういうのが理想的な人工都市なのかということが直ちにいろんなところから問われると思いますが、一番わかりやすいのは第一次段階の産業と第二次段階の産業と第三次段階の産業を人工都市の中でどう案配し、どういう割合でつくるかです。

現在でも人工都市に類似したものが存在しないわけではありません。その場合には、現在あるのは全部が消費都市だと考えたほうがいいようなものです。たとえば東京ディズニーランドであったり、大阪の西武がやっているつかしんであったり、全部が消費都市というかたちで、人工都市のモデルをつくっています。しかし、もしも郊外とか山を切り開いて、そこで理想的な人工都市をつくれということになったとした場合、どういう割合でどうつくればいいかということは直ちに問われると僕には思われます。

そういうふうに考えて人工都市が設計されつくられたということは現在までのところ、日本では存在しません。日本ではせいぜい建築家というのがいて、建築家の良心に訴えて、緑が大切だと思う建築家はこういう設計をしてというかたちでつくられている都市とかいわゆるニュータウンといったものはありますが、それは必ずしも理想的につくられているわけではなくて、設計者とか施工者の良心でもってつくられています。

たとえば現在みたいに緑が大切と社会的に言われていると、建築設計家もそういうことを考えたり、建築家としての理論的な問題というのももちろんあるわけで、その理論的な問題に照らして自分の理念にかなう建物を設計してつくるとか、それに伴って街区や都市をつくるというものはありますが、本当に理想的な人工都市とはどういう都市を指していうのかという問題についてきちっと考えられてつくられた都市というのは存在しません。存在しないから理想的なものとは何なんだということは決めるのがなかなか難しいけれども、これは専門家の衆知を選りすぐってというふうに持っていけば、割合に簡単に弾き出すことはできるでしょう。つまり弾き出した設計をして、かつそれを実行するということがなされていないというだけで、弾き出すことは容易にできると僕には思われます。

どんな国家社会が理想的な社会かというのも弾き出すことだけならば、専門家が寄り集まればできると思います。理想的な国家、社会はこうだとわかっているつもりのやつが寄り集まって変な国家をつくって失敗したりしていますから、主観的に、知識人的に、あるいは知的にこれが理想なんだと言っても、そんなことはちっとも当てにならないので、理想の設計という場合、他者というのがいるわけです。

理想の設計には他者＝一般大衆が必要

どこに他者を想定するか。僕の場合には非常に単純です。つまり平均人、川崎徹さんの言葉を使えば、一般大衆です。理想の国家、社会をどうつくるかという場合の他者としては、一般大衆、それが唯一、他者になりうると僕は考えています。その他者を絶えずにらまえて知的な理想を弾き出さないと、要するにソ連とか東欧みたいに失敗します。あれは主観的な善意とかインテリのうぬぼれだけでやってしまったから、一般的な他者あるいはいうことを聞く大衆だけを目当てにしてつくるからああいうことになるので、そうじゃない、いうことを聞くか聞かないかわからない一般大衆、つまり平均人、そういう人を他者として照らし出さなければ、仮に弾き出しても失敗すると僕には思われます。国家、社会はどういうのが理想なのかという場合、一番難しいのはそういうことのような気がします。

それから現実的な条件としては、かつては一般大衆というのを想定しても、もしかすると明日お米を食べられないかもしれないぜという意味合いの貧困が想定できたわけですが、現在の日本もアメリカも欧州も一般大衆というのは、お前の生活程度はどのくらいだと思うかというアンケートをすると、80～90％近くの人が自分は中流だと主観的にいうわけです。具体的にいえば、僕もピーピーしていますし、ピーピーしている人は多いと思うんだけど、僕がピーピーしているから俺は下層だといったら怒られてしまうと思うんです（笑）。ですからそういうこととは少し違います。

しかし、自分は中層で中流だといっている人が日本国民の80〜90％いるというのは恐るべき社会であって、これで平均人といってばかにすると、相当大変な人たちの固まりだということになって、これを他者として想定しない限り、理想の国家、社会というのはどうなんだというその理想というイメージがつくれないし、理想の都市とは何だというのをもし人工的につくってみせろといわれた場合でも、よくよくそのことを考えなければつくれない。つまり本当の難しさはそこにあると思いますが、一通りの理論でいえば、平均人、平均都市というものを他者として理想の都市の設計を考えれば、それはだいたいにおいて大過ないというデータが出てくると僕には思われます。それはつくられていませんが、つくろうと思えばつくれるんじゃないでしょうか。

つくれる場所は日本だって二つあります。一つは日本では都市、街というのはだいたい後ろが山で、前が海で、平地の真ん中に川が流れて海に注いでいて、山間というか山と河岸壁のところに平地が広がっている所です。そうでなければ、かなりの標高のある低い山に囲まれた一種の盆地、海抜の割に高い盆地ですが、日本の街ができる地勢というのは大ざっぱにいえばその二つしかありません。

森林を伐採するのはけしからんというけど、日本の場合、山岳地帯というのはべらぼうに多いんです。だから森林を伐採して平地にしてということは、僕はそれ自体が悪だとちっとも思っていません。日本というのは山と海とに囲まれた狭い地域とか山の中の盆地というところに街がつくられていて、その面積は、皆さんがデータをお調べになればすぐにわかりますが、非常に少ない領域です。

ですから人工の都市をつくる可能性はたくさんあります。もちろん海のほうに広げるというのは安直ですから、東京でもやられているし、一番見事にやられているのは福岡だと思います。そういう意味合いで都市として発展すると思えるのは千葉ですが、そういうところは現にやられています。しかし、そうではなくて、人工的な都市をつくれという場合には、内陸部で山を削るということになっていくのではないでしょうか。

それくらい日本の街というのは全体領域としていえば狭いし、森林が伐採されているといいますが、森林の伐採されている度合いはきわめて少ないことが皆さんがデータを広げてご覧になればすぐにわかります。それほどイメージが違ってしまうんです。社会的通念としていわれているイメージと、皆さんが本当に目をさらしてデータを調べてというふうにされたら、まるでイメージは違ってしまうと思います。異化領域の問題としてそれをもっと広げていくと、その問題というのは存在すると僕には思われます。

過密領域

それから視野が重なっていく過密領域、重畳領域ということになりますが、これには過密重畳現象のあまり、イメージのいくつかの特色が表れます。それをいくつか挙げておきましたが、一つは重畳現象があまりにひどくて極端で、視野を行使すれば十人分の視野ぐらいはすぐに集まって重なって見えてしまうというかたちになってくると、イメージと現実とが同一化して、溶け合ってしまうという現象が起こります。錯覚としてなら皆さんも体験されたことがあるでしょうし、僕も体験したことがあります。おやっと思って、これは現実のビルの窓から見ている光景とは思えないよとあるときある瞬間に感じたということは誰にでもあるでしょうが、現実とイメージとの溶け合いが起こってしまうというのが一つ重要なことです。

僕が唯一こういうのを具体的な視野で見たのは、後楽園の遊園地で観覧車に乗って、ジェットコースターが走っているそっちのほうを見たときの視野が典型的にそうです。後楽園内部の建物とか、ジェットコースターのレールもそうですが、そういう設備と、その周りを取り巻いている三、四階の低いビル、その向こうの後景に見える割合に高いビル、そういうものとの区別がまったくつかなくなることがとてもよくわかります。

つまり、人工的な一種のキンダーランド、子ども子どもした稚拙な場所が町中にあるとすると、それはある視覚から見ると、町中のほうが遊園地の続きなのか、それとも遊園地のほうが町中の続きなのかは区別がつかないというふうに、景観を体験することができます。僕は少なくとも観覧車に乗ったその視覚から見た後楽園の遊園地というのはそういうふうに見えて、大変興味深い場所だと思っています。

その手のことはある瞬間あるとき誰も体験するということはもちろんそうなんですが、重畳領域における作用、あるいはそれに視覚あるいは視覚的イメージが慣れていく作用というのは、イメージと現実のものとの区別がだんだん溶け合ってしまう体験だと思われます。これは現在では技術的にもっと高次な体験を機械的にすることができる装置ができていると思いますが、機械的な装置ではなくて、具体的に現実の都市の中の場面として重畳した領域というのは、イメージと具体的あるいは現実的な街との境界が溶け合ってしまう、わからなくなって同一化するということが起こります。

もう一つ起こることがあります。この都心でもある場所からある視覚であれば必ず、境界が溶け合ってしまって、映画でも見ているようだなという感じを体験することはできるのではないかと思います。

感心した長島温泉

僕が境界の溶出ということでもう一つ体験したのは、名古屋から三十分ぐらい行ったところに、長島温泉という俗悪無類のといわれている温泉場があるんですが、そこはびっくりしたところです。たとえば旅館がビルになっていて、もちろん温泉が中に引いてありますし、共同浴場もありますというふうにできている。そして共同浴場から手ぬぐいを引っかけて部屋まで帰る途中の両側にスタンドやバー、飲み屋があったりして、そこでお湯に入った帰りがけに一杯ビールを飲んでということが通路からすぐにできる。また朝は朝市がビルの中に立って、海産物とか干物とか第一次産業の産物をそこのビルの中で買うこともできるし、もちろん見ることもできるというふうになっていました。

それから下駄を突っ掛けたら怒られてしまうから靴を履いて庭から下りると、庭の続きが後楽園遊園地みたいなキンダーランド、遊園地になっていて、ジェットコースターもあれば観覧車もあり、子どもと大人が遊ぶ何でもあります。おまけにヘリコプターの基地まであって、一人二千五百円か三千円を出せばヘリコプターでそこから飛び立って、あたりを三、四分見せて戻ってくる。それがちゃんと庭続きにそういうふうになっているということで、そこでも境界が溶けてなくなっているわけです。

僕はそれに大変感心しました。温泉場といえば深山幽谷《しんざんゆうこく》の山の中の湯、お風呂場で人里離れてたまにはゆっくりしたいなとも思いますが、長島温泉的にあそこまでやれば、これはどうしようもないよというくらい、すごいものだなと思いました。金は取られるわけですが（笑）、うまくできていて、サービスから何から、不愉快とか不便に思うことは何一つない。深山幽谷の温泉場もいいけれども、その場合には多少何とかが不便だなとか、ここで一杯飲めたらな、でもそれはちょっとできないなとか、ここで何々を食べたいんだけど、それは無理だなとか、いろいろ制約がある。つまり第二次産業、第三次産業を犠牲にして深山幽谷で休むわけですが、こっちのほうはそういう意味合いでは至れり尽くせりです。とにかく文句をつけさせるところは、金だけですね（笑）。金が高すぎるよと文句をつければ別ですが、それ以外には何もない。

これは一つの極限の見事さで、ここまでやるなら感心する以外ないよ、一種の未来都市、未来像だよという感じです。そういうことばかりいってよくこのごろは怒られるわけですが、歌詠みの会があって、おしゃべりするので名古屋に行ったんです。今日はこれからどうされるんですかと言うから、ほかは一杯でそこしかなかったんだとか言いながら、長島温泉に行くんだといったら、なんて俗悪なところへ行くんだという顔をしてにやにやされたので、ああそうか、そういうところなのかと思って行ったら、とんでもない間違いで、それはインテリの間違いだと思います。そうじゃないですよ。あそこまでやって、これが理想だともしいうならば、それは考えなくてはいけないと思います。

たとえば日本の国家、社会、アメリカの国家、社会、フランスの国家、社会、欧州共同体がどう行く可能性があるかというと、そう行く可能性が一番多いと思います。それが本当に理想かどうかというのは、金がかかりすぎるとか、それはほかの何とかを犠牲にしているんだとか、もしかするといろんなことがつきまといます。しかし、これが理想だというふうに行く可能性が一番多いのです。これはばかにすることができないと僕は考えています。これをばかにすると、理想というのはどうしてもソ連・東欧型、中国型になっていく可能性のほうが多いんです。だから僕はこれをばかにしてはいけないぜ、この問題は大検討しなければだめだぜと思います。

僕は長島温泉というのは感心しました。つまり、境界が溶けてしまう。それから第一次産業的なもの、第一次段階的なものをビルの中に内包してしまうという働きを完全につくっているわけですが、そういうことを少なくとも見かけ上はやってしまっています。これを徹底的にやっているから、いってみれば一種のユートピア、昔の初期の社会主義者が夢想したものから比べれば逆ユートピアなのかもしれませんが、一種のユートピアには違いないので、どこも不愉快なところが何もない。金さえ問題にしなかったら文句ないというふうにだいたいなっていると僕は理解します。ですからこれは重畳領域の問題としては重要な問題の一つになると思います。

高次の映像化と異化作用

この問題はさまざまな模索のされ方をしています。たとえばこういうのを具体的に設計するのは都市設計家であるとか、その中にどういうビルを配置してといった場合には建築家が主体になってプランを立てるでしょうし、施工主として私企業とか地方自治体が金を出すでしょうし、材料を吟味して具体的にやるのは技術者であり工員さんなりというふうになるでしょう。さまざまな人たちがさまざまなプランでもって、どれが理想的な都市で、どれがそうでないのかということについて、さまざまな試みをしているわけです。

この場合に何が問題になるのかというと、建築とか都市ということが何なのか、どういう理念、考え方が理想なのかという、個々の建築家とか都市プランの設計家、あるいは建設企業の頭脳というものの考え方が問われると思います。そこで問われる問題が理想の問題に対する一つの具体的な模索ということになっていくと思います。

ここでは映像が高次化していくことにどういう対応の仕方を具体的にしているかということの例を二つ挙げておきました。一つは青山の製図専門学校の新しいビル、渡辺さんという建築家が設計してやったものだそうですが、何が問題なのかというと、屋上のところにアンテナみたいなのがあるわけですが、どこにもシンメトリーがないように、言ってみれば昆虫の頭と触角みたいなものが上のほうに出っ張ってきています。ご当人が述べている、こういうふうになぜしたかということの理念としては、建築学的なプロテクトを、殊に一番上のところでやることをやめたという試みだといっています。

建築的なプロテクトの装置を使うことをやめたんだということにどれほどの理念的な意味があるかは、建築専門家的には僕はちっともわかりません。しかし、これが生のままの天空、僕の言い方をすれば、天上から下のほうに下りてくる視線ですが、われわれはこのビルのてっぺんのところを見る場合、具体的な視線を上のほうにして見るわけですが、そのときこれをイメージとして見ようとすれば、それに対しててっぺんのほうからもう一つ視線が加わっているというところをイメージすれば、この屋上の形というのはイメージとして見ることができるわけです。

この人は天空の上から来る曝射、さらすという作用に対して何もプロテクトしないということを意図することによって、一種の建築の存在根本みたいなものを主張しようとしたと思えます。この人の解説もわかりにくい下手くそな文章なんですが（笑）、言いたいことはきっとそうだと思います。アンチ・アンチロマンという言い方をしていますが、そんなことはどうでもいいので、要するに一種の異化作用も含めて、高次映像をプロテクトなしに上からの視線、天空からの視線にさらすということを意図したと思います。

これが理想の建築であるか、もっと敷衍して、理想の都市はそういうふうにすればいいのかといえば、たくさんの異論が出てくるだろうし、本当にそうかどうかはなかなか難しい、わからないわけです。しかし少なくともこの建築家は、現状では飽き足らないというか、これでいいのか、つまり平均人でいいのか、平均都市でいいのかということなのか、東京はこれでいいのか、あるいは東京をもっと悪くしてやれというのかもしれませんが、何かをしようとしているということは確かで、そのしようとする場合に、高次の映像化と一種の異化作用とが混合して、ここに設計を試みて実際につくってしまったということだと思います。

浅草のうんこ

もう一つ僕はしばしばお目にかかりますが、浅草へ行けば、吾妻橋の向こうの旧アサヒビールのところに、僕らが大げさにいうんじゃないけど、「うんこだ、うんこだ」といっている（笑）、火の玉みたいな黄金の何かが屋上につくってあるでしょう。これはフランスの建築家だと思いますが、これもつくった人の解説とか理念があります。一つはシュルレアリスム的な異化作用と映像高次化、つまり無意識の何かに訴えることを自分は考えているんだといっています。もう一つはスケール感をなくそうと考えた。そのスケール感という意味がよくわからないんです。なぜこんなうんこみたいなばかでかいものをつくったんだという、ばかでかいということがこの人のいっているスケール感を無視したという意味なのかなと思うんですが、本当は何をいおうとしているのかよくわかりません。しかしその二つのことをこれを設計した建築家は解説しています。

ところで、ときどき浅草へ飲みに行くと、向こうを見たら、「おやっ、またか」。要するに、「ばかにすんな」。そう思いませんか？　これを見ると、「ばかにしやがって」と思うわけです（笑）。「ばかにしてやんな、あんなものつくりやがったな」という感じと、しかし、「よくもつくったね、大胆だね」という賞賛する感じと両方ですが、そう思わせることはこの設計家の意図の中に入っていたと僕には思えます。つまり見るたびに、「ばかにすんな」というのと、「へー、やるね」というのと両方あります。

たとえば糞尿というのは第一次産業の肥料です。エコロジストは有機農法ということで、そのままいまでもそうでしょうし、そうでなくても農業、第一次産業の出発点、起源というのはそこから始まりました。この人はそんなことは考えていなかったでしょうが、僕流の理論的な割り方をすれば、第一次産業を第三次産業の頭に載せようとしたところがミソです（笑）。つまり、この人がやったことは何かというと、産業の第一次段階を第三次段階の頭に載せるというふうに考えたのです。

頭に載せるとどういうことになるかというと、誰だって、「このやろう」と思ったり、「ばかにすんな」と思ったり、「いやあ、すごいこととしてやがんな」と思います。これは浅草、台東区民、その地域だけではなくて、万人に対して糞尿のイメージを振りまいている。地面にそれがつくられていれば、またいでいったり、よけていったりすればいいわけですが、頭の上にあるので、誰でも仰ぎ見てしまったりしますから、誰でも多少は糞尿の被害を免れない（笑）というふうにちゃんとつくったと思います。そう意図したかどうかは別として、この建築家のやった設計の意味というのはそういうものだと思います。

これはある程度エコロジストの考え方と似ているわけです。つまり、全部が第一次産業、自然相手の産業である原始、快適な社会というのが理想の社会で、そういうふうにあったほうがいいんだとか、緑を大切にしたほうがいい、都市のビルディング街なんてこんな索漠としたものはない、これはなくなったほうがいいんだと考える考え方と大変よく似ています。

そういうエコロジストの考え方をどうすれば実現できるかというと、国家を掌握して、政府をつくって、大都会を皆ぶっ壊して原っぱとか耕作地にしてしまえば、エコロジストが主張しているように理想的になります。しかし、そんなことをどんなおかしなやつが考えたって、いまさらできあがったビルを、「政権を取った、さあ皆ぶち壊せ」というのは、ヒトラーでもやらなかったことです。つくりかえることはしたけど、そんなことはヒトラーでもやらない。しかしエコロジストが主張していることはそういうことです。

よくよく考えると、エコロジストの主張しているのと同じことをやろうと思えば、イメージでやる以外ないのです。そうすると、これは唯一のやり方です。僕はこの建築設計家はエコロジストか超モダニスト、つまりハイパーリアリストかどっちかは知りませんが、たぶん後者のハイパーリアリストではないかと思えるんですが、行き着くところはエコロジストと同じことがイメージにあったということとの意義になります。

僕の感受性が正しいとすれば、万人誰でも浅草の吾妻橋の際まで行って、思わず見てしまった場合には、「えっ、人をばかにしてやんな、このやろう」と思いながら、「しかし、よくもやったね」と感心したり、どちらも思うと思います。ご当人はそうはいっていないで、浅草の地域の人たちも企業人も喜んでくれたと書いてありますが、ほんとかね（笑）。喜びもしたでしょうが、「よせやい」と思わなければ嘘じゃないかと僕には思えます。しかしこの人がやったことの意味は、エコロジストのイメージを天上から振りまくやり方だと思います。それが先進社会での都市のあり方を壊さないでできる唯一のやり方です。

しかし、中にも入ったことがありますが、これが理想のビル設計の仕方かとか、都市はエコロジストのいうようにすればいいのかとなっていけば、エコロジストのいうように具体的にやったらどうしようもない、気違いのやり方ですが、ビルは皆ぶち壊す以外ないわけです。そうでなければ、上からいつでも糞尿が振りまかれているように人工都市をつくる設計の仕方というのが何かすればイメージとしてできるのかもしれませんが、そういうやり方は唯一だと思うけれども、それが理想的な都市のあり方、理想的な建物のあり方、理想的な国家、社会のあり方だと僕にはとうてい思えません。

「理想でないならどうするんだ、いまさらどうしようといっても遅いじゃないか」という地域もあります。つまり、日本も含めて先進社会というのはそうなっていますから、エコロジストがいうようにはなるはずもないし、そんなことをいったってどうしようもない。理想の社会をつくるならば人工的につくればいい、人工都市をつくる以外ないというふうに日本だってなっています。人工都市ならば、日本というのは山岳地帯が多いし、海に囲まれていますから、それでも可能性はあります。

しかし、生のまま可能性があるのは第三世界だけだと思います。僕の言葉でいえば、アフリカ的段階だけにはその可能性がある。その可能性をアフリカや中近東の為政者が実行するとはとうてい思えませんが、理想的なあり方が可能だと思います。ほかの地域と違うところは、森林とか草原が広々としてあるということです。そこではやりようによっては生のままで可能性があると思いますが、そこぐらいしかないと思います。

日本でやるとすれば、山を削ってしまうか、海に出っ張ってしまうか、それでなければ第二次産業が少し衰退してきたところに地域を使って人工都市をつくる、西武がつかしんでやったみたいなやり方をするか、それしかないでしょう。

吾妻橋のアサヒビールは、建築家としてどの程度でどう評価されているか知りませんが、フィリップ・スタルクというフランスの割合に若手の建築家が設計したものだそうですが、ご自分では企業主も地域の人も大変喜んでくれていると書いています。しかし話半分に聞くほうがいいと思います。半分は喜ぶかもしれないけど、半分はばかにすんなと思っていると僕は考えます。

これらの試みは現在の建築設計家の試みとしては先鋭的で、意欲的には十分で、いいな、結構だな、つまり現状に不満だということでやっているわけで、これだけ意欲があればいいよなと思います。

クレオール化

それは何をしているのかを僕流に定義すればどういうことなのかというと、クレオール化ということだと思います。クレオール（稚拙化）といってありますが、クレオール化というのは必ずしも稚拙化ということだけではないんですが、要するに第一次産業、あるいは第二次産業でもいいんですが、それと第三次産業……［テープ交換、欠落部分あり］ということが目立つように起こってきます。

これは言語でいうと一番わかりやすいでしょう。たとえばクレオール化という言葉が始まった一番元になったところでいえば、カリブ海だから中米か南米の島でしょうか、アフリカ人が原住民で、インド人が到来人としてそこにいて、フランスの植民地でしたのでフランス人がそこにいて、三者が混血した。ゴーガンが行っていたところなんかそうだと思います。

そういうところで言葉はどうなるかということですが、人口としてはアフリカ人が多くて、フランス人が少数です。しかしフランス人のほうが勢いが強くて、原住のアフリカ人がその次でというふうになっていたとすれば、たとえば文法構造だけはアフリカ語で、実際に使われる言葉はフランス語に似ていて、単語もフランス語に似ている。しかしフランス語かといったらそうではなくて、原住アフリカ語と境界が溶け合って、どっちでもない第三の言葉ができているという現象をクレオール化というわけです。

日本の場合でも僕の考え方ではいえると思います。大ざっぱにいうと日本人あるいは日本語というのは、縄文的な旧日本人と弥生的な新日本人、その二つからできている。そうしておいて現在の日本語、つまり奈良時代以降の日本語というのはどちらの言葉でもない言葉になってしまっている。ですからこれは一種のクレオール化です。それが日本語だと思います。

ですから近隣の言葉と対比することができない。あるいは対比すれば皆そう思えてきてしまう。たとえば大野晋さんという専門の言語学者は、南インドのタミール語と日本語とは似ている、だから日本語の起源はタミール語なんだとおおまじめにいうでしょう。パプア・ニューギニア語と似ているという江実という言語学者もいます。それから素人の人で日本語は韓国語から来たものだという人たちもいます。韓国の慶尚道地区の方言から日本語は発したんだという本も出ています。さまざまなのが出ていて、皆やるとそう思えてくるようになっています。

日本語というのはどうしてそうなっているかといえば、要するにクレオール化した言葉だからです。本当は近隣の何とも似ていないんですが、旧日本語と新日本語との混血だということだけは大ざっぱにいえばいえる。小ざっぱにいえばそんなことをいってはいけないので、たくさんの種族が入り交っているわけですが、そうではなくて大ざっぱにいえばそういえると思います。それはどちらをどっちといってもいい。中央アジアに近い北方大陸のモンゴル人系の言葉と似ているというのが基層にあって、南方、東南アジアとか南中国から来た言葉がそれに被さっていって、といってもいいし、その逆で、南方語が基層にあって、北方大陸系の後アジア的な人たちの言葉がそれに被さって日本語というのはできた。どちらということは確言できないし、僕は確言しませんが、そういうものだと大ざっぱにいってもいいと思います。

タミール語というのはさかのぼると何系かというと、ポリネシア系の言葉です。マラヤ・ポリネシアといったり、マラヤ・ポリネシア・チベット系の言葉といってもいいんですが、タミール語というのはそういう言葉です。パプア・ニューギニアの言葉もポリネシア系の語族の言葉です。

ですから専門家がやっても素人がやってもだいたい似ているのをつかまえてくる。それを抜き出してきて、ほらほら同じようだろうということはいくらでもできるわけです。しかし僕の理解の仕方では、それは日本語をかたちづくっている二層のうちの一層がそれと同じ語族から発しているだろうから似ているように見えるんだといえます。それからもっと北方だよ、ギリヤークといったところの言葉と似ているんだよという言語学者もいます。それもそういうふうにつかまえてくれば似ている言葉を突き出すこともできますし、似ているといえばいえそうなところもあるでしょうということだと思います。

かくのごとくクレオール化が起こると、どちらにも似ていない第三の言葉ができるわけです。その第三の言葉ができた場合には、言語学者にいわせれば、一種の稚拙化が起こるそうです。これは日常体験することができます。たとえば韓国人でも中国人でも日本語を使うと、「私、中国人」とか「私、韓国人」というでしょう。また日本人が韓国人や中国人に日本語を説明するとき、ちゃんと日本語でいえばいいんだけど、ときどき「私、日本人」というふうに、助詞とか助動詞を抜かしていいたくなるということがある。それは稚拙化の一種で、二つの違った言語が境界面でぶつかってきたところに起こる一つの現象です。

稚拙化の表れ

僕の理解の仕方では、これらの先鋭的、前衛的な建築設計家たちが設計して実現しているもの、それから部分的にいえば人工都市、人工地域みたいなもので現在やられているモダンあるいは超モダンなプランというのは、一般的に概していえば稚拙化の表れだ。段階の違う境界面にぶつからざるをえなくなって、ぶつかったあげく稚拙化が起こっていると理解するのが一番いいと思います。

現在の建築というのは、名だたる建築家たちが設計したと称せられているもの、稚拙化といってしまえばいいきれてしまうみたいなものが多いんです。それは問題意識を煮詰めていくと、段階の違う、産業でいえば第一次、第二次、第三次というように、つまり第一段階、第二段階、あるいは第一層、第二層、第三層というふうに、レイヤーの違うものの境界面にぶつからざるをえなくなっているから、その種の設計とかプランができてしまうということがあります。つまり、高度だと思っていて、たしかにある面は高度なんですが、別な面から見ると、一種の稚拙化が起こっているといっていい。

ですから一人の人はシュルレアリスムの方法が有効だと思うみたいなことをいっていますが、シュルレアリスムみたいに無意識を解放すれば稚拙化がそういう面から起こるのは当然だともいえます。しかしシュルレアリスムの問題ではなくて、イメージの問題としていえば、超シュルレアリスム、ハイパーリアリズムという問題になっていく。つまり、現在およびこれからの無意識をつくるということの問題がイメージの先端的な問題なんだと僕には思えます。

この先端的な問題と理想的な問題とは必ずしも一致しませんが、理想というのは先端的であればいいか、新しければいいか、全部間違っているから間違っていないやつを選べばいいかといったらそんなことはないので、いつでも一般人的なもの、平均人的なもの、あるいはそのときの平均都市的なものを絶えず他者としてこっちに持っていなければ、どんな先端的な試みも危ういでしょうね、と僕自身は考えています。

僕が自分なりの考え方で都市論をやってきて、いま自分なりにはわかってきたと思えているところはそこらへんまでで尽きてしまいます。だいたいお話しできたと思っていますから、一応これで終わらせていただきます。

第六章
農業問題

解説

吉本隆明のファンには農業者もたくさんいた。彼らは米価問題やオレンジ輸入自由化問題などが起きて、日本の農業が危機の時代に突入していった頃、農業の問題についての吉本隆明の考えをどうしても聞きたいと思って、熱心に講演を依頼した。そういう申し出がくると、彼は遠いところにでも喜んで出かけて自分の考えをしゃべった。

食い入るように吉本の話に耳を傾ける農業者を前にして、しかし彼はけっして耳に心地よい話をしなかった。先進資本主義国において、農業人口は否応なく減少していくことになる。農村そのものがいずれ消滅に向かっていくだろう。これは資本主義の原理からするとどうしても避けることのできない、必然的な過程に属するのである。その理由は農業が天然自然を直接相手にする産業だからであり、交換価値を価値増殖の原則とする資本主義では、農業が貧困化していくのを、いかなる政策をもってしても押し留めることはできない。

こういう話を聞かされた農業者はさぞかしがっかりしたことと思われるが、たとえ相手の耳に痛いことでも、それが真実のことならば相手に語らなければならないという信念にもとづいて、吉本隆明は農業者に熱心に語り続けた。その語りの真摯さに、私たちはいまあらためて感動をおぼえる。

エコロジストや有機農法家の考えにたいしても、吉本隆明は一貫して批判的だった。彼は「自然史過程」を一つの重要な判断基準としていた。大きな目で見たときそちらの方向に進んでいくことが、まるで自然史の過程のように必然的であるものにたいしては、それを受け入れた上で、出てきた問題についての対処を考えなければならないはずなのに、たとえ自然史過程に逆行していても「オルタナティブ」なものがすぐさま可能であるかのように言う主張には、吉本はいつでも突っかかっていった。たとえ緑のイデオロギーでもしょせんは幻想領域に属するもので、自然史過程の中でいずれ消えていくものだからである。

私は吉本隆明がこれは自然史過程であると見なしたもののすべてが、ほんとうにそうであるのかということについては、いくつかの疑問を抱いている。しかし彼が農業について語ったことのほとんどが、今では明白な現実となっていることは確かである。そこからの脱出を探ろうとするとき、吉本隆明がこの問題について得た認識はすべての出発点となる。

1　農村の終焉——〈高度〉資本主義の課題

農業の構造と変化

吉本です。ここへ来るのは四回目です。前三回は良寛の話をしにやってきました。

今回は農業問題ということで、もちろん私は農業経済の専門家でも何でもなく、素人ですけれども、「修羅」の同人の方は勉強家の集まりで、おれたちも勉強したんだからおまえも勉強しろということだろうと考えまして、ぼくなりに本を漁《あさ》ったり、さまざまな人たちの論議を読んだりしてきました。

まず本屋さんに行ってみますと、農業問題の専門書ははなはだ少ないことがわかります。ほとんどコーナーすらない。お医者さんでいえば結核専門医になる人がもういなくなったのと同じように、農業経済専門の領域は、たぶんもうすたれた領域になっているんだろうと思います。本来ならば、現在みたいになぜか農業問題が素人の間で口角泡を飛ばしたり、あるいは殺しかねない勢いで論議されているときに、農業経済問題の専門家が、まず専門的な基礎から、農業問題はこうなっているんだということをはっきりと発言され、意見を述べられて、そういう専門家の論議と実証との上で現在の素人論議——私も今日やるのですが——がなされるといいと思うんです。

しかし、現在やかましく論議されている農業問題とか、農業問題に円高がどういう影響を与えるかとか、米の自由化の問題とかについて、専門家で発言されているのは、ほとんど皆無だと思います。皆、専門家ではないのです。

日本は現在、高度資本主義社会ですけど、そのなかで農業あるいは農村がどうなっていくのかという歴史的な推移の問題があります。それからもうひとつ、農業問題はまた都市問題とからまっています。

農業に問題が生じたのはなぜかといいますと、一般に農家は農業耕作と兼業で織物を織るとか養蚕《ようさん》をするとか、あるいは手工業的に細工物をつくるとかいう兼業でやっていました。その規模と需要がだんだん多くなってきて、一家あるいは農村だけでは賄《まかな》いきれなくなって分業が起こり、農業を専門にやるものと織物や紡績を専門にやるものとが分化してきました。その分化した人たちが、便利な立地条件のところにかたまりで移っていきます。そして手工業からだんだん機械工業へ発達していって、それが都市になったのです。

つまり手工業と農業を同一の人が同一場面でやれたときには、農業問題はなかったのです。問題が起きたのは、分業が起きて、農村と都市とが利害相反するようになったからです。専門が分化されてしまって、農業をやる人が機械工業に従事することはできないし、機械工業に従事している人は農業に今さら従事することはできない。そのくらい、専門が分化してしまったことが、農村問題を歴史的に発生させたもとです。

つまり、農村と都市との対立、それから工業と農業との対立が農業問題を発生せしめたものですから、農業問題は都市問題と切り離すことができないのです。逆にいいますと、都市問題の論議をやるんなら、農業問題を切り離すことができないという歴史的な関係にあります。

これも専門家が専門上のことをはっきりさせ、そして現在の段階がどういうところにあるか、全体の歴史的な段階がどういうところにあるかということを基礎に据えて論議がされるべきです。つまり切実な現在の問題とか、そのときどきの円高ドル安が起こってから急にクローズアップされてきた問題とか、歴史的な推移、文明の推移、あるいは人類の歴史の推移とかの大きな流れの中で、現状に起こる切実な問題を論議されるべきです。それで対立が起こるなら起こるというあり方ならば、とても論議がしやすいし、通じやすいのです。

しかし、現在日本でなされている論議は、ぼくが読んだかぎりでは、専門家の発言はほとんどゼロです。とくに専門の研究者の発言はゼロに近いとおもいます。発言しているのはたいてい素人です。素人は宙に浮いた論議になるか、専門的な基礎がないところでの論議になるか、そうじゃなければ、あまりに切実過ぎている問題を全体の問題に広げてしまう、両方がそういう論議で対立してしまいます。その対立の中には、冷静で学問的に文明の推移、歴史的な推移を考える姿勢はありません。都市との対立の問題や、つぶれるかつぶれないかという切実な利害の問題とかを、ぜんぶいっしょくたに論議するのが素人の論議——ぼくもそうですけど——の特徴です。

ある面では、殺しかねないくらいきわどい言葉で論議が飛び交わされるんですけど、本当は両方とも全体のことは何も見てないとか、具体的な現地のことも見てないのが現状だとぼくは考えます。

ぼくも素人としての反省があるものですから、本当なら、専門家の論議しないことを素人が口をだすのはよくないことなんで、しないほうがいいのですけど、素人であるにもかかわらず、割合に切実に考えています。「修羅」同人の方が非常に切実にそういうことに関心をもって、自分たちが勉強しておられる。そしておまえだって都市論みたいなことをやってるんだから、まんざら農村の問題も関係なくはないだろう。本来ならば一緒に論ぜられるべき農村の問題についても、勉強不足では話にならないから、おまえも勉強しろ、勉強した成果をしゃべろということで、素人だけどしゃべることになったのです。

ただぼくは、割に内省する素人ですから、多少ほかの素人の方の論議と違うだろうと考えています。それ以上のことは、ぼくは専門家に及ぶはずがないのです。それから、個々の切実な現場におられる方にこちらが学ばなければならないほどの素人ですから、切実さがそこに触れることは、あまりできかねるかもしれません。しかし、唯一のとりえは割合に広い視野をもっているということでしょう。それから割に内省的ですから、もしかすると皆さんがいかに切実であり、いかに現場におられようと、あるいは専門家の方がおられるかもしれないけど、何か少しくらいは得るところがあることを、お話できるかもしれないと考えてやってきました。もしかするとできないかもしれませんが、それは了解を願うということをあらかじめお断りしておきます。

まず、ぼくなりにできるだけ冷静に、現在起こっている農業問題をみてみます。口角泡を飛ばして論議がされ、対立がある場所に、あらゆる進歩的勢力が入るかとおもうと、保守的な勢力がそこに流れ込み、それからエコロジストがなだれ込んで、余計なことをいうものですから、もうむちゃくちゃで、てんやわんやになって、あんちくしょう殺しちゃえというくらいの論議になっている局面もあります。それから、さきほどぼくの前に話された方のように、現場におられて切実なところでやっておられても、きわめて冷静に抑制的にお話になられる方もいます。

ぼくも本を読んでびっくりしたんですけど、もう殺しかねまじき発言をする人がいます。それがみんな素人とか、ほかからなだれ込んだ政治運動家くずれとか、市民運動くずれとか、エコロジストくずれとか、全部がそこに入ってきて、本当の農家の人とか、本当の都市サラリーマンはどこにいるんだというふうに、どちらもどうしようもない感じです。しかし、対立だけは鮮やかに浮かび上がってきて、その論議たるやちょっとあほじゃないかという論議しかない、そういう現状です。

そこでぼくなりに、現代の農村、あるいは農業の問題はどうなっているか、勉強した範囲で入っていきたいとおもいます。都市論から入ってもいいんですけど、遠回りになりますから、農業の具体的な問題をできるだけ冷静に話して、もし時間が許すならば、最後に、現在、口角泡を飛ばしてやられている農村対都市、農村チャンピオン対都市チャンピオンの対立の仕方に触れて、その問題点をぼくなりの観点から批判してごらんにいれようとおもいます。

農家の経済

まず、ぼくが依ったデータは、『農業白書』の昭和六一年度版です。そこから、適当に重要だとおもうところだけ、ぼくなりにピックアップして、アレンジしてもってきました。ぼくが一生懸命現場をあたって調査して出したデータでも何でもありません。書店に行かれれば、どこでも売ってますから、それをご覧になれば、冷静なデータが出ています。そのなかで、ご自分の切実だとおもうデータをよくご覧になれば、問題の所在はわかるんじゃないかと思います。ぼくは専門家ではないし、また別にそういうことを隠す立場ではないので、何に依ったかというのをはっきり申しあげます。いろんなものを読みましたけど、結局、『農業白書』のデータが割合に高度で妥当性があるとぼくには思われました。そこから入っていこうとおもいます。

皆さんのほうで、そんなことはおめえがいうまでもなく、切実な問題だというのはみんな知っているんだという場合は、ここでもう一回復習するという感じで、そうじゃなければ、あいつは間違ったことをいってるとか、そういう感じで聞いてくだされればよろしいとおもいます。

どこから入ってもよろしいんですけど、まずはじめに、現在の農業の構造と農家の経済はどういうふうになっているかという問題から申しあげてみましょう。

『白書』のデータはどういうふうにとってあるかというと、前の年の同期に比べて増大しているか減っているかという率を、昭和五八年度から六一年度までピックアップしています。どういうことをいっているかといいますと、まず①の「農業就業人口」（図15参照）です。昭和五八年度の農業就業人口はマイナス4％です。これは、五七年度に比べて就業人口が4％減ったという意味です。

その次は、「農家の戸数」です。五八年度の農家の戸数は前の年より約1％減っています。「耕地面積」は前の年より0・何％か減っています。それから「農業所得」――これは総所得だとお

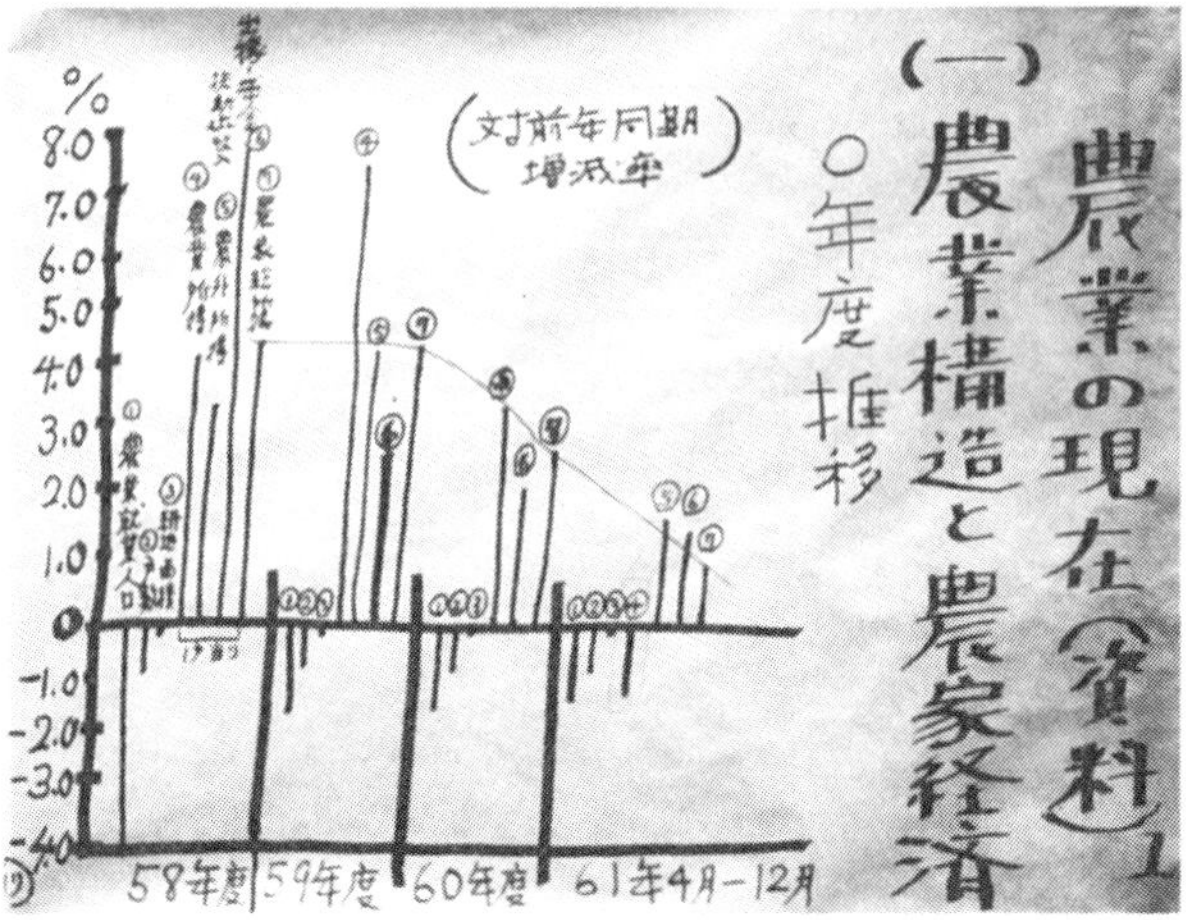

図15　農業構造と農家経済

もいます——総所得は前の年に比べて4％増えました。それから「農外所得」——農家で農業以外のことで得られた収入——は前の年に比べて3％ぐらい増え、いちばん増えたのは、出稼ぎとか年金とか年金扶助とかその他の雑収入で、それは一戸当たり前の年に比べて8％ぐらい増えています。これを全部ひっくるめた一戸当たりの総所得は、だいたい4％ちょっと増えています。

五九年度は、「就業人口」は前年度から2％減って、合わせるとどんどん減っているという意味になります。

みんなマイナス点になっていますから、現在に近づくほど減っていることを意味します。「農家の総所得」もだんだん減りつつあります。前の年に比べて増えているんですけど、率としては減りつつあるというのがこのグラフからわかります。

つまり、農家の所得は概して前の年に比べて年々増えていっています。しかし、よくよく考えてみると、これをそのまま延長すれば、来年はまたもっと減るかもしれません。再来年はもっと減るかもしれませんよ、ということを意味しているかもしれません。何か特別な異変が起これば別ですけど。それでも前の年に比べてマイナスにはなっていない。増えていることは確実に増えている。増える率も減りつつありますけど、現在、依然として農家の総所得は増えつつあります。しかし年々、現在に近づくほど、あるいは未来に近づくほどかもしれませんけど、減りつつありますよというデータになっています。

これはとても切実なんじゃないかという気がします。つまり、一面では農家の所得は増えています。対立する都市のサラリーマンから、農家の所得は増えているじゃないかといわれている理由だと思いますけど、農家の人から見れば、いや、増えてる増えてるというけど、だんだん心細くなっているんだ、増え方が少なくなっているんだぞという問題だとおもいます。このことは、現在のさまざまな論議の中で、感情論を抜きにしてみれば、相当切実な問題なんじゃないかとおもいます。

これは『白書』に書いてあることで、目新しいことじゃないんですけど、よくよくグラフを読んでご覧になると、切実なことがいろいろわかります。感情論ではごちゃまぜにしていることが、本当は分けて考えなきゃいけないのです。

農業人口は減りつつあるし、農業就業人口も減りつつあります。それから農家の戸数も減りつつあります。年々増えた兆候はないですから、とても重要なことを暗示しています。もっと未来になったら、なおさら減っていくんじゃないかということが、このグラフの自然の推移からいえるのです。

これは論議の問題でもなく、こうなるのが理想だという問題でもなく、現状および過去とこれからの問題として、自然の推移をとれば、農家の戸数はだんだん減っていくだろうし、人口も減っていくだろうということです。収入は依然として増えつつあるけど、収入の増え率は減りつつある、といえます。これは具体的な推移の事実の問題です。ここには、どんな感情論も入る余地がないのです。このデータが正確であるかぎり、感情論は入る余地がなく、そういう趨勢《すうせい》は、ちゃんと頭に入れておかないといけないのです。そのうえで、所得をもっと増やさなければいけないとか、農家の人口を増やさなきゃいけないという論議とか、農家の所得は多過ぎるから減らせという論議とか（竹村健一さんの論議にはそういうとこがあります）、こうあったらいいという目標とか見解が起こるのです。起こり方はさまざまでもいいけど、まず一般的な推移から推察できることは、はっきりさせておいたほうがいいので、そのうえで論議がなされるといいとおもいます。その意味で、これは重要なものだと考えます。

その次に取りあげたのは、労働者と比較した「農家の家計費」はどうなっているかということです。農業以外の一般労働者、工場労働者とか製造業の労働者とかの家計費を100として、農家の家計費を四五年度から六〇年度まで掲げてあります（図16参照）。四五年度を除いて、農家の家計費のほうが都市労働者の家計費より多いということがわかります。個々の方々が、いやおれのとこは少ないとか、おれのところはもっと多いという人もおられるでしょうけど、これは総所得の平均ですから、平均では農家の総家計費のほうが多くなっているのが現状です。だけど、

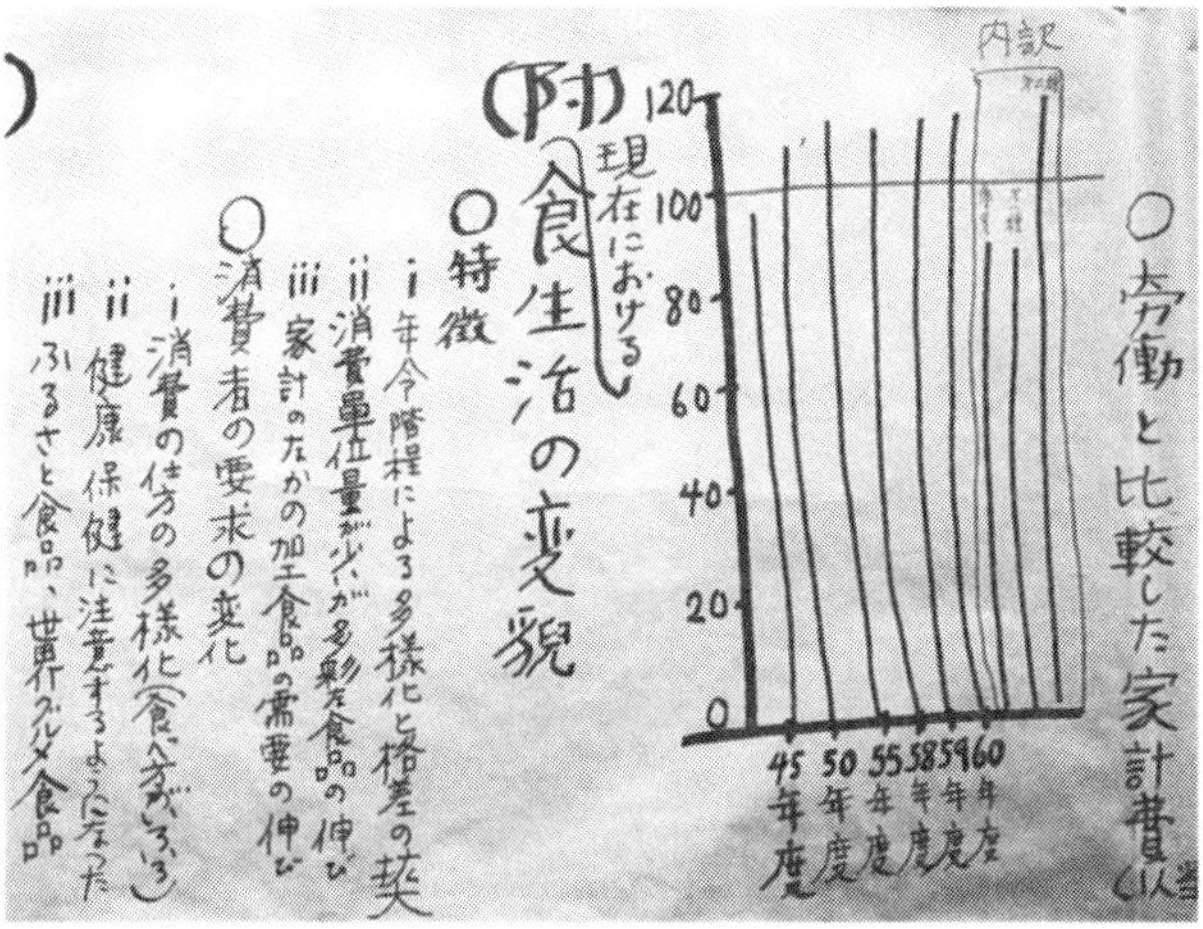

図16　労働と比較した家計費／現在における食生活の変貌

内訳をいいますと、専業農家の家計費は、本当は工場労働者とか製造業の労働者より少ないのです。１００に対して、90くらいです。

それから、第一種兼業農家というのがあるでしょう。第一種兼業農家というのは、皆さんのほうがよく知っているわけで、いうのが恥ずかしい気がしてしょうがないけど、ときどき内職に近所の工場に働きに行くとか、事務所に働きに行っているのが第一種です。第一種兼業農家の家計費も、工場労働者の家計費の平均より少なくなっています。第二種兼業農家というのは、うちは農家で農業もやるけど、定期的にちゃんとした全日制の勤めに行っている農家です。第二種兼業農家の家計費は、都市労働者の家計費より多くなっています。ここのところが竹村健一さんの論議を見ると、非常に癇《かん》にさわっているところ、感情論になっているところだという気がします。

しかし、よくよく内訳を見てみれば、本当に専業に農業をやっている人の家計費は少なくなっています。これも論議の事実的な基礎をはっきりさせる場合に、非常に鮮やかなイメージを与えるものだとぼくには思われます。これはおもしろいのです。反竹村健一とか、反大前研一という人たちの中で、家計費が多いということと生活が豊かであるということは別じゃないかという論議をする人もいます。いろいろですけど、現在みたいな素人論議と感情論と、変な政治運動家崩れみたいなのが入ってきて、やたらに都市と農村の対立をあおっているのがありますけど、そういうとてつもないやつの論議を聞く前に、まずちゃんと事実としてこういうことがいえますよということをはっきり押さえておいたうえで論議されたほうがよろしいんじゃないでしょうか。

それから、そういう問題に付随して、現在、食生活はどういうふうに変わりつつあるかということをちょっと申しあげたいとおもいます（図16参照）。これはぼくがいわなくても、皆さんが実感でおわかりですし、『白書』にもとってもよく書いてあります。現在の食生活は、まず年齢によって多様化しています。もし食生活の消費に対応するように農業をするほうが経済的に有利だとしたら、とくに都市なんかそうですけど、年齢層によってずいぶん主食と副食の食生活は多様化しているといえます。

ここらへんは、ぼく自身、実感でとてもよくわかるのです。自分のうちでも、子供は一食ぐらいはどうしてもパンあるいは洋食の主食じゃないとだめだみたいになっています。そこらへんは妥協できるのです。子供のほうも妥協して、こちらの年代用の主食とおかずに合わせることもできるから、まず争いは起こらない。しかし別々にします。時間も別だし、食べるのも一食ぐらいは別だ、みたいなことは起こっています。

それから、ぼくのところでも切実になるだろうなと思えるのは、ソースの好みがまるで違うのです。ぼくらはソースというと黒い色をしててダボダボという、おしょうゆみたいな色をしているものしか思い浮かばないけど、子供たちが作ったり食ったりしているのは、洋食からくるソースで、実に多様なソースです。ぼくらはちょっと嫌だなというか、こいつはどうも口に合わないなという、何となく全部お酢が入っているみたいな感じと外観が気持ち悪くてしょうがねえなとか、あまり妥協できないところがあって、違うものをかけて食べたりします。だけど、こっちが年とって足腰立たなくなって、子供が食事を作る場合、ソースというのは、もう決裂だなという感じです。将来を考えると、暗澹《あんたん》としてくるので、ソースの多様性ということでは、もう若い世代とわれわれとは全然違っている。年齢・階級によって食品の多様性と、それから格差が違うということが、現在起こりつつあります。

それから、みんな関連しているのですけど、さまざまな食料・加工品が出回っています。これは農業の問題でいえば、農産物加工の問題と対応する気がします。

また、家計費と関係しますけど、加工食品を買っておかずにする、あるいはもとから作ることはしないということが、都市では多くなりつつあります。これらの変化を消費の変化に対応させて農業の構造を考えるなら、こういう点が都市サラリーマン、都市の一般大衆の消費の形と対応がつくといえそうな気がします。そんなことはいうまでもなく、日本の農業がやりつつあることには違いないんですけど、このへんまでいわれてしまえば、非常に明瞭に農業のやり方とか構造は、どう変わったら対応できるかという問題が出てきそうな気がします。

それから、消費者の要求の変化や消費の仕方が多様化している、つまり食べ方がいろいろになっているし、加工の仕方、あるいは加工製品の要求の仕方がいろいろになっているということ。もうひとつは、有機農法と関連するんでしょうけど、食品による健康に注意するようになったということが、都市の生活者でもいえます。これは栄養のバランスの面からも添加薬品についても注意するようになったということです。これも農業の問題と関連します。健康・保健に気をつけた農産物、あるいは農産物加工品の製造は、一種のモダンな問題です。

つまり、昔の農業はよかったという観点、エコロジカルな観点からだけではなくて、現代的な要求として健康・保健に注意するということに対応する健康食品といいますか、原始農業の問題じゃなくて、現代的な問題としてあるとおもいます。だから、一種の食品加工業と同じ意味で、健康食品、あるいは健康農産物の生産とか製造とかが問題になると思います。エコロジストがいうような意味あいだけではなくて、非常にモダンな農業問題としてあるといえそうです。

もうひとつあります。それは、ふるさと食品とか世界中のグルメ食品とかに対する要求とか嗜好が増加しつつあるということです。これも感情論でいうと、ふるさと食品は郷土の産物であり、エコロジストが強調するように、「昔ながらの」ということにウエイトがあることになります。しかしそれだけじゃなくて、非常に現代的でモダンな問題として、都市の一般大衆の消費の中で要求が出てきつつあるという問題です。これも両面から考えることが必要です。

世界グルメ食品みたいなのを好んで輸入して食べるということは、食品輸入が国内の農業経済を攪乱するだけではないのです。世界のグルメ食品に対する嗜好が、都市の一般大衆の消費の中で起こりつつあるというモダンな問題として、切実な問題として起こりつつあるということです。これもそういう両方の基礎から考える余地があります。

これらの食生活の変貌は、都市ほど著しいでしょうし、都市の中でも、大都市ほど著しいでしょう。

これらの消費に見あうように農業構造を変えることが、農業問題として切実であるならば、こういう問題に対して、充全に対応する方向を探る余地があり得るんじゃないかと思われます。その場合、ふるさと食品が対立の一方に属し、世界グルメ食品は対応の一方の側に属するというような対立の仕方は、あほの対応の仕方だとぼくはおもいます。そうじゃないのです。これらは両義性があるのです。非常にモダンな問題であるとともに、非常に昔からの問題です。

食品輸入ということでは、国内の経済に影響を与えるでしょう。しかし、その食品を日本の国内の農業および付随産業がそれとおなじかそれよりいいものを作れるようになったらいいので、これもやはり切実な問題としてかんがえる余地があると理解します。

農業の生産構造の変化

農業の生産構造の変化はどうなっているかという問題を申しあげます。要するに『白書』が指摘するところそのままなので、皆さんの実感にも合うのじゃないかとおもいますし、ぼくらの理論的な推定にも合います。

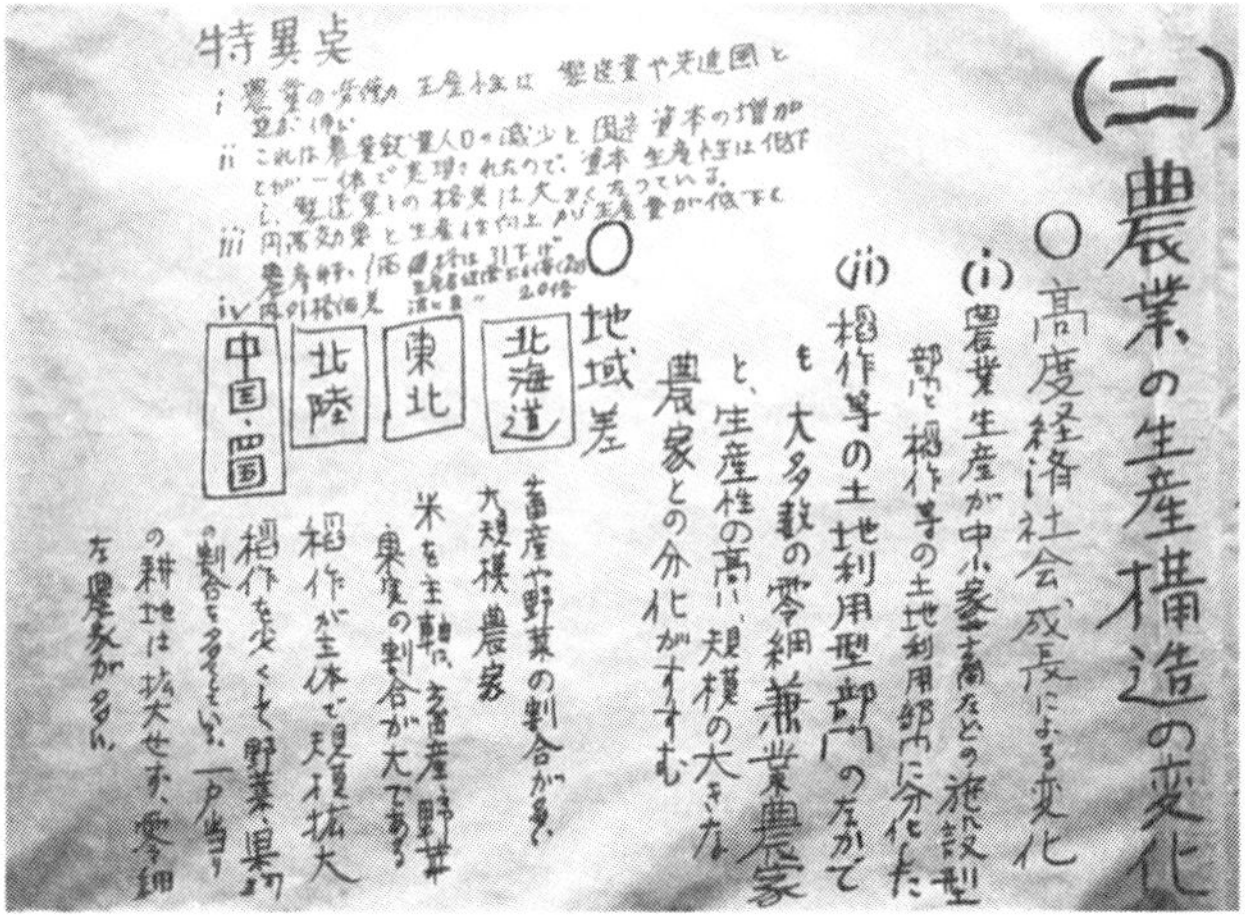

図17　農業の生産構造の変化

ひとつは、農業生産が、家畜の飼育みたいな施設型の部門と、稲作のような土地利用部門の農業とふたつに分化することが非常に著しくなった、これが現在の大きな趨向だといえます。そしてこれは特に日本が西欧並みの高度成長を遂げて、西欧並みの社会に突入したといわれかけたころから、施設型の農業と土地利用型の農業の分化、分業の傾向が著しくなったのです。これらもよくよく考えれば、別段だれがいおうとそうなっているという常識的なことで、ちっとも目新しい問題じゃないといえそうです。

それからもうひとつは、稲作みたいな土地利用型の部門で、大多数の零細兼業農家と大規模農家との分化が非常に進んできました。これは『白書』が指摘していますし、ぼくらも常識的にそうかんがえます。これは非常に切実で重要な問題でしょうけど、ある意味では資本主義社会で農業が資本主義経済、あるいは資本主義経営の型に大なり小なり影響を受けていかざるを得なくなったとき、製造業の労働生産性と農業の労働生産性を拮抗させようとすると、大規模化と機械化とを、だれでも考えていくわけです。そうすると、大規模化・機械化が可能な地域と、それが可能でない地域、農家との分化が著しくなってきます。これらは農業政策、つまり政府とか国家の問題として、とても重要な問題なんだとおもいます。ただぼくらからいわせれば、これはある意味で資本主義経済をとっているかぎり、どうしてもこういうふうになるよなという問題だとおもいます。これをどこまで公正化するかという問題は、政治家とか政府とか、つまり国家の問題だとおもいます。国家はよくよくこういうことをかんがえなきゃいけないという問題に当面しているんだとおもわれます。

今申しあげたことを、地域差的に申しあげてみます。こういうブロックの分け方がいいかどうかわかりませんが、北海道では畜産と野菜の割合が多く、比較的土地が広いから、大規模な農家・農業という趨向《すうこう》になりつつあるといえます。東北地区では、米作・稲作を主軸にして、畜産・野菜・果物の割合が多い、そういう趨向に向かいつつあるし、またそうするのが有利だろうといえます。北陸地区、新潟県とか石川県では、稲作が主体で、この規模を拡大するという課題と趨向とをもちつつあるんじゃないかといえます。中国・四国地区では、稲作を少なくして、野菜とか果物の割合を多くするという課題を控えているといえそうです。中国・四国地方の農家は、一戸当たりの耕地が割合に零細なところが多いので、地域的な特徴を生かしてどうやっていくかという問題があります。

高度経済成長でどうなったかという大ざっぱな特徴はつかめますけど、それぞれの地域で抱え込んでいる課題は、それぞれ異なっているということが、まずいえそうです。地域、ブロックで異なっているといえます。これは昔からの、弥生時代からの伝統的な地域差、天候差もありますから、ひとりでにできてしまった規模とやり方があるのです。それでも、こういう地域ブロックでそれぞれの課題は違っているといえますし、もっと微細に、詳細にいえば、それぞれの中の小地域でまた違う。もちろん個々の農家によって、抱えている課題はそれぞれ微妙に違っている、そういうこともいえそうです。

本当は、そういう問題も全部入ってこなければ論議にならないのでしょうけど、残念ですが、ぼくらみたいな素人では、想像力でしか、農家のここら辺につっかえている本音とか、どうしたいとおもっているかということを把まえることができないのです。これは外からの視線、上からの視線というか、世界視線というか、そういう見方からすると、地域差もあり、地域の中でも抱えている課題には微差があり、個々の農家ではまた微差がある。そのことは想像力の中でちゃんと論議に入っていなければいけない気がします。

そうしますと、農業生産構造の変化ということから、特別な点を挙げられるのかということを改めていってみます。まず一点は、農業の労働生産性という問題です。農業の生産性は、都市の労働者とか製造業の労働者の労働生産性とか、先進資本主義国の労働生産性とほぼ匹敵するようになってきています。まだ及ばないのですけど、おおよそ匹敵する。つまり国内の農業の労働生産性が、先進国の農業の労働生産性に追いつきつつあり、だんだん同じような伸びになってきているといえます。

労働生産性は、どうして追いつくようになったのでしょうか。ふたつ理由があります。ひとつは農業就業人口、農業人口が減ってきたということです。それから一方では、固定資本の増加といいますか、機械とか農機具とかの増加と、質の上昇でもって労働生産性が上がっています。就業人口が少なければ、割る率が少なくなるから、労働生産性は上がるわけです。だから一概には、いいぞ、いいぞといいえないのです。農業の就業人口がものすごく減ったからそうなったという面があるのです。そのことはよくかんがえないといけない気がします。

資本生産性は、逆に低下していて、製造業との格差も大きくなっている。つまりある単位資本でできる生産物の生産量は、低下しています。また労働生産性は高くなっている。それは農業人口が少なくなっていることが加味されているから、そういえるのです。だから、喜ぶわけにはいかないので、単位資本・投下資本に対しての生産性はそんなに上がっていません。

逆に見ますと、農業以外の製造業とか工業とかとの格差は、資本生産的にも非常に大きくなりつつあるといえるのが特徴です。

円高ということが今さかんにいわれて、円高による効果があります。円高によって輸入する農機具とか機械類が安くなりますから、生産費が低くなります。そうすると、農産物の価格の引き下げが起こります。それは一面では有利なことですけど、農産物の価格引き下げは、同時に農産物による収益の低下を意味しますから、そういう面から見たら、あまりよくないのです。

ここはまた竹村さんが一生懸命拡大して問題にしているところです。内外の価格差が、生産者段階で国際流通価格と比較して五・六倍ぐらい、消費者価格だと二・〇倍ぐらい、日本と国際的な農産物価格の違いがある。それはデータとしてあります。この点は、農業の生産構造が社会全体の高度化につれて、どう変化したかの主な眼目になります。

とくに日本の農業生産構造でどこが問題かといいますと、今の農業就業人口は労働生産性を高めるというデータ、労働生産性は先進国並みになりましたし、製造業の労働者と同じくらいな労働生産性を持つようになってきてますが、資本生産性は低い。

それから、現在起こっている円高効果が、生産性の向上には役立っている面もありますが、生産費が低く、農産物農家の所得の額が減ることを意味しています。同時に、労働生産性ばかり高くなって、労働者並みになったということは、別な見方からすると、要するに一生懸命働かされているけど、その割にはあまり収益がない。そういう実感になってはね返ってくるところもあります。そういうことを特徴として踏まえておくことが、とても重要だという気がします。

農業とエコロジー

次に、機械化といいますか、農業の仕方の多少モダンなやり方ですけど、労働時間の短縮がどのくらいできるようになったか、データで申しあげてみます。これも『農業白書』に明晰にあるのを、ぼくが適当にピックアップしてきたのです。

まず農地を耕すとか、整備する時間です。これは一〇アール単位でとっています。昭和四〇年ごろには一六時間ぐらいかかっていたのが、現在では八時間か九時間ぐらいになっています。これは乗用トラクターの普及と大型化によります。平均でいって、それだけ労働時間も短縮化しています。

それから、田植えについては田植え機の使用体系が整ってきたので、昭和四〇年では一〇アール耕すのに二五時間ぐらいかかっていたのが、現在では九時間ぐらいで田植えができます。使用体系が整ったところではそうなっています。

除草も除草剤使用体系ができて、昭和四〇年には三〇時間かかっていたのが、現在では六時間ぐらいでできるようになっています。

ここは、エコロジストが大規模に拡大して問題にしているところです。つまり、農作物の農薬・薬品公害の問題です。ここで起こる可能性は、いつでもあるのです。ここを拡大すれば、エコロジストの主張になります。これを労働時間だけでいえば、三〇時間のものが大体六時間か七時間ぐらいになっています。除草剤・処理剤といっても、なかなか難しいので、いつでも公害になり得る可能性があります。

ぼくは失業中に特許事務所に勤めたことがあり、除草剤の特許関係を扱ったことがあります。化学的にいいますと、除草剤というのは、使用閾《しきい》値、使用の限界値があるのです。ある限界内で除草剤を使用していれば、このデータのとおり、三〇時間のものが六時間ぐらいで除草できる。ぼくは、戦争中に農村動員で、除草をやったことがあります。これはものすごくくたびれるんです。くたびれて、しかも目に見えた成果がない。つまり、おれがこうやったからこれだけ何かができたということはない仕事で、ものすごくいやなんです。これが、三〇時間が六時間に減るというのは、大変いいことです。

しかし、除草剤は使い方が難しいのです。純化学的にいっても、限界値があって、限界値内だったら有効性があるけど、限界値をこえると、システマティックという言葉を使いますけど、組織内にあまった薬品が入ることが、除草剤の種類によってはあり得るのです。つまり組織内に除草剤が入ってなかなか出てこないことがあります。実験室か実験田んぼでやる閾値は、そのまま本当の田んぼとかに通用しないのです。ちょっと違っちゃうんです。

ぼくがなぜそんなことを知っているかというと、そういう特許を扱ったときに、特許の範囲が問題になって、争いになったのです。片一方の主張は、ここまでの範囲はおれたちの特許範囲だというし、片一方は、いやおまえのは実験田んぼでやったからそういう結果になったけど、実際にやったら公害になっちゃうとか、逆に雨がざっと降ってきたら全部流れ出して無効になるとかいうことがあるから、おまえが決めたこの範囲は無効だといいます。そういうことを扱ったことがあるので、よく知っているのです。

除草剤とか成長促進剤というのも同じです。ある閾値の中で使うと成長促進に役立つんですけど、その閾値を決めるのが大変難しいし、本当の田んぼでやったのと実験田んぼでやったのではまるで違っちゃうし、野原でやるといつ雨が降るかわからないのです。そうしたら、無効になったり、逆に多過ぎて植物の成長どころか、枯らしちゃったり、余計な分が植物の中に入ってきたりして、限界がものすごく難しい問題なのです。

だから、エコロジストがいうのももっともなんです。この除草剤をどれだけ使うかという範囲を決めるのはものすごく難しいのです。ただ労働時間短縮という観点から見たら、三〇時間だったものが六、七時間でできるというふうに短縮されます。

それから、収穫の問題です。バインダーが普及して、収穫が五〇時間かかっていたのが現在では一〇時間ぐらいに短縮されている。それ以外の作業でも、三十何時間のものが二十何時間かに減っています。合計でいいますと、昭和四〇年では一四一時間くらいかかっていたのが、現在では五五時間でできるというくらい、労働時間が機械化で短縮されています。労働時間短縮ということは、いいかえれば労働の生産性の上昇を意味します。だけど、除草剤を使った場合の公害問題もあります。また、柄に合わないトラクターとかコンバインを買ったら、もてあましちゃうということもありえます。

それから、皆さんのほうが切実にご存じで、ぼくはあまり切実には知らないのですが、適正闘値は個々の地域とか、個々の農家のやり方で違うはずです。それは皆さんのほうで、具体的なイメージで考えるべき問題だとおもいます。そこはぼくらの力の及ばないところです。

次に、農業の新技術はどういうふうに現になされているかということです。ぼくは外側からしかわかりません。『白書』が記載していますので、ピックアップして申しあげてみます。

第一は、「代《しろ》かき」ということですが、ぼくには何だかぜんぜんわかりません。代かき後、水田の土中に直接種まきをする。それを「水稲湛水土壌直まき《すいとうたんすいどじょうじか》」というんだそうですけど、これが地域によってどのくらい行われているかというデータがあります。たぶん有効だからやられているのでしょう。

第二に、田植え作業と同時に肥料を土中に施すという、「水稲側条施肥《そくじょうせひ》」というのがあるそうです。これも地域によってどのくらいやられているかというデータがあります。これは新農法で、農業の総合生産性を高めるという意味合いを持つのが大部分だとおもいます。要するに、少ない時間で安くていい作物をとるという問題です。

第三に、組織培養技術によるウイルスフリー苗を増殖する技術です。これもどの地域でどのくらい使っているかというデータが出ています。ぼくは外側からしかわかりませんから、さきに降参しておきます。

また、優良な雌牛から移植する、受精卵移植技術の発達によって、いい牛がたくさんとれるようになっている。これもやられているところはどこか、どこでどのくらいやられているかというデータがあります。

あとは機械の問題です。高性能な汎用コンバインみたいなものが出てきて、高性能・高速な田植機が実用化してきたと『白書』でいわれています。

これらはいずれもぼくらのいちばんだめなところです。つまり外側からいっているだけで、外側からしかいえないんだったら、農業問題をやるべきじゃない、いうべきじゃないとおもうのです。だけど、今日は研究会とか、読書会とか、読書報告会という、ぼくが『白書』を読んで報告しているようなものだと考えられて、そこは勘弁していただきたいのです。これは皆さんのほうがよくご存じの問題だとおもいます。

農業人口と戸数

次に取りあげるのは、農業の人口と戸数の変化です。六一年一月現在を申しあげますと、全農家を単位一〇〇〇戸戸数で四三三一だとして、それは全農家ですから、構成比を１００としますと、一種兼業は六六〇で15・２％です。それから二種兼業、つまりサラリーマンとして働いてもいるし、うちで農業もやっているという農家が69・９％。専業農家は14・５％だというデータが出ております。

そして五一年から六一年の減少年率です。年にどれだけ減少していったかというと、だいたい１％から順繰りで１・６％ぐらいずつ減少していっています。それは最初に申しあげましたから、それでだいたいよろしいんじゃないかとおもいます。

今度は逆に、第二種兼業が半分以上を占めていて、専業農家が14・５％ぐらいしかないというのに、助成金を与えるのはけしからんというのが竹村さんの主張の大きな柱になっています。竹村さんは、たとえばドイツは専業農家が大部分を占めるように、農家の育成をやりながら農業の新しい時代に対応させようとしているといっています。日本の農政は兼業農家、しかも二種兼業農家のほうが大部分を占めているのに、まだ助成金がどうだ、農産物価格がどうだとかやっているし、食管法がまだ通用している。これは農政の失敗なんだというのが竹村さんの論議の大きな柱です。

それから、農家の就業人口です。これは五七年度四八三万、それがずっと減ってきて、六一年度は平均して計算しますと、一三六万くらいになり、これは六〇年度に比べて少し減っています。だから、年々減りつつあるのが現状だということがわかります。これもまた竹村さんが非常に誇大にといいましょうか、この部分だけを拡大して主張しているところです。

貯蓄額は、都市の労働者、一般大衆の貯蓄額と比べて、農家の貯蓄額は一五五七万、純貯蓄で一三五一万とすると、労働者は四四二万円。つまり労働者よりも農家のほうが経済的に富んでいるのが現状だ。それなのに農業助成金とはなにごとかというのが竹村さんの主張の大きな柱です。なぜ農家の貯蓄額がこれだけ多くなっているかの内訳を、『白書』はちゃんと分析しています。それは、都市の一般労働者と違って、土地・家屋を購入する負担費が少ないということです。つまりローンとかアパートの家賃とかがいらない。農家では代々の家があり、ことさら金を使わなくてもいい。それから、経営資金として次年度に使われるものが貯蓄額の中に入っている。だから多くなっているのです。

さらにもうひとつの理由は、ひとり当たりの所得では、都市の労働者と比べて、けっして多くなくて八割ぐらいです。つまり都市の労働者を1とすれば、ひとり当たりの農家の人の所得は0・8ぐらいしかない。ところが一世帯、つまり一戸の就業者、働いている人でいえば、農家は都市労働者に比べて一家族当たりの働いている人間は、1・6倍です。だから総所得が多くなり、勢い貯蓄額も多い。これが農家の経済が一見すると豊かに見えることの大きな理由です。

実際問題としては、ちっともおれたちは豊かじゃないと農家の方はいわれるとおもいます。数字だけ見ると、いかにも多いようだけど、ちっとも豊かになっていないというでしょう。そういう食い違いはこのへんから起こるのです。額面上は確かに多くて、貯蓄額も多いというのは富んでるといっていい。多くなってるけど、今いったような理由を加味した場合、果たして都市の労働者に比べて、農家の人の生活が豊かかどうか、竹村さんがいうほどか、たいへん疑問なところです。これはやっぱり竹村さん式の勢い、感情論でいってはいけないところでしょう。ちゃんとしたデータを踏まえたうえで、冷静に分析しないといけないのです。

都市と農村の対立

現在行われている論議は、都市と農村が対立している、相容れないという観点に立っているとおもいます。これはぼくの理解の仕方では、その段階を先進資本主義国では離脱しつつあるとおもいます。だから妥協するのではなくて、第三の観点がどこにあるかということを探求すべき段階に達しているというのが、ぼくらが極端なところでかんがえている考え方です。

だけど、この種の論議は、竹村さんにしてみれば、もう都市サラリーマンのほうが数は多いし、所得は豊かでなくなってくる。住宅は少なく、住宅難で苦しんでいる。そういう状況なのに、これを是正しないのはおかしいじゃないか。それはどうしてなのか。理由は、農家が富んでいて、変な助成金もたくさんもらっている。実態を見たらそうじゃないのに、助成金をもらっていたりする。つまり農家・農業が悪いからこうなっているんだ。これを、農政によって打破してしまえばいいんだ、というのが竹村さんの論議だとおもいます。

そういう論議は、いずれにせよ、都市・農村対立型の論議です。この種の対立型の論議は、いってみれば論議にならない論議なのです。どこからなされてもそうです。エコロジストや農村のほうから何をいってんだと反論しても、おなじだと思います。

対立型の論議がどうしてだめかというと、歴史の必然がだんだん対立型の限界を示しつつあるということ。歴史の必然、文明の必然が示しつつあります。ぼくの理解の仕方では、ほっとけば竹村さん型の論議が勝利するとおもいます。これは自民党の政府だから勝利して、共産党の政府になったら勝利しないということではないのです。文明史の必然によって、竹村さん型の論議はほうっておけばだんだんそうなってくるとぼくは思っています。それは、文明史の推移的必然をひとつ勘定に入れなければいけないという問題です。

現在の一見軽薄な素人論議の対立みたいなものの中、あるいはへんてこりんな政治運動家の入りまじった論議の根柢のどこかには、文明史の必然というものがちゃんと入っているということ。そのことを加味しなければ論議にならないということ。それから、都市が栄えるためには農村をぶち壊せとか、農村を保持するためには都市の横暴をぶち壊せという、この種の論議は、たぶん終焉に向かいつつあるとぼくは思っています。

それは現にそういうふうに起こりつつあります。なりつつあるとはいいませんけど、そういう兆候が見えているとおもいますし、またいちばん先端的なところで想像力を働かせば、そうなっていく必然をだれも止めることができないとおもいます。

ぼくはマルクスの徒です。マルクスは経済史は自然史の延長なんだ、だから経済史は、人為的には動かせないんだといっています。動かせるのは、たかだかそれを遅くするか早くするか、それだけのことだ。それだけが人為的にできることで、自然史の流れとしての経済史は、必然的にしか推移しない。これを遅くするか早くするかという問題だけが人為的な問題、つまり政策の問題だったり、やり方の問題だったりというのが、マルクスの基本的な観点です。ぼくらは概算しておおよその考え方は正しいと思っています。

都市と農村の対立がぎりぎりで都市が発生し、そして農村の対立がぎりぎりになり、都市が農村の人口を吸収して、産業革命で産業を拡大していって、あらゆる弊害があらわれたという時期がありました。その現状がマルクスの理論的な基礎になったのです。マルクスは、経済史が自然史の延長だということ、そして人為的に動かせるのはせいぜいそれを遅くするか早くするかという問題だけだ、つまりそれが革命の問題なんだといっています。そして、マルクスは構造改革論者ではなく、政治革命優先論者ですから、政治革命としては、支配的な階級を一挙に打倒して、労働者が権力を握って、さまざまな施策をやらなきゃだめなんだといっています。革命だったら、政治を一挙に変えるということでしょう。

それから、徐々に、あるいは一挙に変えられるのは、政治とか制度とか、ぼくの言葉でいえば、共同幻想に属するものだけは、やり方によっては一挙に変えることもできる。しかし、自然史の延長としての経済史、経済の進展は、一挙に変えることはできない。これは自然に変わる以外にないのです。そして自然に変わる必然に対して、人間がもっといいことをもっと早くさせようとするなら、それを促進したり、遅くしたりということは、もちろん人為的に可能ですけど、自然史全体の流れとしての経済史を動かすことはできないのです。ぼくだったら、そのことを根柢に踏まえたうえで論議を進めるとおもいます。

だから、貯蓄額だけを拡大してとってきて、都市より農村が富んでいる、それにもかかわらず都市の一般大衆、一般労働者は、こういうふうに苦しんでいる、住宅で苦しんでいるし、税金は取られるだけだ。竹村さんが丹念に挙げるこういう論議は、一見するといいようだけど、ぼくは古いタイプの論議の気がします。もし時間があったら、後でそういう問題にもちょっと触れたいとおもいます。こういう問題が、農家の経済問題の中でかんがえなければならない問題だとぼくはおもっています。

（後略）

第七章
贈与価値論

解説

贈与論を主題とした吉本隆明の思考を二つに分類することができる。一つのタイプでは、人類学の伝統の中で蓄積されてきたいわゆる未開社会におこなわれている贈与慣行をめぐるもので、そこに国家の発生の問題を結びつけたさまざまな考察が展開されている。

こうした社会では、多くの場合、母方の叔父に大きな威信が与えられ、父親としての男性の存在は影が薄い。レヴィ＝ストロースはこの理由を、女性という財を与える側（これを代表するのが母方の叔父である）の、女性という財を妻として受け取る側（夫の親族の属する集団）にたいする贈与論的な優位のうちに見出そうとする。

これにたいして吉本隆明は、対幻想の構造の中に生まれる霊力の偏在のうちに、その理由を見る。母親は出産をつうじて根源的な贈与をもたらす存在であり、父親の存在はそれにたいして形而上学的な意味しかもたない。ここから「贈与は遅延された形而上学的な交換である」という認識が生まれる。贈与と交換のちがいを、彼は対幻想の構造の内部でのこととして理解しようとするのだ。

未開社会での贈与関係は動的でいつも揺らいでいる。ところがこの揺らぎを停止させ、関係性を固定化する動きの中から国家が発生してくる。このとき贈与は貢納に変わり、それが拡大することによってデスポティズム（専制）的国家を生み出す。『共同幻想論』以来の主題が変奏されて、ここにあらわれてきている。共同幻想は対幻想を土台として発生する。それと同じように、デスポティズムを基礎づける貢納制度は、結婚と出産をめぐる女性の贈与論的意味という土台なしには発生できない。その意味では国家論の礎石は贈与論の中に隠されているということになる。

もう一つのタイプの贈与論の主題は、消費資本主義の終末以後の人類史に関わるものとして登場してくる。消費資本主義の発達は最終的に、交換価値のみによる先進資本主義の地帯と農業をおこなうことによって食料を供給する地帯への、世界の二分割の状態をつくりだしていくにちがいない、と吉本は考える。その絶対的非対称を解消するためには、消費資本主義の地帯は食料調達地帯へ無償の贈与をおこなわなければならないだろう。

ここで二つのタイプの贈与論が一つにつながる。未来の世界に贈与論が回帰してくるのである。未開社会の贈与とは違う形態をとって、より高度な形態をとった贈与が人類社会に回帰してくる。このようにして贈与論の主題は人類史を貫いていくのだ。吉本隆明はここでマルクスとモースを同時に乗り越えようとしている。

1　贈与論

I

兄妹が人間の始祖になるという神話は、インド南部、中国の南西部や東南アジア、台湾、沖縄、奄美、南九州、四国をはじめわが国の全域、それからミクロネシア、ポリネシアなどの島々に分布している。こまかいところは、それぞれに独特のニュアンスとタイプをもっている。たとえば洪水によって人間がみなおし流され兄妹ふたりだけがとりのこされて人間の始祖になったタイプもあれば、兄妹ふたりだけが舟などで漂着し、人間の始祖になったというばあいもある。また兄妹が天から降りてきたというもの、兄妹ふたりがつぎつぎに地下から地上にあらわれたというのもある。ここでわたしたちのモチーフから大切だとみなしたのは、つぎのふたつだ。第一は、ことさらに近親である兄妹ふたりが人間の始祖になったという神話や説話や伝承の形だ。これはアジアやオセアニアや印度の沿岸部や周縁部、そして島々に、さまざまなヴァリエーションで分布している。第二に、もうひとつこの兄妹始祖の神話や説話や伝承で大切なのは、この兄妹が風によって孕《はら》み、子どもを生んだとか、セキレイが交尾する様子をみてはじめて性交の仕方を知り、子孫をふやしていったとかいうように、はじめ性交を知らなかったという形で流布されていることだ。いいかえれば兄妹の性交が禁忌であることを暗示しながら、それでも兄妹が人間の始祖だとされていることが大切だといっていい。わが琉球や本土の沿海や島々でも、兄妹は性交の方法を知らなかったが、セキレイの交尾をみて、それにならって性交し、子孫をふやしたという海人系と思われる神話や説話が分布している。わたしも淡路島に行ったときこの説話がのこされているのを知った。このばあい、セキレイはしばしば別の小鳥や生物であったりする。いずれにせよ始祖の兄妹は、はじめ性交を知らなかった、それでも兄妹が人間の始祖になったというのは、この神話や伝承をもつ地域が「母」系が優位だった初期社会の遺風をおおきくのこしていることを暗示している。このタイプの神話や伝承をもった社会では、子どもを基準にしたばあい、家族や氏族は「母」と子どもをつなぐ系列と「母」の兄弟（母方の伯叔父）と子どもをつなぐ系列によって展開される。そして「母」の兄弟（母方の伯叔父）が子どもに保護者としておおきな権威と役割をもち、この「母」と子ども、「母」の兄弟と子どもというふたつの系列によって親族組織が展開されることになる。そして「父」はこの親族組織にたいして「母」の兄弟よりもはるかに疎遠で、別の氏族に属している。だが「父」として家族の生活をささえ、じっさいには「父」方の家で家族の生活が営まれるところもある。もし「母」系優位の社会における家族の最小限の単位をかんがえるとすれば、こんなふうに「父」は実際の家族の生活では「母」と子と同居してその経済や日常を何くれとなくささえながら、親族組織の展開では「母」の兄弟が、おなじ氏族員として子どもの保護に任じ、「父」にとって代る位置を占める。「父」のほうは別の氏族に属する。そんな二重の関係が描かれることになる。この「母」系優位の社会で親族組織が家族と氏族をつくってゆく姿は、マリノウスキーによってよく観察されている。

マリノウスキーが未開や原始の初期社会についてかんがえたところは、つぎのいくつかに要約できる。

(1) 子どもからみて、ほんとの「母」とほんとの「父」のほかに「母」の姉妹もまた「母」と呼ばれ、「父」の兄弟もまた「父」と呼ばれる。兄弟や姉妹についてもおなじだ。そしてこの呼び名はとおい親族にも拡大され、氏族の成員にまで拡がってゆく。氏族のなかの実の「父」とおなじ世代の男子はすべて「父」と呼ばれ、実の「母」とおなじ世代の女子はすべて「母」と呼ばれるわけだ。「母」系が優位の地域では、親族組織の拡がりや氏族の発生は「母」方の親族をもとに行なわれる。そしてこのばあい、複数の「父」「母」や「姉妹」「兄弟」の呼称があることは、それ以前に原初的な乱婚や乱交の時期があったことを意味しているわけではない。またこれとかかわりがあることだが、家族と氏族とは親族組織が展開してゆくばあいのふたつの面をあらわすので、家族が解体して氏族になるわけではない。

(2) 「母」系優位の社会とは、「母」と子どもの身体、つまり生理的なつながりが大切な役割をもち、この母子関係をもとに親族が展開された社会という意味になる。「母」はまず子どもを受胎すると苦しくて不快な妊娠の時期を一年ちかくも耐え、出産の危機をとおりぬけ、出産してから一年以上、子どもの生命を養うために授乳し、養育しなくてはならない。この「母」の役割は文明社会でも未開の初期社会でもあくまでも「母」と「子」の個別的な過程であって、受胎、妊娠、出生、哺乳が個々の「母」と子どもの個別的なきずなだというのは変ることはない。

このきずなにたいして「父」親が一義的に大切な役割があるとみなされるには、「母」と「父」との性交が、「母」の受胎や妊娠や出生をもたらした原因だという認識が前提になるはずだ。だが未開や原始などの初期社会では「母」と「父」との性交がなければ受胎も妊娠も子どもの出生もないという認識は存在しない。

そこで何が起るかといえば「父」はすくなくとも「母」の受胎、妊娠そして子どもの出生にたいしては何のかかわりもない存在とみなされることだ。ただ「父」と「母」との性愛の親和だけが納得されている。もうひとつは「母」の兄弟が後見者や保護者としておおきな親密な関係で「母」と子どもの関係に登場してくるということだ。

マリノウスキーのような考え方を布衍すれば、これが兄妹始祖神話や説話や伝承が流布され、しかもこの兄妹は風によって孕む、セキレイの交尾をみて性交を知ったというように、性交を知らぬ兄妹の言い伝えによって生みだされた証拠だということになる。

こういう「母」系優位の初期社会で、「父」の役割や存在理由はどこにあるのか。マリノウスキーがトロブリアンド諸島の原住民について観察したところでは、「父」親はじっさいは「母」親をたすけて出生した子どもの経済生活の庇護者になり、その子どもを「母」親と分担して養育し愛しむことはもちろん、擬娩のようなじぶんが子どもを妊娠し苦痛を感じ、出産するといった

「母」親に同化する行為さえやってのける。また「母」親の受胎、妊娠、出産のときに「父」親に課せられるタブーや儀式や呪的な行為一連の行為を行なうことになる。マリノウスキーが強調したのは、「父」親の存在なしには「母」親の受胎、妊娠、子どもの出生が親族や部族の間で合法的なものとしては認められないということだった。「父」と「母」とのあいだには婚姻にまつわる儀礼を経ていなければならないし、子どもの成育にまつわる共同の儀式や儀礼も「父」親を欠いては成り立たない。だから初期社会の「父」親の役割、あるいは「父」と「母」との婚姻関係といってもおなじだが、この関係の意味は子どもを生むための性的な配偶者というより「母」の受胎から子どもの出生にいたる「母」と子の関係を認知させるためのものだというのが、マリノウスキーの強調する眼目だった。これなしには「母」が子どもを産むという身体生理的な（生物学的な）事実を未開社会における文化的な事実にまでもたらすことはできない。さしあたってここでマリノウスキーが文化的とよんでいるものは、生れた子どもを中心に授乳や排便の仕つけや、言葉の修得、部族に伝わる技術や儀礼の教えこみ、などをさしている。

子どもは成長するにつれて家族から離れ、氏族の成員として神話や伝承を教えられ、共同の若者宿の生活に参加し、儀式や習慣を身につけ、「父」親の代りに「母」の兄弟の影響によって氏族生活に入ってゆく。しかし、家族が結合をこわされるわけではない。

もうひとつ大切なことは、家族内の近親相姦の禁止だ。兄弟と姉妹のあいだ、母と息子のあいだ、父と娘のあいだでの性的な行為は禁止される。これはおなじ氏族のなかでの婚姻の禁止と、他の氏族との外婚制にまで発展してゆく。たとえば「母」系優位の社会では「母」の姉妹の家族にまで近親相姦の禁止が拡大されれば、その家族の兄弟や姉妹も兄弟姉妹と呼ばれるとともに、性的な行為の禁止される範囲も名称にともなって拡大する。これは「母」方の親族として氏族にまでひろがり、その内部では性行為の禁止が行なわれ、それ以外の氏族との外婚が成り立ってゆく。では子どもにとって実の「母」「父」と親族組織がひろがっていったため「母」とか「父」と呼ばれることになる母方の兄弟（伯叔父）や姉妹（伯叔母）はおなじ呼称なのに、どう区別されるのだろうか。マリノウスキーによれば、おなじ「父」「母」と呼ばれても、実の「父」「母」と氏族の「父」たちや「母」たちとでは感情的な抑揚や前後の関係の言いまわしによって呼び方のニュアンスが違い、原住民はそれが実の「父」「母」を呼んでいるのか、氏族の「父」たちや「母」たちのことかを手易く知り分けることができると述べている。またこの地域の原住民の言葉（マラヨ・ポリネシアン系）には同音異義語がおおいのだが、それは民族語として語彙が貧弱なためでも、未発達で粗雑なためでもない。おおくの同音異義語は比喩の関係にあって、直喩や暗喩とはつまり言語の呪術的な機能を語るものだと述べている。わたしたちがマリノウスキーの考察に卓抜さをかんじるのはこういう個所だ。たとえば「母」という言葉は、はじめはほんとの「母」にだけ使われる言葉だった。それがやがて「母」の姉妹にまで使われることになる。これは子どもの「母」の姉妹にたいする社会的な関係がほんとうの「母」にたいする関係と同一になりうることを暗喩することにもなっている。そこでこのふたつの「母」を区別するために「母」という呼び方の感情的な抑揚を微妙に変えることにする。これによってほんとの「母」と、「母」の姉妹との社会的同一性とじっさいの差異を微妙にあらわし区別することになる。子どもの世代がこの同一性と差異に耐えられぬほどの社会的関係の変化やずれを体験したとき別称がはじめて実際の場面で登場しなくてはならない。

ここまででぜひとも注釈しておきたいのは、マリノウスキーはトロブリアンド島の未開社会について、じぶんが住みついて体験し、見聞きし、考察したりしたことを、いわば部外から記述しているることだ。その記述がどんなに如実で内在的にみえても、文明という外在から記述していることに変りはない。だが、これを読んでいるわたし（たち）はマリノウスキーほど外在的ではない。文明社会の眼をもっているという意味では外在的だが、わたし（たち）の習俗の経験や遺伝的、伝統的な感性は、あきらかにトロブリアンド島とおなじ「母」系優位の初期社会から発している。そのためあるところまでゆくと外在と内在との混融した、奇妙な感じをともなうことになる。わたしの感受性が正確だとすればこの奇妙な感じは、どこかで論理をあたえなくてはならない。

「父」親はマリノウスキーがとりあげたトロブリアンド島のような「母」系優位の社会でも「母」と結婚し、「母」とおなじ家に住み、おなじ世帯をつくっている。さまざまなヴァリエーションがあるが、この世帯はトロブリアンドでは「父」の村落の「父」の家で営まれる。「父」は子どもの親しい仲間として世話をし、情愛を傾け、教育にこころをついやす。しかし、成長して家族の外部で振舞う場面にたつようになると、子どもは「父」の氏族やトーテムと違って「母」の氏族に属することをはっきりと知り、氏族にたいする義務や儀礼が「父」親と違うことになる。「父」の像はその場面では遠のいていくだろう。そして「父」にかわってこういう家族外の場面で途上してくるのが「母」の兄弟（母方の伯叔父）ということを知る。この「母」の兄弟の住む村落が、子にとってじぶんの村落になり、財産や住民としての帰属や仲間は「母」の兄弟の村落にあり、「父」の村落には属さない。子どもが帰属する村落では「父」はよそ者ということになり、また第二の「父」である「母」の兄弟は子どもにたいし、ますます権威をもつようになる。わたしたちは琉球ではいまなおこの習俗に出合うことができるし、本土でも、またわたしたちの感情の基層でも、この名残りを実感することができよう。

マリノウスキーの考察はトロブリアンド島の原住民の性認識の観察を通じて、兄妹始祖神話をもった地域の初期社会のいちばん大切な問題にかかわってゆくようにおもえる。この神話をもった「母」系優位の初期社会がどうして出現したかといえば、男女の性交をふくむ性行動、いいかえれば子どもからみた「父」「母」との性交と「母」の受胎、妊娠、出産とのあいだに関係のあることを認知できないところから由来している。これは重要なことだ。すぐに気がつく常識でいえば、受胎から出産までのあいだに十カ月の遅延があるため、性交がすぐに受胎につながったとしても、十カ月の空白をこえて性交が妊娠、出産とかかわりがあることを、初期社会の原住民たちは認識できなかった。いいかえれば原住民の認識力は即時的な事象を結びつけることはできるが、時間的に遅延された事象の隔たりを結びつけるまでには至らなかったのだ。マリノウスキーによれば、かれらは性的な欲望は眼（視覚）にやどるが愛情は内臓や両腕の皮膚にやどるとかんがえていた。この性交と、受胎と、出産のあいだの遅延を充たしているのは、原住民によれば使者の霊魂（baloma）だとかんがえられていた。霊魂は使者の島（Tuma）に住んで生活しているが、現世へ復帰したくなると若返って肉体化しないちいさな嬰児の霊魂になってトロブリアンドの島へ帰り、女性の子宮のなかに入り込む。それが受胎であり氏族の死んだ誰かの霊魂の再生にあたっている。このばあい小さな霊魂とそれが子宮に入りこむ女性とは、同一の氏族（亜氏族）に属していなければならない。

霊魂は若返るためには海辺に行き、海水で身をすすぐ。そして何回か沐浴し小さな嬰児の状態になると海に漂流する。流木、木の葉、樹枝、海藻、泡沫などにのってトロブリアンドの海岸ちかくを漂う。

マリノウスキーが厳密に言いわけているところでは、嬰児の霊魂は直接に漂ってくるのではないという考えもある。その背後に支配的霊魂の行動があり、そしてこの霊魂はまさに妊娠しようとしている女性の夢のなかにあらわれる。その女性は自分の「母」系の親族の誰か、たとえばじぶんの「母」親や「母」の兄弟などの霊魂が夢のなかにあらわれ、目が覚めて、いま子どもを授かったと言って納得する。マリノウスキーはこう記述している。

> 婦人は、嬰児を彼女に授けたのが誰であったかを夫に話すことが多い。そしてこの霊的代父もしくは代母の伝承は保存されている。このようにして、この地方第一の村、オマラカナの現在の酋長は、彼の母に自分を授けたのは、オマラカナのかつての酋長の一人のブグヮブヮガ（**Bugwabwaga**）であったと思っている。わたくしの最良の友であるトクルバキキ（**Tokulubakiki**）は母の母の兄弟のカダラ（**kadala**）から母への贈物によって生まれた。トク

ルバキキの妻はその長女を母の霊魂から授かった。通常、贈物を授けるのは母《となるべき者》の母系親族の何人かである。しかし時としては、トムワヤ・ラクワブロの陳述にあらわれているように、妊婦の父であることもある。

（B・マリノウスキー『未開家族の論理と心理』青山道夫・有地亨訳）

このヴァリエーションもあって、漂ってきた嬰児の霊魂が水浴中の女性の子宮に入りこむと妊娠するとの認識もあれば、妊娠したい女性の小屋に、その女性の兄弟またはその女性の「母」の兄弟が汲んだ海水の容器をおいておくと、その海水に浮遊していた「母」方の親族の霊魂が夢のなかに訪れて、その女性は妊娠するという言い方もある。

このいずれのばあいをとっても、兄妹始祖の神話をもつ「母」系優位の初期社会で、子どもは「母」方の親族の霊魂から授かった贈与だとみなされている。マリノウスキーのこの場面の記述はあいまいさをのこしている気がするが、基本にあるのは「母」方に近い親族、たとえば「母」、「母」の兄弟、「母」のその「母」親の兄弟といった母系の親族の霊魂の贈与により、子どもは受胎され、妊娠、出生するということだ。兄妹始祖神話の風によって孕むというばあいも、小さな嬰児の霊魂が流木のようなものにのって漂着し、海岸に水浴している女性の子宮にはいって受胎し、妊娠するばあいも、母方の親族によって汲みあげられた海水を一夜小屋のまえにおくことによって孕むばあいも、日本列島の島々にのこされた伝承のように、セキレイの交尾をみて兄妹が性交する方法を知って子孫をふやしたばあいも、夢か現《うつつ》かわからぬ入眠状態で、をなり神（姉妹）にたいするえけり神（兄弟）や「母」やその兄弟などの霊魂の贈与により子どもが受胎され、妊娠期間を経て出産されるとみなされていることは、疑うことができない。

この「母」系優位の初期社会で出産された子どもの価値は、贈与された「母」系の親族の霊魂の価値とちょうど釣り合っているということもできる。そして「母」系の親族の霊魂と等価なのはその「母」系親族組織の形而上的な価値、いいかえれば儀礼、慣習、氏族的な地位等々のすべてだということになる。マルクスのようにいえば、最初の分業は子どもを産むばあいの男女の分業だということになる。男女、いいかえれば「父」「母」とはどんなものを分業して子どもを生んだのか。このばあい「母」系親族の霊魂が贈与されたことと何が対応するかが問題だとすれば、「父」親の性行為にまつわる心身の享受と消費ということになる。これはもう少しだけ追いつめてみなければならない。ここで贈与と交換のあいだに脈絡をつけうるとすれば、「母」系の親族の霊魂の力能と「父」親の性愛の力能とは対応するものという考えにみちびかれる。たぶん未開人の近い親族の霊魂の力能と現代にも通用する「父」親の性愛の力能とは等質とみなせるにちがいない。そこでこの考え方からすればわたしたちは**贈与とは遅延された形而上的な交換**だという概念に導かれる。そして未開、原始の初期社会ではこの遅延は世代（出生と死）を単位とする無限の循環時間（永続転生）によって規定できるとみなされる。しかしここまでのところで、こういう理解の仕方をよいものとしておしつけることはできない気がする。わたしたちはもっとよくこの問題をつきつめなくてはならない。わたしたちはどこかでよく聞きなれた考え方に出合っているような気もするが、やはり未開や原始の初期社会の観察を読んでいることは間違いない。

Ⅱ

マルセル・モースの、名前だけはよく知られた『贈与論』のなかに、マオリ族の立法者の言葉の報告が載っている。

たとえば、あなたがある特定の物（タオンガ）を持っていて、それをわたくしにくれたとしましょう。しかもあなたは一定の代価をも定めないで、それをわたくしにくれたのです。わたくしたちは、その売買を行ったのではありません。さて、わたくしが、この品物を第三者に贈ると、暫くたって、その者はわたくしに代償（utu）としてなにかを返そうと決心し、わたくしになにかの品物（タオンガ）を贈ってよこします。ところで、彼から貰ったこのタオンガは、わたくしがあなたから貰い、更に、彼に譲り渡したタオンガの霊（hau）なのです。わたくしはあなたのところから来たタオンガのために、いま貰ったタオンガをあなたにお返ししなければなりません。わたくしとしては、これらのタオンガが望ましいもの（rawe）であっても、また、いやなもの（kino）であっても、それをしまって置くのは正しく（tika）ないのです。わたくしは、それをあなたにお返ししなければなりません。それはあなたから貰ったタオンガのハウであるからです。もしわたくしがこのタオンガをひとり占めでもしようものなら、わたくしは疾病あるいは死亡という事故にすら見舞われるでしょう。このようなものがハウであり、また、身の廻りの品のハウ、タオンガのハウ、森のハウにあたります。

（モース『贈与論』「マオリ族の法律家の言葉」有地亨訳）

これにたいしてモースは一定の解釈を施している。マオリ族の観念では贈り物（一般には物）は、生命のないものではなく、その物の本来の産地（本源地）から生気づけられたハウ（霊）をもっている。そのハウ（霊）はじぶんの本源地である民族や森や土地にその物が帰るまで、その物につきまとって離れない。その物をもつものが、同等あるいはそれ以上の返礼を贈与したとき、はじめて最初の贈与者に威力を戻しえたことになり、ハウ（霊）は本源に安んじたことになる。このモースの解釈は原住のマオリ族の「法律家」の報告が、物（タオンガ）がそれに付着した霊（ハウ）に統御されるという観念からできているように、贈与と返礼の義務を物の背後、物についている霊（ハウ）の力能に帰している。もっといえば、たとえ物が贈与した者の手をはなれたとしても物についた霊（ハウ）はなお贈与したものの所有としてその物にとどまっているので、その物を渡されたものは返礼の義務を生じ、それを果さぬかぎりつきまとう霊（ハウ）の力能をまぬがれることができない。物を贈与されることはその贈与者の「霊的実在」の一部をもらうことだが、返礼なしにその物を所有することは危険で生命にかかわることがあるかもしれぬため、返しておかなくてはいけないことになる。物についた霊（ハウ）はその物を産んだ氏族や土地にたいして、じぶんの代りになる等価物を返そうと願うからだ。マリノウスキーの解釈は、ひと通りの意味でいえば贈与を物とそれについた霊（ハウ）を含む価値とみて、あるいは霊（ハウ）だけを価値とみて、等価交換が成り立つとかんがえていたといえよう。しかしこういう理解はすっきりした物と霊の二重化にすぎるような気がする。贈与という概念も、贈与と返礼という行為も、物と霊との分離やずれがないところでは成り立ちそうにもみえない。もうすこしいえば、物と霊のあいだ、人間と霊のあいだに境界のない交換が成り立たなくてはならないようにおもえる。

モースは、ダヤク族では食事に居合わせるか、またその用意を目撃したら、食事に加わらなければならない義務があると記している。このばあい、食事をすすめることを怠ったり、逆にすすめを断るのは、親交を拒否したこととおなじになる。モースの考えでは、ある原住民が物を与えるのは、与えることを強制されているからだ、また物を受けるのは受ける者が与える者のもつすべての物にたいして、「ある種の所有権」をもっているから、と述べている。「ある種の所有権」とは氏族や家族の儀礼や呪的行為などの共同性からつくられる霊的な紐帯を指すことになる。この考え方に異論をもつとすれば、「義務」や「強制」とモースがいっているものは、共同性のもつ呪的な威力にたいする服従と成員の人格的善意とに帰着する。

モースのダヤク族についての例は、わたしたちの慣習からそれほど遠いものではない。たとえば、京都の地着きの家庭を訪問し、食事に居合わせたり、食事の用意を目撃し、どうぞ一緒に食べませんかといわれたら、それは帰ってくれという意味との言い草は、いまでも耳にささやかれている。これはダヤク族のような贈与の風習が、わたしたちのあいだにもあったとかんがえられる一例だ。どうぞ一緒に食べませんかといわれたら、それを受けなければならない義務があった。ということは一緒に食べませんかとの言い草が反対の言質《げんち》として成立することにもなる。わたしもこの種の裏返りを「父」「母」の郷土、九州天草島の「母」方の親族から体験したことがある。

わたしははじめての訪問であり、「父」「母」が出郷したのは数十年も以前だったので、迷惑のかからぬようにと、すこし離れた所に宿をとって訪問した。「母」方の親族はどこかに宿をとったのかと尋ねたので、正直にその場所を告げた。「母」方の親族は心の底から不服そうで、表情に不満感をみなぎらせ、どうしてじぶんの家に泊らないのかといい、わたしは親族を納得させる弁明につとめなければならなかった。このことはたぶん、数十年も音信のない親族にいきなり初対面で訪問されたら心の底から泊っていけといえずにためらうだろうと、わたし自身が類推した配慮が、どんな親族でも即座に同化し親和できる風習のなかにあるものと裏返ったのだとおもえる。このばあい、わたしの解釈は親族内の親和意識のつよい遺風と、相手方の人格的な善意とに理由をもとめる。だがそこで親和はおわり、この親族の態度をさかのぼって「義務」と「強制」にまでたどりつくことはしないとおもう。なぜそうかといえば、モースにとってポリネシアやミクロネシアの島々はまったく異質な外部から観察した初期社会でありうるのに、わたし（たち）はあるところまで外部からの観察者の眼を行使できるものの、深層のところでは、外部と内部の視点が融け合うポリネシアやミクロネシアと同質の伝統に融けてしまうからだ。

抽象度を高めて表現しないかぎり、交換や交易よりも贈与と返礼によって成り立ってきた習慣ののこるこれらの地域で、ポトラッチを「義務」「権利」「強制」といった言葉で解釈しつくすこと、そして「母」系を中心の分節点として網の目のように融着し粘性をもってつながりあった家族や氏族、家族の性質としての個人を分離することは難しいとおもえる。

モースがとりあげるポトラッチ部族のうちで、もうひとつわたし（たち）の心を騒がせるのは、わたしたちのなかにある北方的な要素についてだ。アラスカ海岸に居住するトリンギト族やハイダ族についてもモースは記述している。これらの部族は春になると山地に散らばって狩猟や木の根や果実を採取し、河海では鮭、あざらし、鯨などをとったりしている。社会組織は「母」系優位なのだ。そして紋章の描かれた楯形の銅版や美しい毛布が通貨の代りをしている。冬になると「町」に集まって、全期間を通じて興奮した状態をつづける。部族や氏族の家族どうしがいつも訪問しあい、祭が冬中くりかえされる。婚礼や儀式があると、蓄積した物をことごとく消費する。かれらのポトラッチ、贈与にたいする返礼（反対給付）には、はっきりとした「期間」があることだ。モースはこの「期間」の概念をもとに、一方では贈与と返礼を限りなくちかづけて同時化する物々交換（交換の初源の形態）、他方では売買上の「信用」取引と貸借が生みだされたと、注目すべきかんがえを披露している。つまり信用取引が文明社会の経済的段階の産物ではないと、モースはいいたいわけだ。このモースのかんがえは、さきに述べた、贈与は遅延された交換、とするかんがえにとってはおあつらえむきだといっていい。ただ、わたしたちが贈与は遅延された交換というためにいい難い心理的なわだかまりやもやもやを切り捨てたうしろめたさを感じるのとは違い、モースがアラスカ沿岸の部族のポトラッチを理解する手つきは、あまりにすっきりしすぎている。もやもやの要素が喚び起こす半概念的な気分は何なのかとりあげるべきだとおもえる。

　モースが触れているように、「信用」という概念の起源には「名誉」という概念がひかえている。氏族「間」のあいだ、氏族「内」の成員のあいだでも、「だれが一番の金持で、その富をもっとも派手に消費するかを我先にと競い合」って一切の物を消費しつくすところまでゆく。戦争とおなじように財の戦い富の戦いで、物の受贈よりも返礼を期待していないことを誇示するために、たんに物や財を破壊しているとしかみえないことがあるとモースはいっている。ここには「名誉」という概念の起源があり、その背後には呪術的な有効性が絶大な意味をもつと解釈しなければ納得しにくい。ここで呪術的な有効性とかんがえられているものは、いちおうは部族や氏族や親族や家族の共同幻想の優位の観念とみなせる。これは個々の成員の心の構えに集約すれば虚栄ということになり、共同体の構えに集約すれば犠牲という概念になるともいえる。いずれにしろ部族や氏族や親族や家族の共同体の歴代の伝統から贈与された呪術的な有効性にたいする返礼とみなすほかないようにみえる。わたしには、モースが「権利」「義務」「強制」といった概念で述べていることが、半ば納得できていない。モースはボアスが英領コロンビアのインディアンのポトラッチについて述べたところを、脚注で触れている。それによるとここのインディアンのポトラッチは、ふたつの要点をふくんでいる。第一は債務の弁済で、たくさんの儀式や公正文書で公けに行なわれる。第二の目的は労働によって蓄積した財を、じぶんや子どものために投資するという意味をもつ。贈与された方は借入物とみなし、何年か経たのちに利子をつけて贈与者やその継承者に返す義務を負う。ボアスのようにかんがえれば「権利」「義務」「強制」といった概念は、「投資」という概念といっしょに生きることになる。しかしポトラッチの本質から外れているか、大切な何かを省略しているような気がする。贈与することで大きな霊の恐怖が呼び醒される。そしてこの恐怖は返礼することによってしか解消されない。この大きな霊と小さな霊との循環は、「母」系的な初期社会では「母」と子どもの二世代だけでは解消されず（いいかえれば家族内部では解消されず）、負荷はいわば原始的に転生しながら代々蓄積される。ここに贈与と返礼とを司る要員がかくされている。いわばフロイトが二世代について考察したものが、ここでは無限世代の輪廻転生の主題になっている。

Ⅲ

マリノウスキーがトロブリアンド諸島の原住民（ポリネシアン）のあいだで体験し、調査した特異な交換のすがたを普遍化してゆくと、贈与という概念が発生した唯一の根拠は、母系優位の初期社会だということになる。また逆に母系優位の初期社会は、かならず贈与という概念を発生させるためのものだということにもなる。いいかえればトロブリアンドという地域や、ポリネシアンという種族ともかかわりないところまではたどりつける。こんなことがいえる根拠はただひとつ、「父」（夫）と母（妻）のあいだの性（交）行為と母（妻）が子どもを出産することのあいだに、因果関係の認識がなく、母（妻）の妊娠や出産は、もっぱら氏族の親しい死者の霊と母（妻）とのあいだの転生の出来ごととかんがえられていたことだ。この認識上の盲点は母系優位のままに氏族の系譜がつくられ、父（夫）は当然べつの氏族に属するという社会組織を生みだすことになった。マリノウスキーのいうとおりだとすれば、かれがたまたま調査したポリネシアンの種族に属するトロブリアンド諸島の原住民だけが母系優位の地域だったとかんがえるべき根拠はないとおもえてくる。なぜなら父（夫）と母（妻）の性（交）行為と母（妻）の妊娠や出産のあいだに関係を見いだせない時期を人類はすべて通過したにちがいないからだ。だがなぜか人類は未開、原始、アジア的な段階の初期の特色をおおくのこす地域と、すみやかにその段階を通った地域とに分かれ、母系優位が一定時期以上つづいた地域だけが、ながく母系優位の社会制度を固定し、それに対応する習俗や神話などを抱えこむことになった。そしてそうでない地域は、すみやかにこの段階を消去していったとみられる。

もうひとついえば、贈与という概念や、その制度と習俗をのこしたのは、この母系優位の段階をよりおおく保存した地域だといういい方も成り立つ。なぜそうなるのか、この問いにかかわるようにいえば、マリノウスキーはトロブリアンドの原住民の観察から、贈与の発生条件についていくつかの特色を見つけだしたとみなせるからである。

ひとつは、トロブリアンドの母系社会では、母（妻）と産んだ子どもは同一の母系の親族と氏族とをつくるが、産まれた子と何の関係もないとかんがえられた父（夫）はべつの氏族に属し、べつのところで氏族をおなじくする後見者、保護者として、義務や役割を果すことになる。にもかかわらず、父（夫）は母（妻）にたいして（夫）として性愛を交わし、子どもにたいしては父として家族愛にもとづいて情愛をつくし、子どものお守り、排泄の世話など、養育をひきうける親和感をもっている。しかもマリノウスキーによればトロブリアンドでは父（夫）処婚だから母（妻）も子どもも住居は父（夫）の氏族の方におかれる。

すると母系氏族制という社会制度上の掟と、家族としての父（夫）と母（妻）と子どもとの親和性とは父（夫）親という存在にとって矛盾に近い二重性を負うことになる。具体的にいえば父（夫）は家族の一員としての親和力からすれば、じぶんの子どもに特別の愛情をもち、財産や権利や社会的な特権を実の子どもに与えたくなってくる。だが母系的な氏族の制度からいえば、この父（夫）は子どもとは別の氏族に属するため、地位、財産、特権などは父（夫）の姉妹の子ども（甥）に譲られることになる。そこで父（夫）にとって、氏族としては別になる実の子どもと氏族としてはおなじだが、実の子でない譲渡者の甥とは、母系制度と家族の親和力との矛盾を体現した宿命の利害対立者になってゆく。これを贈与の問題に対応させれば父（夫）と母（妻）とがべつの氏族に属す母系社会の宿命に起因する贈与の矛盾が生じることになる。父（夫）は、実の子どもにたいしては親和や好意から無償で財産や所有物の一部を与えることにたいし、甥にたいしては贈与として、与える者と受ける者の返礼のかたちをとらざるをえないからだ。

もうひとつある。こういった母系制度と家族としての父（夫）が実の子どもにたいしてももつ親和力のあいだの矛盾を解決する方法として、父（夫）の子ども（男）と父（夫）の姉妹の娘とを幼児のうちに婚約させる交叉いとこ婚がかんがえられ、行なわれる。俗にいえば親同士がきめた子どものときからの許嫁《いいなずけ》のいとこ同士ということになる。父（夫）はこれによって実の子どもにたいしてじぶんの所有物を与え、家族的な親和力も充たし、また同時にじぶんの氏族の相続者にたいする譲渡とを矛盾や敵対なく両立させることができることになる。これが初期社会で交叉いとこ婚がさかんに行なわれる理由になった。

マリノウスキーが観察し、調査したところでは、贈与のうち最大であり、この制度の根幹でトロブリアンド原住社会の根底に触れるほどの意味があるのは、婚姻の成立にともなう贈与と、そのあと母（妻）の側の氏族から父（夫）の側に永続的に行なわれる贈与であった。

まずマリノウスキーは、この婚姻当初の贈与と返礼のかたちを述べている。贈与されるものは主食であるヤム芋、野菜、魚などになり、ヤム芋は料理されたもの、あるいは生のままのものである。また魚は父（夫）からの返礼にあてられる。贈与は何を与えたかより、どんな形になるかが重要だとおもえる。

〔母（妻）の側からの贈与〕

一、母（妻）の両親から父（夫）の家族

二、母（妻）の一人ひとりの親族から父（夫）の両親へ

三、母（妻）の家族のメンバーが父（夫）の家族へ

〔父（夫）の側からの返礼〕

一、父（夫）の親族から母（妻）の家族へ

二、父（夫）の父親から母（妻）の父親へ

〔母（妻）の側からの贈与〕
一、母（妻）の家族から父（夫）へ

〔父（夫）の側からの返礼〕
一、父（夫）から母（妻）の父に贈る魚
二、父（夫）の父親から母（妻）の父親へ

これをみると母（妻）の側は、両親、親族、家族の個々のメンバーすべてから、父（夫）の家、両親、本人への贈与が行なわれることがわかる。父（夫）の側からの返礼は、父（夫）の親族、父（夫）の父から、母（妻）の家、母（妻）の父にたいして行なわれる。そしてそのあと婚姻関係がつづくかぎり母（妻）方の家族から父（夫）の世帯にたいする永続的な贈与がつづく。

父（夫）を中心にかんがえれば、かれは母（妻）の家族から永続的な贈与をうけることでそのあとの生活経済を営み、同時にじぶんの姉妹その他の女性親族にたいして贈与を貢ぐためヤム芋の栽培など、生産活動を行なうことになる。つまり父（夫）を中心にかんがえれば、かれはじぶん自身の働きと能力のほかには母（妻）の側からの贈与が経済生活のすべてを支える重要な意味をもつことになる。根幹になる贈与と返礼をみると、父（夫）にたいする母（妻）の側からの贈与だけが、対応する部分を消去したあともなおのこることがわかる。また父（夫）から母（妻）の父親への魚の返礼がのこる。まったくおなじように母（妻）は個人として、この贈与と返礼に登場しないことが知られる。ただ父（夫）が登場するのは、母（妻）の家族から父（夫）への婚姻後最初の収穫の贈与と、それにたいする父（夫）から母（妻）の父親への魚の返礼にかぎられる。すると結局のところ婚姻を契機にする贈与は、母（妻）の氏族から父（夫）の氏族への贈与とそれにたいする返礼とに集約される。べつのいい方をすれば母（妻）の家族と親族から別の氏族に属する父（夫）の家族、親族への贈与とその返礼とに還元されるといえよう。ではこの贈与の動機は何かといえば、母（妻）の側からすればじぶんの氏族に属する子どもを産んだことに父（夫）が不可欠だったからではない（マリノウスキーの調査を信ずれば、子どもの生まれるのに寄与するのは氏族の故人の誰かの霊であって、父［夫］ではない）。それでは将来寄与してくれるはずの労働力や子育ての協力にたいする前払いの意味をもつのだろうか。そんなことは信じられそうもない。この種の理由をさまざまに見つけだして数えあげるくらいなら、母（妻）の側の氏族にとって父（夫）の側の氏族との関係を生ずることが正体のわからぬ〈霊威〉をもたらすからだと想定した方がまだましなような気がする。この得体の知れぬ〈霊威〉はどこから発生するのか。べつの氏族からきた父（夫）がじぶんの母（妻）系の氏族の子どもを妊娠し、出産させてくれたじぶんの氏族の親しい〈霊〉と交換できる無意識の存在、これが正体のわからぬ父（夫）の〈霊威〉という概念を発生させた原因ではないのだろうか。マリノウスキーの調査や観察を信ずれば、トロブリアンドのポリネシアン種族は、母（妻）と他氏族に属する父（夫）との性（交）行為で子どもができるとはゆめにもおもっていない。おなじ氏族の親しい者の死んだあとの霊がもどってきて母（妻）に宿るとき妊娠するのだとおもい入れている。この盲点を保存する社会システムが、母系優位の氏族制をつくりあげたのだ。そしてこの盲点を保存することが母系優位の氏族制をつくりあげたのである。この盲点を保存することは、母系優位の初期社会では無意識の至上命令だった。いいかえれば意識される条件が揃っていても、あえて無意識によって拒絶されるべき盲点だったとおもえる。この制度では父（夫）はおなじ家に住みながら、どうしても母（妻）や産まれた子どもとは別の氏族に属する他所《よそ》者であるほかはない。母（妻）に子どもを産ませるおなじ氏族の霊は、現実化したときは他所者の別氏族の父（夫）として表出される。この機構は母（妻）の無意識の奥に気づかれずに潜在しているのではない。氏族の死者の霊が畏怖すべき祖霊の系譜とおなじように、この他所者の父（夫）には正体のはっきりしない〈霊威〉が付着しているのではないか。

　母系的な初期社会で、いま仮りにこの父（夫）が多少ともほかの父（夫）より社会的に優位な地位をもちたいとかんがえたとする。それを実現化するには父（夫）と母（妻）のあいだに贈与が反復されることで生じたに相違ない正体のわからぬ〈霊威〉をたくさん重畳《ちょうじょう》するよりほかに方法はないはずだ。いいかえれば父（夫）がじぶんの母（妻）をたくさんもつことで、母（妻）㈠の氏族㈠や母（妻）㈡の氏族㈡、母（妻）㈢の氏族㈢……などからそれぞれ婚姻の贈与をうけとることによって財産を築きあげることよりほかない。それは同時に一対一では正体のわからぬ〈霊威〉にすぎないような関係を、母（妻）の氏族㈠、氏族㈡、氏族㈢……からも同時に獲得し、その複数の〈霊威〉を蓄積、重畳することを意味しているとおもえる。この父（夫）は、複数の母（妻）の出自である氏族のそれぞれから贈与をうけとるとともに複数の母（妻）の出自の氏族のそれぞれにたいして〈権力〉らしきものを獲得することになる。つまり重畳された〈霊威〉=〈権力〉という等式が成り立つようにおもえてくる。これが母系的な初期社会で多少とも社会的に優位な父（夫）が一夫多妻をとることの根拠になる。もちろんこのいい方は因果が逆さまかもしれない。マルクスは最初の富の蓄積はどんないい廻しをとっても原始的な収奪によるとかんがえた。マリノウスキーのいい方では、初期の母系的な氏族社会では富の蓄積は婚姻関係による母（妻）の氏族からの贈与で父（夫）が得た蓄積、ということになる。贈与は和解であり、同時に収奪であり、また〈霊威〉の返礼なのだ。

マリノウスキーは、トロブリアンドにおける母（妻）の側からもたらされる贈与のヤム芋もじぶんが栽園から収穫し、女性親族（姉妹）に贈与する収穫物も、貯蔵小屋のなかに規則正しく積みあげられ、しばらくは誇示される（見せびらかされる）と述べている。これはじぶんの村や隣村の人々にその富を賞讃してもらうためで、虚栄と野心が愛情や義務感に混りこんだものと理解されている。人間の内部には矛盾をつくり出さずにはおかない貯水池があり、そこに奔騰するものが関与しているとしておくのが、さしあたりの解答のようにおもえる。

一週間か二週間して小さなヤムは栽園から部落へ運ばれる。ついで男女子供など多くの協力者が動員され、贈物として姉妹の夫のところにとどけられる。大抵は同じ地区内でも距離がある。贈物を届ける人達はなかば祭の時のような衣裳をつけ、化粧し、花を飾り、全く愉快な一隊をなして出かける。彼らはまず栽園中を歩き廻り、作物を見まわしながら、ほめたり批判したりする。まぐれでもあるいは人一倍の努力によってでも、優れた作物をつくった男の「名声」が拡められるし、有名な栽園師が住む部落では彼の作物を見学したり（傍点筆者）、以前のできと比較したりする。時には一村内でないしはいくつかの村の間で「品評会」をやることもあり、誰もが自分や自分の村の面目にかけて最善をつくす。敵愾《てきがい》心のあまり、昔はよく戦争や争いが起るほどであった。

　この時期、栽園は活気がみなぎり祭のようになる。ヤム芋の山が無花果《いちじく》や葡萄のような大きい葉と一緒にあちこちの地面に散乱しており、その間に村人達がたむろしてヤム芋を奇麗にしたり並べたりしている。一方では華やかに着飾った見物人の一団が、散らかった葉の間を行ったりきたりする。皮膚の赤銅色と、祭に使うペチコートの赤と黄金色、木槿《むくげ》の木の深紅色、タコ椰子の淡黄色、そして長い葉の緑色など、これらがあるいは陶酔的あるいは牧歌的な南海の田園風景をかたちづくっている。

（マリノウスキー『未開人の性生活』泉靖一・蒲生正男・島澄訳）

　これは父（夫）から出自のおなじ氏族に属するじぶんの姉妹の家族にたいする贈与物を運ぶ祭のような風俗と示威の有様だ。この祭りの風俗と示威の中心には、正体のわからぬ〈霊威〉にたいする贈与と返礼がかくされている。だがわたしたちが現在かんがえるような正体のわかった〈権力〉が介在するためにはどうしても贈与が、婚姻関係から離脱しなくてはならない。婚姻関係の内部で父（夫）が実の子どもに与えたい所有物と母（妻）の側の氏族から父（夫）に与えられる贈与物とが均衡するためには、交叉いとこ婚をとるほかないことは、さきにも述べた。では婚姻関係を保ちながら贈与が父（夫）系と母（妻）系とのあいだで拡大するためには、父（夫）が母系の氏族と多重な贈与関係をむすぶのがいいことになる。この複数の母系氏族との多重な婚姻関係によって父（夫）は富を蓄積するとともに漠然としてではあるが複数の母（妻）系の複数の氏族を内包した版図ともいうべきものを獲得する。そして母（妻）系の氏族の系譜を継時的に存続させるために必要な母（妻）系の同祖の〈霊〉と交換される複数の〈威力〉を、父（夫）は獲得することになる。

わたしたちがこの考え方に固執する根拠は、贈与が婚姻関係（母系氏族外婚制）を離脱したあとまで拡張されたときに未開、原始の次の段階に想定されるアジア的な社会で贈与制度はいわば不変的な贈与ともいうべき**貢納制**に転化され、それと一緒に父（夫）は普遍的な〈霊威〉の集積ともいうべきアジア的な〈専制〉を獲得するようになる。アジア的な〈専制〉を強制的な収奪体制とかんがえ、貢納を恐怖にふるえる民衆の贈与という像《イメージ》でかんがえることもできよう。だがこういう像《イメージ》にはすぐに仁慈にあふれ、政治にじかにはかかわらない、むしろ宗教的にだけ存在する専制の父（夫）と、すすんで貢納を献上する外部の他者としての民衆という逆の像《イメージ》がついてまわる。わたしたちはアジア的な専制を、普遍化された多重な〈霊威〉の集積とみなし、普遍化された多重な贈与としての貢納に対応するとみなした方が妥当な気がする。

『古事記』神話のなかの伝承の初期天皇群は、記述の位置からいえば複数の母（妻）系の氏族と婚姻関係をもつことでそれぞれの氏族から多重な贈与をうけ、父（夫）としての〈霊威〉を多重化した者たちに該当している。記述の通りいえば、初代の神武は日向にいたとき阿多《あた》の小椅《おばし》の君の妹にあたる阿比良比売《あひらひめ》と婚して二人の子どもが生れる。また大和に入ってからは三輪の狭井河《さいがわ》の上に住む母系氏族の象徴（祖《おや》）伊須気余理比売《いすけよりひめ》のもとに通い、三人の子どもが生れる。神武が死んだあと、日向で産んだ二人の子どもの兄の方が庶母にあたる伊須気余理比売に入婿する。そして神武が大和で伊須気余理比売に産ませた三人の子どもが邪魔になり殺そうとするが、逆に殺される。そこで伊須気余理比売の母（妻）系の氏族は安泰で、三輪の地方に版図をもち、三人の子どもの末子が、この氏族を背景に次期天皇（綏靖《すいぜい》）になる。ただ神武が畝火《うねび》の白檮原《かしはら》に住んでいたのにたいし、葛城《かずらき》の高岡に住むようになる。これは母（妻）系への入婿制でありながら住居は父（夫）系に依存するかたちであるようにみえる。また母（妻）系氏族とじぶんの氏族との中間点に択ばれたともうけとれる。綏靖は師木《しき》の県主《あがたぬし》の母（妻）系氏族の首長（祖《おや》）である河俣毗売《かわまたひめ》と婚してひとりの子どもが生れる。この子どもが三代目の天皇（安寧《あんねい》）ということになる。そして住居は片塩《かたしお》の浮穴《うきあな》にかわる。この安寧は河俣毗売《ひめ》の兄の娘である阿久斗比売《あくとひめ》と婚して、三人の子どもを生む。この三人の子どものうちまん中の子どもが四代の天皇（懿徳《いとく》）になる。かれは軽《かる》の境岡《さかいおか》に住居を定める。ところで三人の子のうち末っ子は二人の子を生む。そのうちのひとりの子は淡道《あわじ》（淡路島）の御井《みい》に住居して二人の娘が生れる。なぜここで末子のことが記載されているのか。ふたつ理由がかんがえられる。ひとつは淡道に住居を定めたということで、この母（妻）系の氏族の版図がはじめて大和地方を離れた遠隔に及んだことを暗示していることだ。もうひとつあるとすれば、この末子のふたりの娘（姉の名は蝿伊呂泥《はえいろね》、妹の名は蝿伊呂杼《はえいろど》）の系譜が格別の意味を神話時代にもったからだとおもえる（孝霊記の記載では妹の蠅伊呂杼の母系は播磨に版図をもった）。この伝承の初期天皇群は、はじめから特定の社会的な地位を占めていたものとみれば、母系優位の氏族制をもった初期社会の一般的な村落庶衆のあり方と同じに見なすことはできないだろう。だが婚姻の相手である母（妻）系の氏族を多重し、地域的に遠隔化することで版図が拡大される父（夫）の位置をうかがうことはできる。初期天皇群の相手として記載されたそれぞれの母（妻）系の氏族の祖《おや》（女首長）は、それぞれに親族と家族をもっていた。そしてこの親族や家族と多重化された婚姻関係をもった父（夫）とのあいだの媒介概念は贈与というより貢納というべきものに転化していったとおもえる。父（夫）の〈霊威〉の概念が贈与に対応するとすれば、貢納に対応する概念は、特異な〈霊威〉の集積としての〈専制〉とみなされる。

2　消費資本主義の終焉から贈与価値論へ

マルクスが分析しなかった未知の段階、消費資本主義

日本の一次産業、農業みたいなものは、だいたい全産業の九％ぐらいだとおもうんです。専業の農家は九％のそのまた一四％ぐらいです。日本の農業は兼業農家になってるということです。もうひとつは産業の重点は第三次産業に移っています。流通とかサービス業とか、そういうとこ

ろに重点が移ってしまっている。六〇％ぐらいだとおもいます。こういう産業段階にあるっていうのは、世界でいえば日本とアメリカとそれからフランスなどＥＣで、それが先進資本主義っていわれていているなかにはいっていっているとおもいます。この段階の特徴は何かっていったら、ぼくは消費資本主義っていっていってるんですね。消費資本主義っていうのは定義しますと、個人所得でも法人所得でもどっちをとってもいいんですけど、その所得の半分以上が消費に使われている社会っていうこと、それからもうひとつ、消費支出のうち五〇％以上が選択消費っていいましょうか、つまり必需消費ではなくて、選んで使える消費ってのが五〇％以上になっていることです。このふたつの条件があれば、消費資本主義段階って呼べるとおもいます。要は第三次産業が主なる産業になってる段階だとおもうんです。ぼくの理解の仕方では、それはマルクスなんかが分析しなかった未知の段階です。だからこれは分析しなおさなくちゃならない。そういうより、マルクスがいま生きてたら分析するだろうように分析しなければだめなのじゃないですか。つまりいままでのマルクス主義ではだめということです。ここでの問題は、消費とは何かってことになるわけです。マルクスのいい方をすると、消費とは遅延された生産だってことです。いちばん簡単なのは、いまここで天然の木の実があって、とってこれを食っちゃえば、生産と消費とは同時性があるってことになりますね。そうすると、消費社会、消費資本主義とは何かっていったら、遅延された生産が閾値以上になってしまっている、つまり生産の遅延、遅れってことが空間的にも時間的にもある段階以上になってしまった社会なんだということです。閾値があって、マルクス的に、消費は遅延された生産だっていう理解の仕方で分析できる段階に、境界点があるとすれば、その限界から向こうにいっちゃうと、消費は消費としての浮遊状態にあり、生産は生産でまったく別だっていうことを想定しなければならないことになります。消費ってのは遅延された生産だっていえるある閾値を超えちゃったら、消費資本主義だっていう以外ない。それがいちばんてきめんに現われるのは第三次産業なんです。それはまったく未知の段階で、本格的にいうと、誰もがうまく分析したり説明したりできないでいるっていうのが、現状だとおもいます。ここで生じてくる問題は、予想外のことが、どんどん突発的におこってくることです。そこでは、欠如とか欠乏を基準に考え組み立てていったら、だめなんじゃないかとおもうんです。もちろん分析の組み立てもそうですが、倫理の組み立ても、欠乏を元にした倫理はだめなんじゃないかとおもいます。そうすると、段階っていうのだけが問題なんだとおもいます。消費資本主義は大衆の窮乏、欠乏をだいたいにおいて解いてしまったわけです。でも段階はこれで解けないだろうとおもいます。段階っていうのは、彼が所得百万なのに彼は二十万だったとかっていうこの段階のちがいだけは、資本主義ではどんなに高度になっても解けないいんじゃないかっておもいます。それで、これが解けないっていうことが明らかになった時に、たぶん資本主義っていうのは本当にピンチを迎えるだろうとおもいます。現在までのところでは、対立的に、資本主義はここが欠陥だっていうようにいわれてたんだけど、その考えの党派性は、消費資本主義の段階では無効なんです。かたっぽに窮乏者がいて、かたっぽに富む者がいる、そういうスタンスの対立の考えではだめです。ちがう段階を基盤にした対立の取り方をしない限りだめなんじゃないか。そこらへんが、高度資本主義のいちばんきわどいところの分析になるんじゃないかとおもいます。

それから農業の問題なんですが、農業ってのはイギリスが二%くらいなんですね。あるいは東京の農業ってのは〇・二%なんですよ。まず、ここらへんぐらいまではいくとおもったほうがよろしいってのが、ぼくの考え方なんです。地方のどんな都市でも東京並みになっていく。これはそこまでいくでしょう。農業っていうのはイギリスでいえば二%、東京をモデルにすれば〇・二%、極端にいえば農業ゼロっていう段階にいくのが、理論的にはあるとおもってます。つまりそこがどうかんがえても、資本主義の終焉、つまり資本主義がほんとうのピンチ、内在的なピンチを迎えるというふうにぼくはおもってます。そうすると、その時どういうふうになるだろうかっていうと、消費社会を世界的な規模で、アメリカ、日本、フランスなどＥＣ、西欧をモデルにとれば、そこだけが農業ゼロに限りなく近づいていく。そうしたら、世界はどうなるかっていうと、第三世界、それとアジアのある一部が農産物担当地域になる。かたっぽは農業ゼロに近くなっていくっていうのが、自然な見通しになります。近未来っていうのは、そうなるでしょう。経済学の公理みたいなもので、つまり天然自然を相手にしている限りはその産業者は、貧困から脱出できない。残念ですけど、公理みたいなもんですね。そうしたらどうなるかっていったら、農業ゼロに近づいた先進地域は農業地域に対して贈与するしかない。（……）

そしてこっちは必然的に農産物、世界の食糧生産物担当地域になっちゃって、かたっぽは農業ゼロに近づいているっていう構図になって、その不均衡はどうなるんだっていったら、こっちが贈与するしかないって、ぼくはおもってます。それは近未来にかんがえられる構図じゃないか。そうすると、その時は何が問題になるかっていったら、価値が消滅するってことなんですね。価値ってのは交換価値ですね。交換価値っていう概念は消滅する。贈与価値なんですよね。贈与価値っていうのが問題になってくるだろう。ぼくらがかんがえる消費資本主義っていうのの分析は、交換価値っていう概念じゃなくて、贈与価値っていう価値が、どういうふうに何が本質なのかって、それを基盤にしなければ、価値論を形成できないでしょう。それを武器に分析し論理をつくる以外ない。でないとこの分析は不可能だと、ぼくはそうおもいます。ぼくがポイントポイントでかんがえてる近未来の構図は、そうです。ですから、あなたのいうことと違うんじゃないかとおもうんです。ぼくは、第一次産業が先進資本主義でもってゼロに近づいていくことを避けることはできない、つまり歴史の必然だって、おもっています。それはいかなる政策をとっても避けられないでしょう。遅くする早くするはできますよね。でも、必然的にそういくってことは避けられない。そこは価値論の終わりのところで、同時に贈与価値論を基礎に据えなければ分析なんかできない段階です。

つまり贈与価値論ってのは何かって大雑把にいっちゃえば、かたっぽは物でも貨幣でも信用でもいいんですけど、それをいわゆるただでやっちゃうわけですよ。いわゆる交換価値論でいえば、ただでやっちゃうわけだけど、その代わり、なにかしら無形の何かをこっちがもらってくる、それと交換するってことになるとおもうんです。その無形の価値ってことはモースのいうような、未開の原始社会での贈与とね、高度社会における贈与は違うとおもうんです。おっしゃった知的所有権ってのは、当然それを含めた価値論になります。交換価値の代わりに贈与価値論を形成する場合に、無形の価値を勘定にいれた原理、そういう価値論を形成しない限りは未開社会じゃなく、高度に意識された贈与ですから、おっしゃることは当然勘定にはいってなければならないようにおもいます。

資本主義の高度化が世界を単一化させていく

たぶん資本主義の高度化っていうのが、ひとりでに世界を単一化する方向に力をはたらかせていて、国家の枠が、だんだん連続的に壊されてくみたいな形で広がってる。それはいろんな形でいえるんだとおもいます。また具体的にいえば、実質的には贈与っていえばいえるほど、日本もアメリカも第三地域とかアジア地域とかにお金は貸してるけど、ちっとも返してもらってないです。だからそれは累積するばかりになってきてるわけで、実質上はもうすぐ限度を超えた交換ってことで、もう贈与と同じだよっていう境界に近づきつつあるとおもいます。ぼくの中でマルクスの考え方が生きてる、あるいは生かしてるっていうようにおもえるのは、価値形態論でいくのはやめようじゃないか、生産論、再生産論でいこうじゃないかみたいなことです。もうひとつはマルクスは、消費ってのは遅延された生産なんだ、べつのものじゃないんだってことを、「経済学批判」の序説のとこでいってるんだけど、その遅延っていう概念がどこまで時間的、空間的に伸びきったら遅延以上になっちゃったよっていえるだろうかっていうことを解明すれば、だいたいいけるんじゃないかとおもうところがあるんです。

価値形態論でいうとやかましいことになってきて、プリペイドカードみたいなのあるでしょ。これ、どの範囲にいれようかっていうことになってくるんです。それよりもわかりやすいのは、生産論、再生産論ですね。産業の次元の区別ってことで、そこんところでおさえていって、第三次産業ってのも原理的にいえば、第一次産業を含んでないようにみえて、ほんとは全部含んではいってるんですよね。遅延した農業なんですよね。原理的にはそうなってるから、その考え方のほうがわかりいいんじゃないかとおもって、それで、いったほうがいいんじゃないかとかんがえます。

（聞き手＝中田平・石塚雄人）

第八章
超資本主義論

解説

一九九〇年代の半ば頃から日本経済は一転して不況期に入った。不況に対処する処方箋としては、二〇世紀にはケインズ的な政策が有効だと考えられてきた。そこで当時の自民党政権も、建設や土木工事などの公共事業に国費を投入する、ケインズ的政策で不況を乗り切ろうとした。吉本隆明はそれを、資本主義の現在の段階を理解していない間違った政策として、きっぱりと否定した。その理由は、彼の考えていた資本主義の未来像（超資本主義）と深く関わっている。

消費資本主義の段階に入っている先進国では、第一次産業の人口が大幅に減少している。第二次産業についても似た傾向が見られる。そのかわりサービス業や金融業や情報産業などの第三次産業に就いている人の割合が増えていっている。資本主義じたいが金融グローバリズムの時代に入っていた。こういう社会で、ケインズの時代と同じような不況対策がはたして有効だろうか。ケインズの時代には第二次産業がもっとも重要で就業者の数も多かったから、公共投資をさかんにしていけば、人口の多くの部分がそれによって潤うことになった。ところが消費資本主義の社会で同じ政策をとっても、一部のゼネコンなどが大儲けをするだけで、社会は全体として豊かにならない。

先進国がとらなければならない不況策が、ここから自然と見えてくる。公共投資は教育、医療、福祉などの第三次産業へ向けられていかなければならない。いやそもそもなぜ先進諸国が現在軒並み不況に陥っているのか。それは社会生産の主体がサービスや金融や情報などの第三次産業に移行してしまっているのに、政治家も経済学者も古い「支配の思考」のレベルで止まってしまっており、その幻想性ゆえに現実の経済の姿が見えていないからである。

消費資本主義の社会のほんとうの主人公は、いまや国民と企業体である。彼らのおこなう消費が社会を左右する力をもっている。「支配の思考」は、国民や企業体がそのことに気づき、消費資本主義の主人公として彼らの意志を政治に直接反映させようとする事態を恐れている。しかしここが突破されると、先進国ははじめて超資本主義の段階に入っていくことになる。

吉本隆明はこの超資本主義の世界がどのようなものであるか、興味深い着想をいくつも残している。なかでも興味深いのは「アフリカ的段階」の要素を保存したままの世界にたいする期待である。人間の心の原初構造がハイパー科学技術と結合して（つまり人類の「アジア的段階」を経ることなく）つくりだす見たこともない未来を、吉本隆明は夢見ていた。

1　超資本主義の行方

不況とはなにか　I

i

経済上のデータをたどって判断すると、一九九〇（平成二）年の下四半期のおわりごろから不況の萌《きざ》しがみえはじめ、九一（平成三）年の上四半期のはじめにははっきりと不況に入ったといえる。だが企業も個人も政府もまだ楽観的だった。そしてすこしずつ不況感は深まり、現在もまだ回復の手だてが有効さを発揮できないまま続いているといっていい。そこでわたしなりの見解でこの不況の情況に言及してみたくなった。ど素人のくせにこの経済的な不況に介入したいモチーフはなにか、あらかじめひとつふたついっておきたい。ケインズ以後の近代的な経済学も、その反対のマルクス主義経済学も、なまの現実の政治経済や社会経済を分析し、経済の政策や社会政策に反映させせようと企てるばあい、いずれもおなじように支配の学の発想だといっていい。やさしくいい直すと、政治や社会の政策をおこなえる地位にあるものが、それを実施しようとするばあいの指針の役割を果たすための学問だから、そういう支配がうち出した方策を、国民大衆のほうが無条件に受け入れ、大なり小なり忠実にしたがうにちがいないことが前提となっている。マルクス主義的な用語でいえば前衛集団が政治や経済の政策をうち出すと、労働者や民衆はそれを受け入れ、文句もいわずに実行するだろうことが前提とされている。

だがわたしの経済データの分析からは、そうはならない。現在の世界でアメリカ、日本、ＥＣ（フランス、ドイツ、イタリア、イギリス）の三地域、いいかえれば現在の世界で経済的にいちばん先進的といえるこの三地域では、むき出しにいってしまえば近経であれマル経であれ、支配の学が通用する時代は、すでに終焉してしまっている。その条件は単純化してしまえばつぎの二つだ。

(1)個人所得あるいは企業収益のどちらをとっても、所得あるいは収益の半分以上が消費または総支出につかわれていること。

(2)しかも、この個人所得の消費または企業総支出の半分以上が選択消費（択《えら》んで自由に使っている消費）あるいは設備投資（あるいは択んで自由に増減できるその他の支出）につかわれていること。

現在の世界でこの二つの条件をみたしている国（地域）は、典型的にいえば、アメリカ、日本、

EC（フランス、ドイツ、イタリア、イギリス）の三地域だといっていい。この三地域では、すでに支配の経済学は通用しない。政府または反政府が現在の日本のように不況対策をうち出しても、個人や企業が選択消費または設備投資を中心とする選択支出を引きしめることをやめないとすれば、不況を脱出することはありえないからだ。これではどんな不況対策をやっても脱出できないことがわかる。理由は単純化して説明できる。これらの三地域で、簡単なために月額所得百万円の個人を例にとる。するとこの個人は五十万円以上を消費につかっている。そしてそのうち二十五万円以上を選択消費につかっている。単純化のためにいま全人口の九割一分を占める中流意識の国民大衆が一斉に生活水準は落とさずに（つまり必要消費には手をつけずに）、自由に択んでつかっている二十五万円以上の選択消費だけを、せめて年半期だけでも引きしめて使わないと仮定する。すると約六割のウエイトで、日本国の経済規模は四分の一（半分）から四分の三縮小されることになる。個々の企業が設備投資を中心とする選択支出を年半期いっせいに引きしめたとすれば、全ウエイトで日本の経済規模は四分の二（半分）から四分の三縮小されることになる。

そして経済規模が半分から四分の三になってしまう経済恐慌や景気後退に耐える不況政策や対策などは、どんな政府（自民であろうが社共であろうが）をもってきても不可能だということは言うまでもない。わたしが何を言いたいかははっきりしているだろう。現在の世界でこの三地域（アメリカ、日本、EC）では国民大衆の経済的な潜在実力は、どんな政府支配をもってきても統御できないレベルに到達しているということだ。もっと露骨にいえば近代経済学の理念もマルクス経済学の理念も総じて支配を中心としてかんがえる経済理念はこの地域では潜在的に破産しており、国民大衆の自己支配による自己統御のほかにはどんな政府もほんとうは可能ではなくなっていることにほかならない。

公定歩合の引下げ、国債の発行、減税など、現在政府と反政府によって論議されている不況対策などは、いずれもまだ支配の学としての経済学の政策化が通用するとおもっている錯覚にしかすぎない。たしかにその程度の不況対策でも現在の不況を脱することはできるかもしれないが、それは本当をいえば「眠れる」獅子である国民大衆が、じぶんたちの経済的実力を自覚していないことを当てにしていることでしかない。わたしの不況認識は、これらの政府と反政府の認識とはまるでちがう。この不況は現在の世界の先進地域で「眠れる」獅子である国民大衆と「眠れる」高度技術文明の象徴である企業体が、「眠れる」というじぶんたちの潜在実力を信号しつつある最初の徴候にほかならないとおもっている。政府も反政府も「眠れる」獅子である九割一分の国民大衆と「眠れる」高度技術文明の象徴である企業体が、選択消費支出の部分をゆるめなかったら、どんな不況政策をやっても不況を脱することは不可能になっているのだという現状を認識しようともしないで、高をくくっていることになる。この認識が、現在の不況に言及してみたいわたしの第一のモチーフだといえる。このモチーフから派生することだが、それならばどこで不況を測ったらいいかという指標の問題が、言及してみたい第二のモチーフだといっていい。

現在経済担当者や専門のエコノミストによって流布されている指標は、便利にはちがいないが、すくなくとも現在の世界の先進的な三地域で通用するものだとは、とうていかんがえられない。

経済専門家や学者や経済政策を立案している官庁が、どんなふうに現在の不況の細部をとらえようとしているか、すこし立ち入って、産業別にみてみることにする。

はじめに証券会社について挙げてみると、九二年九月の時点で、経常損益がプラスになっているのは、野村、大和、日興の三社だけであとはすべてマイナスになっている。そして光世という小さな証券会社だけが上位の三社といっしょにプラスを示している。東京証券取引所で株式の一日平均売買代金が三千五百億円くらいが損益の分岐点のところで、上期は二千五百億円台にとどまり、下期はさらに悪化するかもしれぬという予想がこの時点で出されている。これが最初に挙げられる不況の徴候として記されたものだ。

つぎに生命保険会社の九二年度の上半期の「株式含み益」は、日本生命、第一生命、住友生命、明治生命、朝日生命、三井生命、安田生命、千代田生命など上位八社では、軒並みに前年の同期との伸び率の比がマイナス五〇％以上になっている。最大マイナスは住友生命のマイナス約九〇％、最小でも明治生命のマイナス約五三％である。「株式含み益」というのは、この株式利益を財源にして生保会社が株式評価損失の穴うめをしている経営の体力を意味しており、そのマイナスはこれに依存するやり方の不可能を意味すると注記されている。

つぎに金融、保険業だけでなく、サービス業、卸・小売業、レストラン外食のような飲食業を含めた第三次産業の全体についていえば、業況がどうなっているかをしめす活動指数を、八五年度を一〇〇としてみると、一三五・八で前年の同期比は〇・四％のわずかな増大にとどまっていることがわかる。これは第一次石油ショックのあと七四年度のマイナス一・二％につぐ低い伸び率にあたっていることがわかる。

つぎに電機・通信機器の大手企業は、九二年の九月の時点で、経常利益がマイナス五〇％より少ないのはわずかに東芝（マイナス三八・九％）だけであり、あとはマイナス五〇％をこえている。この業況をのりきるために各電機・通信機器のメーカーは設備投資の抑制と人件費の節約をうち出し、新卒採用者を削ること、採用取消し、そして社員のボーナスや役員手当の削減などをおこなっている。

また関東地域の私鉄は、九二年九月の時点で、東武、西武、京浜急行の三社が経常利益で、前年同期にくらべてマイナスになっている。

信託銀行についてみるとおなじ時点で三菱など七社がすべてマイナスの経常利益に落ちこんでいる。

おわりに九二年十月〜十二月の個人の預金残高についていえば前年の同期にくらべてわずか一・三％の増加にすぎなかった。

これらのデータはいずれも新聞、雑誌などに公開されたものだ。そしてそれぞれの産業分野の不況の状態について、だいたいの目安を示している。どのばあいをとってもはっきりしている共通点は、一様に経常の利益の伸び率の比が、前年の同時期にくらべてマイナスになっていることで、不況を判断するよすがにしている。だがそれでいいのだろうか。たしかに企業の経常利益の伸び率は、不況になったとき前年の同期にくらべてマイナスをとるだろう。だが逆に経常利益の伸び率が前年同期の伸び率より下回るデータを不況の指標として振りまわすことに妥当性があるのだろうか？　わたしにはそうおもえない。なぜならば企業体が成立していることは経常利益をもつことを前提としている。いいかえれば企業イコール経常利益体だということを意味している。それゆえその伸び率の差異は、不況と無関係にありうるものだ。伸び率が減少率に転じて四半期とか半期とか一年とか経なければ、いいかえれば経常利益の損失だけで倒産に追いこまれないかぎり、経常利益は厳密には不況を表現しないとかんがえられるべきだとおもえる。いいかえれば企業の経常利益で不況かどうかを判断するのは、粗雑ないい加減なものにすぎないといえる。仮に経常利益がゼロでも企業体は存在できるが、企業体の存在する目的は消滅してしまうように、企業体はつくられている。もっと違う言い方をすれば被雇用者の命運にかかわりなく、企業体イコール経常利益体という前提を無意識のうちに呑みこんでしまうことはできるのだ。

iii

わたしたちはここで、いちばん確かに不況を判断する経済基準がどこにあるか、あらためてかんがえてみるべきだとおもえる。とくに現在の世界の先進的な地域では、その基準を確定することが、不況かどうか判断するための必須な前提だとかんがえるほかない。なぜならその地域ではすでに消費や支出、とくに選択の可能性がある消費や支出が、個人や企業のおもな身体の血肉になっているからだ。そこでは消費や支出は遅延または先行された生産にほかならず、それはいず

		92年度(予想)	93年度(予想)	上期	下期
設備投資	製 造 業	▼14.5	▼9.9	▼11.5	▼8.3
	非製造業	▼ 0.2	▼0.9	1.1	▼2.8

▼印はマイナス「朝日新聞」93.3.9より

図18 設備投資(予想)の前年同期にたいする伸び率比

れにせよ過半分を占める要素になっている。企業の経常利益の伸び率が〇%であっても、企業体は理論的には同一水準で維持されうる。これは個人が、選択消費が〇%であったとしても理論的には同一の生活水準を維持できることとおなじだといっていい。わたしたちはこういうことを踏まえたうえで、現在の不況を測る尺度がどこにあるのかを求めてゆくべきだとおもえる。企業が経済の主体になるのではなく、企業の意志が経済環境によってどれだけ抑止をうけるかが問われなくてはならない。

現在の不況の状態がどんなものか、いちばん最近の主な企業の業況判断のデータからみてみる。日銀の短期経済観測の調査では、本年九三(平成五)年二月の製造業の業況判断DI(指標)はマイナス四九、非製造業のDIはマイナス三三となっている。説明すれば業況が「良い」と答えた企業の割合から業況が「悪い」と答えた企業の割合を引いたものがDI(指標)の数字に当っている。この数字は製造業を例にすれば第一次石油ショックの不況(マイナス六七)より「良い」が、第二次石油ショック(マイナス三五)より「悪い」数字で、これからさらに「悪い」傾向に走ってゆく徴候が大きいとみられている。

わたしたちの不況にたいする認識からすれば、企業でいえば設備投資の前年同期にたいする伸び率比の増減が、いちばんはっきりと企業体についての不況の度合いを象徴することになる。それを挙げてみると、先の図18のようになる。

設備投資の伸び率が前年同期の伸び率にくらべて製造業では全部マイナス、非製造業ではそれよりましだがそれでもほとんど全部マイナスだということは（予想は）、業況判断のＤＩとともに企業が現在の不況をかなり深刻にうけとめ、設備投資をいかに手控えしようとしているかという企業体の意志を暗示している。

このデータの観測は日本興業銀行のアンケート調査でも変らない。全産業の九二年度の設備投資（見込み）は前年度比四・三％減、九三年度設備投資計画も六・六％減というように企業体がいっそうの不況と冷え込みを予想し、それに対応しようと意志していることを示している。

わたしたちが不況の測度としていちばん注目すべきだとする個々の世帯の消費支出についても、わかっているデータを挙げてみる。総務庁が発表した九二年度の家計調査では、全国の全世帯の消費支出は一世帯平均で三二万一三〇五円で、物価上昇分を差し引いた実質分で、前年同月比〇・二％増にとどまっている。内訳はサラリーマン世帯で実質二・二％増、自営業者など一般世帯でマイナス三・八％となっている。

もうひとつ消費者態度指数がある。これは⑴暮らし向き⑵収入⑶物価⑷雇用⑸耐久消費財の買い時について、今後半年の見通しをアンケートして数字化した指数である。いずれの項目も前期より悪化し、とくに雇用の悪化という意識が大幅に増加し、九二年の七月から九月の時点で、前期に比べマイナス一八・九％となった。これは企業群が設備投資の引きしめの環のなかに雇用者の退職の勧誘や一時休暇や新規採用者の手控えや、極端なばあい、取消しの通告などを組み入れ

ていることが、サラリーマンの消費を手控えさせる最大の要因になっていることを示していると
おもえる。

言うまでもなく個人の選択消費や企業の設備投資を中心とする選択的な支出をゼロに手控えして、年期や年半期のあいだ持続しても、現在の世界の先進的な地域では、個人の世帯の生活や企業体は、政策主体としての政治国家の担当者よりさきに破産することはありえない。先進的な地域がこの重要な段階にはいったという世界認識が、わたしたちに不況判断の視点を変更すべきだというわたしの見解の基礎に横たわっているものだ。

不況とはなにか　Ⅱ

i

保守政府は平成五（一九九三）年四月十三日に過去いちばん大規模だといわれる「新総合経済対策」なるものを決めた。総額で十三兆二千億と新聞は発表している。なぜこんな大規模な不況の対策を追っかけるように決めなければならなかったか、はっきりしている。これまでの規模の二回にわたるテコ入れくらいでは、おもうような不況脱出のきざしがみられなかったからだ。どうして公共事業費の投入を主にしたケインズ型の不況対策がそれほどの目立った効果をあげないのかは、これまたとてもはっきりしている。

わが国でいえば、すでに五、六年まえに国内総生産からみた産業の構成比で、第一次産業（農・漁・林業）は三％くらい、第二次産業（製造工業・建設業など）は四二％くらい、第三次産業（サービス・金融・小売・教育・流通など）は五五％くらいになっていた。また就業している人口からみても第一次産業は九％くらい、第二次産業は三三％くらい、第三次産業は五七％くらいになっていた。いいかえれば、そのときにもう就業者の人口からみても、国内総生産からみても第三次産業が過半量を占めていたのだ。こんな世界の経済的な先進地域国家で、建設や土木工事や道路や港湾の改修など、第二次産業に属する建設業に公共事業費を投入しても、国内総生産で四二％くらい、労働人口で三三％くらいが直接の効果に晒されるだけで、大部分の総生産や労働人口を占める第三次産業にたいしては、めぐりめぐった間接的な効果しか期待できないか、途中で効果が消滅してしまうのは、じつにはっきりしたことだからだ。いいかえれば不況対策として建設や土木工事を主体にした公共事業費の投入に期待をかける方策は第三次産業が半分以下しか占めることのない地域国家か、経済段階にしか通用しないケインズ的な（逆にいえばマル経的な）寝ぼけたやり方にしかすぎない。仮に不況脱出の効果があったとしても寝ぼけた、あいまいな、そして遅々とした速度にしかならないことは、はっきりしている。もうひとつ付け加えることがあるとおもう。第三次産業を物流と金融や信用や証券の流れのような非物流の二面から眺めたばあいの特徴はふたつかんがえられる。ひとつは物流と金融や信用や証券の流れのあいだに一対一の対応性が成り立たないことだ。もうひとつはそこから派生するわけだが、物流も金融や信用や証券の流れのような非物流も、それぞれに独り歩きして、より有利な経済的な場面に集中して過剰になったり、それにともなう過少な部分をつくってしまうことだといえる。これだけの条件があれば第三次産業が過半量を占めている世界の先進的な地域国家で、ケインズ的な（逆にいえばマル経的な）不況対策が急速な効果をあげえないのは自明のことだというほかない。

さらに先に述べたように、こんな世界の経済的に先進的な地域（アメリカ、日本、ECのような）では、個人の消費や企業体の総支出が所得や収益の過半量を占め、そのうえ選択的な消費や支出が、総消費や総支出の過半量のパーセンテージを占めているため、個々の国民大衆や民間企業体が選択的な消費や総支出をひき締めてしまえば、どんな政策を採用しても不況を脱出することができないという条件をもつようになっている。いいかえればどんな政治体よりも国民大衆や企業体のほうが優位になってしまっている。

こんな条件をもった先進的な地域国家で、すこしでも有効な不況政策があるとすれば、投入する公共費の半分以上（わが国でいえば五五％以上）を第三次産業関係に向けることしかかんがえられない。この見方から今度の保守政府の「新総合経済対策」をみてみるとどういうことになるのか、すこし言及してみることにする。

次ページの図19をみてみると、まず公共投資など、十兆六千二百億のうち公共事業関係に四兆一千七百億が割りあてられている。これは四〇％くらいに当る。この数値の割りあてはなかなか妥当なものだといっていいことが、第二次産業の国内総生産としての割合が四二％くらいであることからすぐに判断される。ところで第三次産業関係にたいする割りふりを拾いあつめてみると、大学や研究所施設、教育、医療、福祉などを整備するための施設費一兆一千五百億、政府関係金

	（単位億円、カッコ内は'92年8月の対策）
公共投資等	106,200（86,000）
●公共事業関係	41,700（44,500）
一般公共事業	31,900（34,000）
災害復旧	5,300　（5,000）
公団等	4,500　（5,500）
●施設費	11,500　（5,500）
●地方単独事業等	35,000（28,000）
●住宅金融公庫等	18,000　（8,000）
政府関係金融機関等	24,300（21,000）
●中小企業対策	19,100（12,000）
●民間設備投資の促進	5,200　（9,000）
〔小　計	**130,500（107,000）〕**
雇用対策	280（50）
減税	約1,500（80）
〔合　計	**約132,000（———）〕**

「日本経済新聞」93. 4. 14

図19　総合経済対策の事業規模

融機関など二兆四千三百億、中小企業対策一兆九千百億（五五％掛け）、民間設備投資の促進五千二百億（五五％掛け）、住宅金融公庫など一兆八千億（五五％掛け）などが最大限の概算に入ってくる。最小限は一兆一千五百億とみなされるから、第三次産業関係の投入分は最大限に見積っても四五％くらい、最小限では一〇％くらいなものにすぎないことになる。理想のイメージを大胆にいえばこの数字は逆さまだ。第三次産業関係の公共投資がむしろ五〇％を超えた額になるような割りふりをもつことが、不況を脱出するための経済対策としていちばんの早道だということはいうまでもないとおもう。

ここではまだ政策担当者にケインズ的な方策（逆にいえばマル経的な方策）の有効さが信じられているのだ。すでに不況の原因が先進地域国家における第三次産業の過半分さと、第三次産業における物流と非物流の独立と分離した動きの跛行性からやってきていることが、はっきりしているのに、不況政策は相変らず第二次産業を主体にかんがえられている。これで効果がすみやかにあらわれるとかんがえる方がどうかしていることになる。

ii

できるかぎり常識にしたがって判断するようにこころがけて、第三次産業が全体の五〇パーセント以上の総生産と就業人口をもった先進的な地域国家では、不況（景気後退または経済恐慌）のあり方は、金融の過剰な溜り、過少な流れだけが独行する不況も、物流の過剰な溜りや停滞あるいは逆に過少になる加速が独り歩きする不況も、金融の溜りあるいは流れすぎと、物流の溜りあるいは流れすぎとが連動しながら跛行状態に陥ることが不況の原因になるばあいもあることになる。これが現在、世界のいちばん先進的な地域国家であるアメリカや日本や西欧の先進地域（フランスやドイツ、イタリア、イギリス）を軒なみに訪れている重たいが輪郭の不明瞭な不況の根源にあるものだということができよう。

ところで宮崎義一の『複合不況』はアメリカや日本やイギリスの金融自由化の政策からはじまった金融の流れの不整脈化が物流の停滞に波及して、それが世界的な規模でひろがり、金融循環からはじまって生産物循環を跛行状態に陥れたのが、現在の不況の実体だというかんがえを、アメリカの不況現象と日本の不況現象を分析しながら結論づけている。わたしはかくべつまちがった分析だとおもわなかった代りにかくべつ感心もしなかった。宮崎義一は、金融自由化の流れが一国資本主義的なケインズ政策では統御できなくなったことが、この複合的な不況が世界化した根拠だという考えを述べている。そしてこれをケインズ政策的に再構築するには、一国規模ではないグローバルなケインズ政策が必要で、巨額な資金の世界的な流れをコントロールできる強力な世界銀行を作って、世界共通貨幣が形成されるような基礎をつくらなくてはならないと結論づけている。

わたしには支配の政策の補助学としての経済学の旧い体質を見事に象徴した結論のようにおもえた。なぜこういう結論になるかはとてもはっきりしている。現在の先進地域国家をつぎつぎにおとずれている不況を、アメリカ、日本、イギリスなどの先進諸国の金融自由化からはじまった金融の流れの跛行状態が、ついに生産物の過剰である不況をまきこんだ複合不況としてあらわれたものだと位置づけたところから、そんな結論が導きだされている。わたしたちは宮崎義一の論旨にそっておなじことをいうとすれば、まったく逆立ちしたことを言うほかはないのだ。すでに消費が所得や収益の過半量を占め、また選択が可能な消費が全消費や総支出の過半量を占めるようになったために、経済政策のどんな担当者よりも、諸国民個人や企業体のほうが優位になった地域国家で、社会生産が第三次産業に主体が移ってしまったために、現在のような先進国の不況は起っている。この不況を離脱するには、ほんとうはすでに先進国では諸国民と企業体を経済と経済政策の主体においた方策をとるよりほかにはありえないので、ケインズ政策の信奉者やマルクス主義経済の信奉者が、すでにじぶんたちが先進諸国民や企業体本位の政策の代行者にすぎないことを自覚するよりほかにありえないのだ。

佐和隆光の『成熟化社会の経済倫理』は、ほとんど宮崎義一とおなじことを、別の言葉で語っているにすぎない。経済専門家と称するものの見識がどの程度に妥当性をもち、どの程度駄目なものかを程よく象徴しているといっていい。

この本の結びのところで佐和隆光は言わずもがなのお説教を国民大衆に向ってたれている。

(1)二一世紀の発展途上諸国の人口爆発と彼らの「発展権」を前提とするかぎり、大量生産、大量消費、大量廃棄ないし使い捨てを旨とする、二〇世紀型文明の見直しがせまられている。

(2)いまわたしたちは、こうした「ぜいたく」の粋をきわめた八〇年代後半の生きざまを反省し、もったいない、質素倹約、省エネルギーなど、数年前に「死語」と化した言葉を、あらためて想起しなければならない。

(3)地球環境を保全することが、飢えと貧困にさいなまれ「発展権」を主張する南の国ぐにと、エネルギー多消費型経済発展をとげてきた北の国ぐにの双方の利益につながることを、双方が確認し、協調体制をつくるべきだ。

佐和隆光が繰り返しているこの種の経済倫理の結論は、いくら並べてみてもおなじことだ。ようするにわたしの根本的な批判はスターリン主義者の清貧主義やエコロジストの文明退化主義にたいする批判とおなじだ。第一にわたしは佐和隆光とちがって、経済現象と文明とは、その中核のところで自然現象とおなじように、自然史的な過程であって、人工的な政策で統御できるのは、発展の遅速だけだということをマルクスから学んだ。この文明と経済の発展過程は停止させることも、逆戻りさせることも、跳躍させることもできないということだ。佐和隆光のいうことは経済政策や環境政策によって、人類の歴史を逆行させることすらできるという馬鹿げた錯誤と、そこから出てくる口当りのよい地球環境浄化論にしかなっていない。

もうひとつ根本的な批判がある。やさしい言葉でいえば近代経済学を心得えた顔をした経済学者でありながら、この今くらいの世界諸地域の経済発展の程度で、もう音《ね》をあげて経済発展の公理を放棄してしまっていることだ。佐和隆光の言っていることは二宮尊徳の『夜話』の世界で、すでに百五十年も二百年もまえに、農民は勤倹節約してぜいたくを慎んで生活し、金銭を貯えるためには、夜なべをして縄をない、それを販《あきな》って貯蓄につとめなければならないと説いている。ひとかどの経済学者が、今度の不況程度のことでこんな唐突にもう退化をはじめてしまうことが、わたしにはまったく信じられない。わたしは断言して予告しておくが、たとえ佐和隆光や中野孝次が政府の経済政策や道徳政策の顧問になって国民大衆に勤倹節約を強制しても、経済機構は高度化への自然史的な発展をやめないで、第三次産業化への度合いをすすめてゆくし、都市は農村との接触対面をますます少なくして、H・G・ウェルズの未来小説的にハイパー都市化をすすめるとおもう。この方向は政策や政治とはかかわりない自然史的な必然に属するから、自民のような保守政府でも、社共のような進歩政府でも、退化してしまうことはありえない。せいぜい文明の進展に反動的に逆らうことで、多少の遅れをもたらせるだけだ。

佐和隆光は経済学の専門家を自任しているから、そこまで露骨には言っていないが、黒古一夫のような無智な素人は、国民大衆が高価なファッションを身につけたいために、自由に使える選択消費の部分からそれを購ったことが、バブルがはじけ、不況になった原因だとおもっている。

わたしが再三いうようにそれは逆なのだ。国民大衆がファッションを身につけて豊かな気分になったり、選択消費を充分に使える状態が経済的好況を主導することになるので、脇を締めて勤倹節約しなければならない状態は政策者や指導者が無能なために起った悪い社会状態なのだ。

黒古一夫や佐和隆光や中野孝次が清貧な生活をしても、誰も賞めないかわりに咎めるものもいない。だが国民大衆に勤倹節約を説教するのは、まったくのお門違いで、この倒錯は諸国のスターリン主義者や同伴者が国民大衆をあざむいて破産させた根本的な前近代の発想法にしかすぎない。きびしくその錯誤を批判するよりほかありえない。国民大衆に勤倹節約を強制したり勧告したりする佐和隆光のような見解が、ひとかどの経済学者の口をついて出てくるなど、わたしにはとうてい信じ難いことだ。経済学はまかり間違えばすぐに支配の補助学として機能できる側面をもっている。宮崎義一や佐和隆光の不況分析や現在の経済状態の分析は、それほど不都合だとはおもわないが、そこから導きだしている経済倫理や経済政策は、まったくの反動と退化を口当りのいい言葉でつらねているにすぎない。それは経済学的な知識の蓄積の問題ではなく、見識と叡知を問われる側面を経済学がもっているからだ。自分たちはそうしたければ清貧を守ればいい（ただし立てまえだけの嘘をつくのはもうやめるべきだ）。だがすこしは国民大衆の所得を増加させ、民衆が自由に豊かなファッション製品を購買できるようになることを促進するような見識を示してみせるべきではないか。
経済不況の現状を誤解し、政策や方策をまちがえて不況に陥れた指導者の責任の後始末のために、国民大衆に勤倹節約を説くなどは、まったくの逆縁というもので途方もないまちがいないのだ。

2 世界認識の臨界へ

高次化する資本主義

——まず最初に、私たちはいまどこにいるのかということをおうかがいしたいとおもいます。二十世紀も終わろうとしているわけですが、十九世紀から二十世紀にかけて確立されたさまざまなシステム、「近代国家」、「近代資本主義」……といったものがこわれて未知な何かに変わろうとしている。その徴候が六〇年代から八〇年代にかけて、さまざまな局面で噴出したようにもえます。その問題は高度資本主義という現象がいちばん重要となってくるとおもいますが、まずそのあたりから……。

吉本 いまおっしゃった点だけでいうと、八〇年代にきっぱりと区切るわけにいかないですが、しいて区切ってみます。そこのところで資本主義の新しい未知の段階に入った徴候がいろいろと顕著に出てきた。それが特徴ではないでしょうか。何を未知というかということです。十八世紀の半ばころから西欧世界の先進的な地域で資本主義的な社会システムをとって、資本主義は興隆期になりますね。

どこで資本主義を見ていくのか、話を単純にするため、産業の段階でいってみます。農業、漁業、林業など、じかに自然を相手とした第一次産業、その基本になっているのは農村、漁村です。初期は農村、漁村が食糧だけでなくて、同時に衣食住でいえば、衣料や住居に関する産業も家内工業的に処理してきたわけです。それが規模も大きくなって第二次産業、つまり工業あるいは製造業という形で、農村から別のところに製造工場の場所を求めて分離していき、都市をつくります。そこまでのイメージが、第一次産業と第二次産業、つまり農業、漁業、林業のような自然を相手にした産業と、製造業あるいは建設工業との分離と対立で、同時に農村と都市の対立のはじまりです。分業が盛んになり、また市場が設けられて製品の売買交換が行われるようになります。そういう段階までが、初期に資本主義と規定された社会の根本の構造だとおもうんです。

現在はどうなっているでしょうか。先進的な社会では六〇年代から八〇年代のあいだに、第二次的な製造工業のなかから第三次的な産業――流通業とか、サービス業のようなもの、教育、娯楽、医療、情報などの産業が、人口構成では大勢を占めるようになっています。つまり農漁業と製造業の分離と対立ではなく、第三次的な産業がどれだけ膨張して、第二次産業と第一次産業を内包したり外延したりできるかが、資本主義の課題に変貌してきました。これが現在、未知の段階のさまざまな混乱とはじめての高度な新しい課題を産みだしている理由だとおもうんです。

その未知の萌芽はもちろん第二次産業のときにすでにあるわけです。流通業、サービス業、娯楽教育産業、外食産業、どれをとっても、第二次産業の胎内にもうすでにあったわけです。でも主体はあくまでも製造業や農漁業にあり、それが拮抗して資本主義の基本のイメージをつくっていました。この社会現象や、産業現象や、それに伴う文化現象のイメージがすでに通り過ぎたということです。この現在の段階の資本主義について明瞭な分析を加えて、この資本主義の実体はどうで、特長や弱点はどこにあるかという問題を解くため『資本論』をやったものはどこからもあらわれていません。現在破綻に瀕している社会主義的思想は、第二次産業が興隆するあまり農村が疲弊し、都市では労働者が貧困にさらされ、資本だけが膨張して、というイメージのなかでできたものです。破綻するのは当然です。第三次産業が社会産業の中心に移り、その産業の中心を担う民衆が中流意識をもち、社会構成の七〇〜八〇%を占めるようになった現状を、どう理解すべきかという問題が、全体的に未知だとおもいます。この問題が露わにでてきたのが八〇年代の問題です。いまあなたのおっしゃった要約点でいうならば、そういうふうに理解すれば、大ざっぱにはいいのじゃないでしょうか。

一般的に社会がどういっているか、現状はどうだということをどこではかるか、大ざっぱにはふたつです。ひとつは産業構造、ひとつは国家の問題です。民族国家は近代資本主義興隆期の産物です。近代資本主義社会が未知の段階にはいったとすれば、近代民族国家もまた未知の段階にはいったと考えるべきです。

昨年来、中国やソ連や東欧の社会主義「国」で起こっている混乱の問題は、いってみれば国家管理社会主義の問題です。国家はそのままにしておいて、社会主義的な理念を社会システムに適用しようとしてきたのが国家社会主義です。つまり資本主義社会の共同幻想である国家はそのままにして、社会構成や生産の仕方だけ社会主義化しようと無意識にやってきたことが、矛盾と破綻をきたしているのだとおもいます。資本主義をよりよくしようとか変えようというのだったら、国家を変えようというのが当然伴わなければならない。幻想性としての国家を変えようということが資本主義社会を変えることだし、また産業制度としての資本主義を変えようということが社会を変えるということですから、その両方がなければちっとも終わりにならないんです。その一方だけはそのままにしておいて、一方だけを変えようというふうにやってきたことが、ついに極端な矛盾に到達したという問題になるのじゃないでしょうか。

――それではさらに市場とか商品という具体的な問題でお話をうかがいたいとおもいます。先進資本主義社会の市場にあふれている商品というのは、付加価値性の高いものになっているとおもいます。商品が次々と差異化され、新たな大衆の欲望を喚起させるシステムといってもいいものがそこにあるとおもいます。第三次産業、第四次産業……と産業構造が高次化していき、システムは高次化していく一方で、われわれはある種疲れているというのが現実だとおもいます。不可避的に高次化していくこととそのなかでの「疲労」ないし「停滞」をどう考えたらいいのでしょうか？

吉本　「付加価値」という言い方は経済専門家が高次産業の経済現象を説明するのに使っています。われわれも便利だから使っています。いずれも近似的な使い方だとおもいます。つまり、ある商品の価値概念は、マルクス経済学の方法をとっても近代経済学の方法をとっても、具体的な商品に対する価値概念としてあるわけです。それにもっと余計な実体にたいして加えられた要素があって流通していると考えるから、「付加価値」といっているのだとおもいます。

その言い方、その考え方は、ほんとうはだめなんじゃないでしょうか。たとえばぼくは『ハイ・イメージ論』で価値という概念――商品の価値でもいいし、それからあなたのおっしゃる付加価値でもいいし、モノではなくて具体的に目には見えない価値でもいいのですが、そのすべてに通用する価値概念をつくってみたくて考えましたが、中途のところでまたやめています。ぼくの「拡張論」とか「自然論」とかに考え方はよく出ているとおもいます。

第三次産業、第四次産業、第n次産業が中心の産業になるにつれて、商品の実体、あるいは実体ある商品よりも、商品の眼にみえない扱い方のほうを価値構成の大きな要素として扱わなくてはならなくなります。これは価値の領域の枠組にたいする不安や未知であるとともに、価値の概念についての不安や未知でもあります。たぶん誤差や付加分がでたらそれを足しておいてということにはならないのじゃないでしょうか。価値概念というものをもう少し普遍的につくるというモチーフがなければだめだとおもいます。

ほんとの願望をいえば、マルクスが第一次産業と第二次産業が対立しつつあった資本主義の興隆期に、資本の実体と運動を分析したのとおなじように、現在の資本を分析したいわけです。そうすれば、マルクスの資本主義社会の分析のうらにまんえんしだしていた結核とおなじように、あなたのいう高次産業のなかの疲労も正体がわかるかも知れないとおもいます。価値の枠組がつくれないために、時間の高次産業的な枠組がつくれない。その未知で不安な時間の体験だけは大部分の労働する人口がしつつあるわけです。疲労と障害は精神の働きにまんえんしますね。

ついでだから共同幻想である国家の疲労や障害についてもいっておきましょうや。いまある国家は全部十九世紀的国家、十八世紀的国家、つまりヘーゲル流にいえば資本主義社会のうえにそびえた国家です。第一次、第二次産業中心時代の資本主義社会と対応する幻想性がいまの民族国家です。疲労や障害のあげくひとりでに壊れていくでしょう。でもこういうふうに壊れたらいいということが示せなければだめだとおもいます。それがいま国家社会主義いわゆるロシア・マルクス主義が当面している問題ではないのでしょうか。

国家だけは旧い民族国家のまま存続して、管理機構として絶対化しながら、社会だけを変えようとしてきた矛盾と欠陥がいま露わにでてきたとぼくには思えます。だから、もちろん黙っていても、資本主義社会が高度になりますと国家は消滅していきます。つまり無意識が消滅させるわけです。無意識が消滅させたものがいちばんいいのかどうかはわかりません。もっといい消滅のさせ方は何なのかということがあるはずなんです。それはレーニン以降のマルクス主義ではどうしようもないんじゃないでしょうか。それを弱点としてよく象徴しているのが現在の中国・ソ連・東欧の状況だとおもうんです。

――とすれば、われわれは高度資本主義にどのようにむきあえばいいのですか。たとえば現在の高度資本主義の「加速化」といった問題はどうお考えなのですか。

吉本　あなたの質問は、一般論として答えようがないほどの大問題から大問題へ移ってゆきますね。この高度産業社会の時間の加速化に巻き込まれないために、どうしたらいいかという問題は、いまの段階ではまったく個人的な問題になっちゃうんです。つまりあなたがサボればいいわけで、ぼくだってときどき時間をみつけてはサボっています。つまり生活的、経済的に破綻をきたさない程度で、ときどきは社会を動かしている機械やエレクトロニクスから足を抜いて、勝手に遊んだり、勝手に他のことを考えたり、他のことをやっちゃったりして、知らんぷりしてまたそういう速度のなかに入っていく。個人的に疲労や精神障害を防ぐみたいにすることがあるわけですね。それを資本主義の問題とすぐに混同してはいけないとおもうんです。

　資本主義社会の速度は大ざっぱにいえば、支配的な大きな産業が商品や情報をつくり、流通やサービスを関与させ、そして販売し回収するという速度が、全社会的な速度を決定しているだろうなと考えるのが常識的な結論になるとおもいます。

　それをどうするんだということになれば、資本主義をどうするんだということか、逆にいかにその速度に心身を慣れさせるか、どちらかまたは両方だとおもいます。つまり、資本主義機構が人間の社会の発展の過程でどうしても通らなければならない部分をもつとすれば、その部分だけ慣れるよりほかない必然の部分です。それ以外の部分は資本主義機構がどうにかならなければ解決しない部分です。産業の速度はわかりませんが、第二次産業が主体である時よりも第三次産業が主体の時のほうが速いということになるのかもしれないし、第四次産業はなおさら加速されるということになるのかもしれません。そうしたら、われわれが身体生理的に最適だと思っている速度との矛盾がますます激化するかもしれません。しかしそれを止めることは、資本主義を肯定する限りはできない、また資本主義が進んで高度化していく限りはできないとおもいます。だから防御する以外にない。このことは徹底してそう考えたほうがいいとおもいます。こんなもので第三次産業に主体が移っていきつつある高度資本主義が簡単に壊れるなどとおもわないほうがいいです。

だから、社会のつくる速度と個々の大衆（市民）の最適な速度とがますます矛盾するかもしれないことは、覚悟したほうがいい。こんなものは簡単になんとかなると錯覚したら、いまの社会主義国が陥っているように資本主義以下の社会生活になっちゃいます。

産業経済構造の高次化ということには、システムの変化だけではなくて、マルクスのいう自然史的必然の部分があります。その部分はシステムを変えたって変わらないんです。第二次産業のところで国家を担当する政府がやめておこうといえばやまるなどとおもったら大間違いで、産業は自然史のように、高次化してわれわれの生理的な持ち時間にたいしてますます矛盾するかもしれません。

もうひとつは、個々で防御することだとおもいます。これは個々の人の問題じゃないでしょうか。そのふたつが、差し当たってあなたの質問をより具体化しようとしたときの問題の中心でしょう。いままでの国家社会主義がだめだったということと、あれよあれよという間に資本主義社会は高次化していってしまうことは、誰でも漠然と感じています。しかし本格的に、どう対応していかなくてはいけないかはこれから解かれてゆくことになるのじゃないでしょうか。

〈日本〉という問題系

――六〇年代から八〇年代にかけて、とくに七〇年代、八〇年代において、日本の資本主義は非常な発展を遂げた。しかも、石油ショックのあと、世界の中で日本の資本主義だけがその処理を非常にうまくやったと吉本さんはお考えだとおもいますが、その原因というか、日本においてなぜそういうことがうまくいってしまったのでしょうか。そして日本がうまくいってしまったことはいまお話し下さった高次化の問題とどうかかわっているのでしょうか。

吉本　うまくいってしまったという問題は、結果的に数字が出たり、世界第二の経済大国になってしまっているとか、貯蓄率からいって格段の上昇をきたしているとか、それらはすべて結果的なデータになりますね。簡単におさえられるところはあるとおもうんです。ひとつは、技術の商品化ということを巧みにやったということじゃないでしょうか。技術の商品化というのは、技術自体が商品の価値概念に寄与する度合が格段に飛躍したということです。

日本の技術社会の能力が格段によかったとか、それを統合する力――政策でしょうが、それがうまく発揮されたのだとか、もともと大工業の大技術にたいしては、それほどの適応能力はないんだけれども、小規模のメカニズムの技術にたいしては、日本の技術社会はもともと適応が得意であったとか、そうしたいろんなことがいえましょう。そして結果として高度化した技術を商品化するということを、実にみごとに飛躍的に短期間にやったということに帰せられます。

もうひとつは、人々が日本人は勤勉だとか働き過ぎだとかいっていることと同じなんですが、単位商品生産量に対して労働時間の過剰さといいましょうか、たいへん無理をしても多くやっちゃったんだということもあるかもしれない。つまり勤勉だとか働き過ぎだとかいわれているものです。これはデータがありますけれども、つまり労働時間の比較をすればわかるのですが、西欧とアメリカとはちょっと違いますけれども、おおよそそれを一〇〇とすれば、たぶん日本では百五十時間働いています。労働時間としてそうだとおもいます。大ざっぱにいえばそのくらい違います。結果は経済的な大国になってしまったとか、生活レベルも貯蓄率も格段の違いになってしまったというふうに出てきています。

もちろん政府や国家の担当者は、われわれが優秀でよく指導したというでしょうし、資本家は、われわれがよく海外の市場も研究し、うまく適応したからだとか、産業をうまく指導したからだとか、それぞれ立場としていろいろいうだろうとおもいます。しかしぼくがそんなことをいう理由はない。ぼくなどがいう必要があるのは、技術の高度化をとても短期間になし遂げ商品化することができた、それから労働時間がヨーロッパやアメリカの先進資本主義国に比べて格段に過剰で多くやったということ、そのふたつだけじゃないでしょうか。あとはぼくがいう必要はないとおもいます。

――そのような条件によって七〇年代から八〇年代にかけて、日本資本主義が高度資本主義になったとすれば、吉本さんは本質的に「何が」変わったのだとお考えですか。

吉本　要するに「何が変わった」という、その「何が」を「どこで」ということにしてみることが重要です。いつだってそうですが、産業の構造でおさえるのがいちばんおさえやすい。つまり、技術の高度な商品化ができたということは、産業が二次産業から三次産業の要素が多くなったということで、それが高度になって、かつうまくやったということの意味になるとおもいます。

そして、それがわれわれの意識にどう影響を及ぼしたか、文化的な現象としてみればどう変化したか、映像文化がだんだん活字文化に比べて多くなったとか、いろいろなことがいえます。われわれの意識の変化、あるいは世代的な意識の落差は、こういうことを派生的にいえば徐々に緻密に詰めていくことができるとおもいます。根本的にはそれでいいんじゃないでしょうか。こまかくいうには、文学的な現象、映像の現象、音の現象、などを個々にすべてやっていかないといけないとおもいます。

――それでは少し細密に文学についてうかがいたいのですが、村上春樹が出てきたのがちょうど八〇年初めで、島田雅彦も文学的出発は八一年なんですね。村上龍はちょっと前ですけれども、村上春樹は八〇年代の十年間を非常に象徴する作家だったとおもうんです。そこに何かひとつの精神とか文化のあり方の変容というようなことを、代表として語ることはできるとおもうのですが……。

吉本　それはできるとおもいます。村上龍はもっと前からとおっしゃるけれども、村上龍が、文学体の作品から話体の作品へ変わって出てきたのはやっぱりそのころですね。また村上春樹の場合には、『風の歌を聴け』もそうだけれども、初めから文学体の作家ですね。それがある作品群を契機にして、それは『蛍・納屋を焼く』でも、あるいは『羊をめぐる冒険』でもいいんですけれども、飛躍的に現在のなかに入ってくるという形になったといえます。

ひとくちに知識がどう変わったかとか、あるいは知的な風俗がどう変わっているのかということに鋭敏に適応してきたとおもうんです。それが無意識に作品でやれた。それが「何か変わった」という「何か」をよく象徴しています。第三次産業の主流化とともに大量にでてきた大衆的知識の層にまさにアピールできるように入りこむ表現が両村上によって充たされたということじゃないでしょうか。それは決して知識のいちばん高度な層ではなくて、知識の大量層です。いわば現在の中流意識を形成している七〇〜八〇％の部分でしょう。

それは文学を文化現象としてみるときには重要なことです。いままでの社会構成だったら、上に知的な層があり、空隙を中間において大衆層——知でない層があって、知でない層と知的な層とは文化への関心や風俗への関心もそれぞれ違っていたというふうになっていたものが、両方からずっと接近してきて、ここにひとつの帯をつくってしまった、ということだとおもいます。その帯を文学がどうやって捉えたかということが両村上の文化現象になるとおもうんです。

現在でも文化現象の裾野にひらかれた大衆の層はありますし、一方で文化現象の頂点に近いところで高度な知的な層もあるでしょうが、たぶん統計的にいえば数が少なくなっているとおもいます。

技術の商品化が短期間にうまくなし遂げられたという問題と、産業が高次化して第三次産業を主流におしあげたということと、それから知的な大衆層が量のいちばん多い層として形成されてしまったということは全部関連しています。それが総体的に「何かが変わった」ということの内容をなしています。

——その帯のところにそうした作品群ができあがった過程に、「映像」とか「イメージ」というような問題、感覚、それは単に文字文化と映像文化ということではなくて、像としての〈知〉といった問題に変わってきたような〈知〉のあり方がかかわっているということはあるでしょうか。

吉本　そうだとおもいます。イメージを広い意味に拡張しますと、産業構造から商品の構造まで、つまりあなたのいう付加価値というのも含めた商品、そういう商品の構造から、もちろん具体的な農村の構造とか都市の構造とか、それ全部がイメージ化の作用を受けているとおもうんです。だから、イメージ化の実体をつかまえていかないと未知なことがおおいのです。

――それは、他のジャンル、たとえば映画とか演劇などにも同じような問題がみられるのでしょうか。

吉本　大ざっぱにいってはいけないとおもいます。映画とか演劇は、イメージの拡がりと高度化を最先端で表現しています。いまの映画と演劇が、この動きからつかまえられなかったらどうにもならないとおもっています。

七〇年代だったらさだまさしとか井上陽水とか、ソロのミュージシャンが主体で新しい大衆的音楽をつくっていったわけでしょう。いまの新しい大衆的音楽は、ひとつはロッキングしちゃうということ、もうひとつはグループ的ですね。つまりソロシンガーというような形で新しいミュージシャンが出てくるというよりも、四、五人で、背景が動き回ったり踊ったりという演劇的な要素、映画的要素、そういうものを含めて出現してきている気がします。アイドル歌手みたいな限られた世界ではソロのシンガーとして出てくることもあります。でもソロのシンガーとして出てくるというのは一般的にすくなくなってきているのではないでしょうか。

〈エコロジー〉を問う

――すこし話題を変えます。七〇年代から八〇年代にかけて、都市化という問題、日本全国が都市になっていくような拡張現象があったとおもうんです。それにたいして一種の反動というか、自然を守れという地球環境保護のような主張が起こったとおもうんです。

八〇年代は市民運動レベルからファッションとしてのエコロジーまでそうした主張が多様に出てきたとおもうんです。この問題についてはどうお考えですか。


吉本　農村が都市化し、都市が高度化していく、つまり高度情報化していく、その流れには、自然史の延長としての文明史の必然だという部分があります。この部分は制度や権力で止めようとおもって法律をこしらえても、いくらか遅くなるか促進されるか反動が起こったり、という程度のものだとおもいます。

そうすると、都市は高度化し、文明はもっと高度化しということは、基本的なところでは不可避だとおもいます。何ができるのかといえば人工都市はできるんです。人工都市の中で自然と産業、つまり先ほどいいましたことから出てくる第一次産業、第二次産業、第三次産業、あるいは第四次産業、その産業の割合と、天然自然の割合とが理想的であるような人工都市をつくるという考え方です。だから都市のなかに農村をつくったり、公園をつくったり、森林をつくったり河川をつくったりという、それ以外の方法はありえないでしょう。

たぶん高度化した都市から順々に人工都市をつくらざるをえなくなっていくだろうとおもいます。つまり、一般的にエコロジストなどが都市は高度になって廃墟化していくといっている。その廃墟化といっているものこそは、人工都市をつくるべきいちばんのポイントなんです。

それから、もうひとつつくれるところがあるんです。それは、ぼくがよくいっているアフリカ的段階です。つまり草原・森林というのが依然として健在で、田畑、つまり開墾したりしてないところがあるんです。開墾したらそれはアジア型の社会になってしまうんですが、開墾されてない多くの森林や草原があるということは、自然と産業と理想の割り振りで人工都市をつくれる可能性があるということです。じっさいにその実力や権力がある人たちがつくるかどうかはまったく別の問題です。たぶんつくらないとおもいます。放っておけばアジア的な社会になっていくとおもいます。だけど、やる気と見識があればほんとうはつくれるんです。

　つくれるところはふたつです。アフリカ的段階と、それからとても高度になった資本主義社会の段階とです。それがぼくの根本的な考え方です。

　それではなぜエコロジーの思想、環境保護の思想というのが世界的な規模で、しかも保守的であると進歩的であるとを問わず出てきたか。要するに危機感があるからです。つまり産業の高次化ということが未知の体験で、まだ適応するほど慣れていないからです。意識が遅れているから、つまり慣れていないです。そうすると、どうしても、農村があって、製造工業を主体とする都市があってという、ほんとうはエコロジスト、自然保護、環境保護を主張する人たちの産業のイメージあるいは社会のイメージはそれになってしまうんです。現在はもうそうじゃないんだ、世界の先進的な地域では第三次産業が主体になっているんだというイメージがないんです。だから、農村や製造業が少なくなって流通業やサービス業が多くなっていくという、これがものすごく手がかりや枠組が不明で危機感を誘発するわけです。これが終末感がまんえんする所以です。エコロジーの思想が世界じゅうでまんえんし、進歩的なやつも保守的なやつもエコロジーの思想を宗教的なまで至上のところにおしあげている根本理由だとおもってます。

それでは、どうしてそんなことになってしまうのかということですが、それは、つくりだすものが目に見える物ではない産業、つまり三次産業以上にたいして、どう適応していいかわからないことがひとつ、もうひとつは、人間というものの可変性といいますか、可塑性といいましょうか、それを全然考えに入れてないからです。つまり人間の意識は高次化する社会に遅れたり進んだりはするけれども、適応し、働きかけるものです。いつでも人間というのは環境に受け身でないんですね。文明、文化がそれを証明しているように、ここに欠陥があるとなれば、それにたいして修正しようともしますし、適応しようともします。人間の身体もまた適応しようとします。だから、人間というのは産業のそれぞれの段階で、それぞれ適応しながら自分の意識も発達させていくわけです。そのことが人類がいままで滅びないでやってきた理由です。

エコロジストや環境保護を主張する人たちは、いや、そうはいってももうこれ以上産業が高次になるとなどといいますが、それは嘘なんです。そうだとしたら、かつて縄文時代みたいに狩猟や自然採取の社会から、農耕みたいに自然を耕して収穫してというふうになるときだってやはり大変革ですから、それにたいして適応できない縄文人ももちろんいたわけですが、そういう大変革のところでたいてい滅んでしまっているわけでしょう。そういうのを歴史の折り目にくぐり抜けてきているということは何かといったら、それに対して適応していく能力があるからです。そのことを勘定に入れないで、エコロジストがいうように、今度だけ適応できないなどということを考える根拠はまったくないとおもいます。

ぼくは、そういう外在的なことでは人類という種は滅びないとおもっています。それは生物学者はよく知っているけれども、人間という種が滅びるときは内在的に滅びるんです。種というのは永久的じゃないですから、どんな動物の種も、どんな植物の種も、それ自体の内在的な理由で、永久ではないんです。そういう滅び方しかしないとぼくはおもっています。地球環境がだめだったらどこかへ行きますし、そんなことは別にどうということはないので、そういう滅び方はしない。人類はそういう滅び方はなんとかかんとか切り抜けてきているわけです。それはぜんぜん嘘だ、虚偽の主張だとおもっています。

保守的であろうと進歩的であろうと、環境保護みたいなことをいうと、水戸黄門の印籠みたいなオールマイティで、これで済んでしまう。とんでもない話だとおもうんです。

環境保護の問題に対しては、イデオロギー、緑の思想とかエコロジーの思想とかを入れないことです。これは純技術的な問題として、国際的に技術的な専門家の機関を設けて個々の地域にいる関心の深い人たちはモニターの役割をすればいいとおもいます。

イデオロギストが科学技術的に解決する技術的方策をもたないで運動体として指導する形はいちばんだめなことだとおもいます。公害やウイルスは人やイデオロギーを区別するわけじゃないですから。そんなものは引っ込んじゃったほうがいい。これは科学技術的な問題です。

よほど反動的な政府ができて、もうこれ以上都市を膨張させたら、法律上死刑に処するという制度をつくったら、文明は少しは遅くなりますが、もともと文明の中核には自然史の延長だというところがありますから、文明をとめることはできません。

世界資本主義と〈国家〉

——国家による支配が問題になっているのが現在のソ連・東欧圏の問題なわけですが、一九八〇年代はまた歴史の中で、国家と大衆の本質的な問題を露出させた十年だったとおもいます。一九八〇年代の初めにポーランドで反体制運動が起こって、その流れは最終的に一九八九年の一連のソ連東欧圏の民主化運動につながっていったわけですが、そうした社会主義圏の国家の問題についてはどうお考えになっているのでしょうか。その問題は先ほどの歴史の自然過程、人類の無意識ということに関わってくるとおもいますが。

吉本　人類が無意識のうちに最上とおもいながら選択していったら、現状はこうなったという意味では、歴史の無意識の最先端はＥＣ（欧州共同体）だとおもいます。欧州共同体がどこまで国家を超えて、どこの部分では国家に固執していくかということをみるのがいちばんの目安です。

それから人類の意識的な問題、つまり国家について意識的な問題というのはどうなるかということがあるわけですが、その前に、先ほどいいましたように、人類の歴史を意識化しようとするやり方は現在のポーランドの「連帯」の動きを最先端として、現在のソビエト、東欧諸国、中国、いわゆる社会主義国家圏の問題として現われています。つまり人類の歴史を意識化しようとして、なお国家を存続しておいた、その矛盾がいま露呈してきているのだとおもいます。

ポーランドの「連帯」はずっと共産党の国家権力と対決してきたのが以前の状態です。現在の状態は大きく変わって、「連帯」系の知識人が半分国家権力の中に入っていったということです。これが他の東欧圏に比べていちばん進んだ形です。

そうすると、ここで何が問題なのかといえばそれは大衆の問題です。以前の「連帯」という労働運動の組織（これは大衆の組織的な主体ですが）と国家権力との対決の状態のなかで何が問題だったかというと、大衆の組織である「連帯」の労働運動の水準で自分たちがデモをして政府を倒して、国家を掌握するんだと考えていくらやっても、原理的にそれではだめなんだ、という理解の仕方をもっていました。これは『超西欧的まで』のなかに「ポーランドへの寄与」という題でいったところです。

それはなぜかといったら、「連帯」はもともと労働組合の連合で、労働組合組織として自立性、自主性をもたせよという要求をもとに結集した組織です。労働組合の外部の社会にたいしてどんな位置づけをもつか、また国家の機構にたいしてどんな関連をもつか、一般大衆と「連帯」とのあいだにどんな関連をつけるか、などという問題に対して、「連帯」は何も考えていなかったし、位置づけもなくて、ただ共産党国家権力から相対的に自立した労働組合であることだけを要求してきたのです。これでは「連帯」が国家を担当するという課題はどこからもでてくるはずがない。「連帯」が国家に到達するには、中間にいくつか段階が考えられなければならないはずだというのがぼくの理解の仕方でした。

だから、「連帯」がいかに情況がよくなって強くなっても、その組織原理が労働者の内側からの自主的な組織というところにあるだけなら、国家とじかに対抗したり、国家を掌握したりはできません。「連帯」が一般市民社会に出たとき、どんな振る舞い方ができるかというシステムの構えがあらかじめあれば、国家にじかに近づくことができるし、影響を与えられるけれど、そういうものがなければ、じかに国家にかかわったりできないわけです。「連帯」はいまは、情勢が進展して、国家権力の中に半数は入っているわけです。これがうまくやっていくには、経済政策とかいろいろいわれていますが、そんなことはどこの内閣だって、どこの政府だってやる課題で、どうということもないでしょう。それよりも原理的に、「連帯」という組織と国家との中間に、国家にじかに働きかけたり、あるいは国家がじかに働きかけたりできるシステムや、システム的な思考が理論的につくれてなくてはならないはずです。資本主義国の一般の政府と同じにしか振る舞えなければ、ポシャるだけのことのようにおもいます。

それが考えられてなければ、歴史を意識的に変えようとする大衆の政府の先端的な問題を解いたことにならないでしょう。中間のそういうシステムがどうつくれるかという課題がポーランドの問題、つまり歴史を意識的に変えようとする考え方のいちばん先端的な問題だとおもいます。

ところで今度はあとのほうの社会主義圏の問題、これはふたつみればいい。ひとつはロシア、つまりソビエトをみればいい。もうひとつは東欧諸国をみればいいとおもいます。

ソビエトの問題は何かといったら、ソビエト社会主義共和国連邦政府、つまりソビエトの中央政府、ゴルバチョフ政府と、各共和国の権力の不均衡ということがひとつの大きな問題です。つまり、いまの連邦政府がもっている権力は大量に共和国に委譲するとおもいます。委譲しなければ収まらない、それの問題だとおもいます。連邦政府が自分のもっている連邦国家権力を各共和国の国家権力にどれだけ委譲できるか、あるいはバルト三国のような完全に権力を委譲せよという要求に、どこまで応じられるか、どこで弾圧するかという問題です。

バルト三国みたいなのは独立までいってしまうかもしれませんし、それ以前で、大部分の権力は共和国に委譲され、少数の権力だけを連邦政府がもって、ここで均衡と妥協が成り立つかもしれません。ソ連の場合にはこれをよくみていればいいとおもいます。

それから、もうひとつは土地所有の問題、あるいは農業の私有地の問題です。現在、土地所有はソビエトでは許されていない。わずかに私有地が許されているのは全土地の三%ぐらいです。三%の耕作地は私有地として許されて、そこで収穫した穀物や野菜は、自分で売って収入を得ていいことになっていますが、あとはコルホーズやソフホーズで、要するに国家の給料をもらっている官吏と同じようになっています。

そこで問題なのは、土地の私有が三%しか許されていない。ところがジャガイモにいたってはソ連の全農産物の六〇%は三%の私有地でつくっている。大体ならして二〇%から六〇%の農産物はたった三%の私有地でつくられています。こんなバカな土地制度が許されていいはずはないので、これはいまゴルバチョフ政府が土地保有法改定の法案を出しています。永代貸与を認める――つまり実質上は私有地ですが――という改正案を出していますが、それは当然なんです。ロシアはあんな広い土地があって、それで他から農産物を買っているわけですから、まったくだめな土地制度でやはりそこの問題なんです。農地および土地所有法ですが、これをどこまで許すことで妥協するか。全部一〇〇%許すというのなら、それは資本主義ですね。そこまでいくかもしれませんし、その前で、二〇％許すとか五〇％許すとかいうところで止まるかもしれません。ソビエトの場合はそれをよくみていればいいとおもいます。

あとは、東欧諸国は大なり小なり共産党一党支配が止んで、民主社会主義といいましょうか、独裁じゃなくて民主的な、つまり複数政党を許す社会主義のどのへんまでで止まるか。それとも、それはだめだというところで資本主義と同じ、つまり先進資本主義はたぶんいま国家管理は大体三〇％から四〇％だとおもうんです。アメリカなどは四〇％ぐらいは国家管理だとおもいます。だからそこらへんまでいってしまうか、それとも五〇％以上六〇％までの国家管理で、あとは複数政党の権利を認めてというところで止まるか、それをみていればいいとおもいます。

これが国家の問題の現状です。国家を意識的に変えようという制度が、いちように失敗してきた現状です。それなら、どこが意識的に国家を変えるポイントは何なのかといえば、三つあるとおもうんです。

ひとつ、簡単なことなんですが、複数政党制を認めるか認めないかでやっているけれども、そんなことはどうでもいい。ということは、複数政党制というのはどこまで資本主義原理を導入するかということとイコールです。つまり、資本主義というのは、国家の政府は少なくともシステム上は一〇〇％、民衆が選挙をして選んだ奴がまた選んで、また選んで、そして多数派の政党が政権をとる、となっているわけだから、複数政党制をとっているということは資本主義をそれだけの部分とっているというだけのことで、言い換えにすぎないです。そこで歴史の新しさが出てくるわけでも何でもない。それは資本主義に部分的に戻ったという意味しかないので、社会民主主義と呼ぼうが呼ぶまいが資本主義はそういうものでしかないので、意識的に国家の歴史を変えるという考え方が国家に対してどのようにあれすればいいかとまったくかかわりありません。しかしこの課題は未知ですが、原則はいくつかに還元されます。

ひとつは、国家が軍隊を持たないことです。軍隊をもっても、社会管理とか市民が管理する軍隊しかもたないということ、それがポイントです。つまり国軍をもたない。中央の国家政府が「おい、戦争しよう」といったら軍隊が動いてしまうような、そういう軍隊をもたない。市民や一般大衆が管理している、つまり一般大衆の賛成が得られなかったら軍隊を動かせない。そういう軍隊にすること、つまり国軍を持たないということというのがひとつの大きな条件です。

それからもうひとつは、経済の問題です。いまの社会主義国は一〇〇%生産手段を国有化してきました。ところで国有化すること、あるいは社会所有にすることが、つまり公有化することが、一般大衆の利益になる限りでだけ公有化を行ない、個々の一般大衆の利益にならないものは全部私有化するということです。そうしたほうが一般大衆にとって利益なんだという生産手段だけを国有化すること、それが原則です。

それからもうひとつ第三の原則は、これも簡単なことですが、一般大衆の直接無記名投票で国家がリコールできるということです。

この三点ができたら歴史を意識的に変えようとする理念は原理的に成り立つことになります。逆にいえばこの三つが実際にできていないかぎり、社会主義でも何でもないわけです。ということは昨年来の中国、東欧、ソ連の激動をみて、社会主義は終わったという見解も、現在までの体制をソフトにしただけで人間の顔をした社会民主主義に変えるんだなどという見解も馬鹿げているということです。ソ連や東欧の体制は社会主義であったこともないし、ゴルバチョフ体制が社会主義になったわけでもありません。

いま申しましたようにこの三つの原則ができてなかったら、主観的にある政党がいくら社会主義だと名乗ろうとべつに社会主義ではありません。このことははっきりしていることだし、またはっきりさせておくことが大切です。よくみててごらんなさい。その三つがポーランドでまっ先にできたら、それが社会主義です。歴史を意識化できるかどうかのポイントはここですから、よくみていればすぐに誰にでもわかります。これだけですね。これでいいとぼくはおもっています。現在当面しているソ連、東欧、東独問題は何なんだ、国家がどうなれば歴史は意識的に変えられたと結論できるのか、そして意識的に歴史を変えようとする理念がだめなら、歴史は無意識のうちに変わる以外にないとかいうことを判断したことになります。欧州共同体をよくみててごらんなさい。これのやり方のよさと悪さは、逆に歴史の無意識の問題になります。

中国はそういう原則に照らして、いまの状態だったらたぶん十年とか二十年とか民衆の解放は遅れるとおもいます。

――資本主義圏でいえば、国家管理がたとえば四〇％だということはあるかもしれないのですが、管理の構造が変わって非常にソフトな管理が進んでいくようなことがあるのではないでしょうか。ヨーロッパ共同体というのも、国家の解体という面もあるけれども、逆に新たな、見えない、管理の強化みたいなことも出てくるんじゃないか、それが資本主義の停滞という問題を生むこともあるのじゃないかとおもうんですが……。

吉本　あるとおもいます。つまり、ぼくは前からそうおもっていたけれども、結局だんだん社会主義国家圏と先進資本主義国家圏とが同じイメージのところへいくだろうから、同じ問題として理解して、ほとんどいいとおもいます。まだまだそうはいかないですが、いまに東欧がもう少し動きますし、資本主義ももしかするともう少し干渉しないとだめなのかもしれないし、その前に、先ほどのＥＣみたいに、国家がどんどん緩くなっていっちゃうことで管理が止まっていったり少なくなっていくかもしれない。それはわかりません。国家というのが強化される一方だったら、たぶん管理は強化される一方になって、社会主義が五五％管理までいったら、資本主義は四五％までいくみたいになってしまうとおもいます。だけれども、一方では欧州共同体みたいに、産業が高次化すれば国家は部分的に解体に向かいますから、そういう動きももう一方にあります。それは均衡の問題になるような気がします。

ぼくがいま得ているイメージの骨組みはそこらへんです。それ以上のことはほんとうにわかりませんから、もっと突っ込んだらまた『ハイ・イメージ論』で、もう一度やってやろうとおもっています。まだわからないものだから放り出したり、いいかげんなことでやめたり、また別なことをやりだしたりしています。またやってみようとおもってます。

世界認識の現在

――最後に、これはいままでの話と直接は関わってこないかもしれないのですが、吉本さんの思想の方法、世界の認識の方法についてうかがいたいとおもいます。世界というのは最終的に明証的に解読しえるんだという思想と究極的に解読しえない「未知」が存在するとする思想があるわけですが、吉本さんの思想は〈明証〉と〈未知〉をどのように位置づけているのでしょうか。あるいは、「自立」というイメージ、それに対する余剰ともいうべき人間の「弱さ」とか「過ち」はどのように理解されるでしょう。その問題はもちろん「大衆の原像」という思想にも関わっているのでしょうが。

吉本　ぼくはこうおもうんです。いま自分の歩き方を考えてみると、戦争中から戦争が終わったときにかけて、大転換期を体験しました。それは目に見える動乱と混乱でした。現在は目に見えない大混乱と大転換の時期だとおもいます。

これはまったくだめで間違ったな、という体験をしたのは、第二次大戦の終わり、つまり太平洋戦争の敗戦とその直後のところでした。これは徹底的にだめだったなとおもったのは、世界把握の方法を自分はまったく持ってなかったということでした。つまり主観的あるいは内面的だった文学青年にすぎなかったなということです。世界という外在をつかむことに関心も少なかったけれど、そのつかみ方すらわからなかった。だからうまく外側から権力者や同伴者のいうことに乗せられたとおもいます。

現在、ぼくは世界的な規模で、敗戦にぶつかっているんだとみなすのが世界把握としてはいちばん考えやすいし、正確だとおもっています。内面さえ深めてゆけば人間はいいんだという考えはまったくだめだったというのが、戦後にいちばん考えたところです。現在までのところ半分は正確に世界をつかんできたとおもっています。そして半分はやっぱり、これはちょっとまいったな、よほど徹底して考えないと、現在のこの転換期の世界はうまく把めない。そんな問題が世界的な規模で目の前におかれているというのがぼくの現状理解の仕方です。

――長時間、ありがとうございました。

第二部

経済の詩的構造

中沢新一

1　詩と経済学

ずいぶん以前のことになるが、三好達治の詩に夢中だったことがあって、その頃誰かの書いたエッセイの中に、三好達治は毎晩寝る前に、『資本論』の一節を読むことを日課にしていたと書いてあったのを読んで、意外に思ったことがある。ボードレールの翻訳者でもあるこの詩人と、まだ読んだこともなかったけれど、難しい経済学の本であるということだけは知っていたその書物との間に、いったいどんなつながりがあるのか、そもそも詩と経済学の間にどんな関係があるのか、その頃の私には、皆目見当がつかなかった。

しかしその後『資本論』を実際に読んでみて、三好達治がその本から何を学ぼうとしていたのかが、うっすらと理解できるような気がした。マルクスは資本主義という巨大で複雑な生命体を相手にして、まずその生命体の細胞にあたるものの分析解剖から始めている。資本主義は巨大な商品の集積によってなりたっているが、商品が交換されなければ価値の増殖ということも起こらず、そうなるとそもそも資本主義も成立しえない。したがって資本主義の細胞は交換行為ということになる。

交換は具体的な物を介しておこなわれる。しかしその交換される物の背後で、「異なる物を等価な価値を持つとみなす」という抽象的な思考が動いているのでなければ、商品交換はおこらない。物質と非物質的な思考の矛盾にみちた出会いが、交換というものを生み出している。三好達治はこの仕組みの中に、詩の場合ときわめてよく似た過程を見出していたのではないだろうか。

詩は言語の意味と音の響きとの結合でできている。日常言語の場合では、意味のほうが前面に出てくるが、言語の機能や有用性を背後に退かせていく詩では、音の響きの面が前面に出て来る。音の響きは物質的な振動である。詩においては、物質的な響きや色彩やイメージ群の運動と、意味を伝えるための抽象的な思考とが、たがいにせめぎあい結びつきあう中から、響きと意味の特別な結合体がつくりだされる。そういう詩の発生の仕組みと、マルクスが『資本論』で取り出してみせた資本主義の細胞である交換が発生してくる仕組みとは、じつに多くの共通性をもっている。

三好達治にとって、『資本論』という本は、言語の奥に潜む詩的構造を解明する上で、この上ない霊感を与えてくれる書物であった。詩の実作者として知りたいと思っていた言語の秘密が、その経済学の本の中には書かれている、と直感したのであろう。彼は毎晩その本を勉強した。私はそういう三好達治を詩人としてたいへんに偉いと思った。しかしそののち吉本隆明というもう一人の詩人の仕事を知るに及んで、さらに何歩もその先を歩もうとしていた人がいることを知った。

吉本隆明は言語の奥に潜む詩的構造を探るだけでは満足せず、経済というものの奥に潜む詩的構造まで明らかにしようとした。そういう探求を通じて、彼は人間の心の仕組みの奥に、「詩的構造」としか名づけようのない活動がおこなわれていることをあきらかにしようとしたのだと、私は考えている。この根源的な「詩的構造」から、いっさいの心的現象は立ち現れる。その活動が言語の機構をくぐり抜けてくるときには、そこに詩が生まれて来る。交換の機構を通り抜けてくるときには、価値増殖が起こる。この価値増殖の現象が、資本主義の基礎細胞となる。

したがって、人間の心の探求においてもっとも確実な方法は、この根源的な「詩的構造」を出発点にすることである、と吉本隆明は考えていた。この考えを言語論に持ち込めば、言語のコミュニケーション機能を出発点にするのではなく、言語の詩的ないし芸術的機能を出発点にすえる「言語芸術論」というものが、もっとも重要な言語の学問にならなくてはならないだろう。そういう考えに立って、『言語にとって美とはなにか』（勁草書房、一九六五年／角川文庫、一九八二年）をはじめとする、彼の言語をめぐる多くの思考は生まれた。

こういう考えを経済学の領域で実行したらどうなるかを考えて、吉本隆明は多くの試行をくり返した。この『吉本隆明の経済学』という本は、そういう彼が残していった思考群に柔らかい秩序をほどこすことによって、彼の考えた「詩的構造を持つ経済学」というものに、ひとまず全体の見通しを与えてみようとしたものである。その本に付けられたこの解説の文章で、私は吉本隆明が考えた経済現象の奥に潜む詩的構造がどのようなものであったかを、私の思考の流儀によって、あきらかにしてみようと思う。こういう試みはいままでなされたことがない。しかしこの試みはとても重要な意義をもっていると私は思う。

それは、吉本隆明がとったようなやり方を通じてでなければ、資本主義の本質にもたどり着くことはできないし、現在それがたどりつつある変容の意味を理解することもできない、と私も考えているからである。吉本隆明は最後まで「自分は第一義的に詩人である」と明言していた。その言葉の意味がこの探求によってあきらかになるだろう。

2　言語にとって増殖とは何か

動物記号学のおかげで、イルカや鯨やさまざまな鳥たちがおこなっているコミュニケーションについて、多くの知識がもたらされるようになった。動物たちもそれぞれの様式のゲンゴ（コミュニケーション・ツール）を使用していることが、そうした研究でわかるようになった。植物や粘菌やウィルスなども、ユニークな様式でコミュニケーションをおこなっている。生命はどんなものも、それぞれの様式のゲンゴを持っているのである。

しかしそれらのゲンゴは、いまの人間（ホモサピエンス）が用いている言語とは、決定的な違いを持っている。人間以外の生命体のゲンゴでは、記号表現と記号内容との結びつきが自由ではない。あらかじめ遺伝子によって決定されたコードにしたがって、生存に必要な情報の伝達がおこなわれている。ところが人間の言語では、この記号表現と記号内容との結びつきに、かなりな自由度が与えられている。その自由度を用いて、人間はなんと無限の種類の「文」を、言語によって自由に生み出すことができるのだ。

吉本隆明は人間の言語の持つこの特性を、「指示表出」と「自己表出」という二つの軸によって理解しようとした。指示表出は外界に向けられた意識が、そこに見出される対象物を名指しする働きをする。犬を見て「イヌ」というような場合である。このとき記号表現と記号内容は緊密に結びついている。しかし話者がその犬をかわいいと感じ、「かわいいイヌ」と言うときには、それとは決定的に違う事態が起こる。意識は自己の内面に潜り込みをおこない、そこで出会った感情をひろって、もう一度記号表現の層に浮かび上がって来る。そのとき指示表出の軸にある「イヌ」には、自己表出の軸から出てきた「かわいい」が結合して、人間味のある自由な言い方が生まれる。そのことが意味の増殖をもたらすのである。

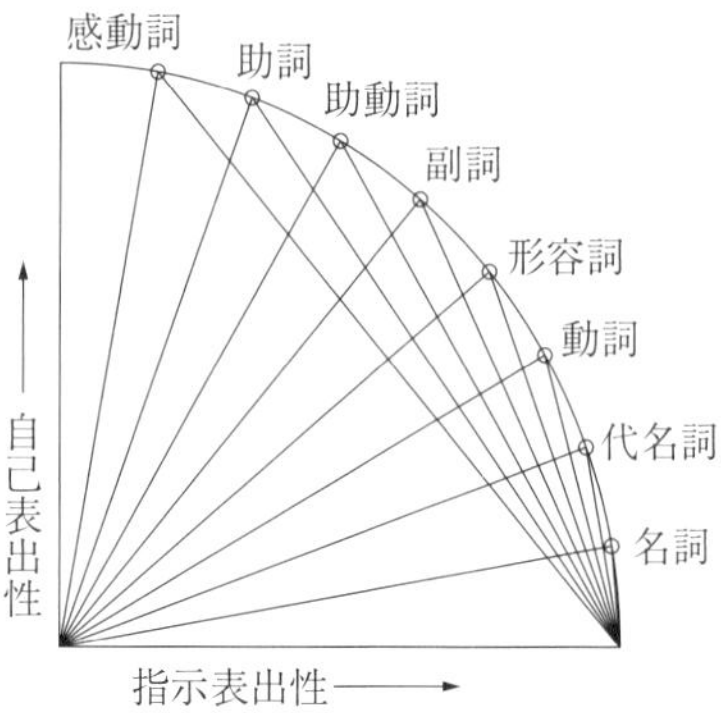

図1
（『言語にとって美とはなにか』より）

人間の言語は、指示表出と自己表出という二つの軸の結合としてつくられている。その結合の様式はさまざまで、指示表出の軸に強く傾くと、いわゆる客観的表現に近づくし、自己表出の軸に強く偏ると、主観的な表現と呼ばれる言い方が生まれる。吉本隆明はそのことを右のような図で表そうとした。

この図はふつうの平面としてではなく、複素平面のようなものとして読む必要がある。つまり二つの軸は同じ資格で交差しあっているのではなく、指示表出は現実世界に向かう「リアル（実）軸」であるのにたいして、自己表出は潜在的な内面世界に向かっていく「ヴァーチャル（虚）軸」をあらわしている。吉本隆明はこの図によってじっさいには、人間のおこなうすべての言語による表現は、数学で言う複素数のように実軸と虚軸の交わりとして実現されており、そのことが人間の言語に自由を与えているのだと言おうとしているのだと思う。

指示表出と自己表出という二つの質的に異なる軸の交差としてできていることによって、人間の言語は他の生物が用いているゲンゴに比較すると、格段に自由な表現能力を手に入れている。しかしそのことによって、人間は言語を用いて自分の心の中にあることを表現しようとするたびに、表現されない心の潜在空間からの影響を受けることになる。これをフロイトのように言うならば、表現された言語の裏側には無意識という潜在空間がいっしょに張り付いている、ということになる。人間は自由であることの代償に、無意識というものを手放せなくなったとも言える。吉本隆明の言語論が、フロイトやユングに近いことを語るようになるのは、こういう理論上のつながりから来ている。

詩はこのような人間の言語のいちばんおおもとの構造に立っておこなわれる表現である。潜在（ヴァーチャル）空間が現実（リアル）の世界に転じる、その特異点のような場所で、言語による表現をおこなうのである。詩が鋭い点のような表現をつくりだすのは、そこがまだ現実世界の諸価値に組み込まれきっていない場所だからであり、そこでは現実世界への否定性が活発な活動をおこなっている。そのことを吉本隆明はつぎのように表現している。

マルティン・ハイデッガーは『ヘルダーリンと詩の本質』（斎藤信治訳、理想出版部、一九三八年）のなかでつぎのようにいう。

人間の現存在はその根底に於《おい》て「詩人的」である。ところで詩とは我々の理解するところによれば神々並に事物の本質において建設的に名を賦与《ふよ》することである。詩人として住むとは神々の現在のうちに立ち事物の本質の近みによって迫られることである。現存在がその根底に於て「詩人的」であるとは、それは同時に現存在が建設せられたもの（根拠づけられたもの）として何らのいさおしではなく賜物《たまもの》であるの謂《いい》である。

（マルティン・ハイデッガー『ヘルダーリンと詩の本質』）

現存在が詩人的であるとは、いさおしではなく賜物だ、という言葉は詩は歴史を担う根拠だという言葉はわたしの気に入る。これを、やさしく翻訳すれば、現存する社会に、詩人として、いいかえれば言うべきほんとのことをもって生きるということは、本質的にいえば個々の詩人の恣意ではなく、人間の社会における存在の仕方の本質に由来するものだ、ということになる。これを、わたしのかんがえにひきよせて云いかえれば、わたしたちが現実の社会で、口を出せば全世界が凍ってしまうだろうほんとのことを持つ根拠は、人間の歴史とともに根ぶかい理由をもつものだ、ということに帰する。

（吉本隆明『詩とはなにか』思潮社、二〇〇六年）

ここには人間（現存在）の本質がその詩的構造にあることが、余すところなく表現されつくしている。詩的構造は人間の本質をなすものでありながら、日常の中では隠蔽されてしまう。詩的構造が「ほんとのこと」に触れているからである。しかしそのことを「口に出せば全世界が凍ってしまう」。人間の本質をなす詩的構造が、現実にたいする否定性として作用するからである。

人間の言語は本質においては現実軸と潜在軸が垂直に交わり合う、複素数のような構造を持っている。しかしそのことはコミュニケーション機能を前面に立てる日常言語や散文では、表にあらわれてこない。詩がそれを表に出して表現する。言語の詩的構造の研究こそが、人間しか持たないこの言語の本性をあきらかにするはずなのである。こういう視点から、吉本隆明は言語学の土台をひっくり返そうとした。彼の言う言語芸術論こそが、真実の言語の学に近づくための道を開く。コミュニケーション機能を超える詩的構造を自らの立ち位置とする、来るべき言語の学である。

＊

『言語にとって美とはなにか』で吉本隆明が言語の中から取り出してみせた指示表出性と自己表出性という二つの軸は、潜在空間から現実世界へ向かおうとする言語の現象性の本質に関わるものだった。私は潜在空間から現実世界へと向かうこの垂直的な過程全体を、ハイデッガーにならって意味の「生起」と呼ぶことにする。この生起をつうじて、潜在空間のうちから立ちあがってきた「意味の胚《はい》」はまだ孤立した状態にあって、おたがいの間につながりがない。この生起してきたばかりの孤立した点のような意味の胚を、詩的構造のもう一つの重要な働きである「喩《ゆ》」が組織するのである。

意味の胚として生起したばかりの孤立点を組織する能力を喩は持っている。喩はたがいに似ている事物を「同じもの」としてまとめる能力である。この能力を獲得するために、人間の脳は特別なニューロン・ネットワークの形式を発達させてきた。ニューロンに発生した興奮がニューロンのつなぎ目であるシナプスを通過するたびに特定のパターンに縮減され、互いに似たパターンをもったもの同士が「同じもの」として分類されていくようになる。この過程がニューロン・ネットワークで反復されているうちに、しだいに安定した連結をつくりだすようになる。

これによって、違うもの同士の間に、喩としての連結が形成されるようになる。連結によって新しい意味が発生するようになる。このとき意味の増殖が起こる。喩は生起したばかりの意味の胚を、じゅうぶんに分化した組織を持つ意味の体系として組織していく能力として、現世人類の脳に生まれたユニークな能力である。脳のニューロン・ネットワークが喩的能力を持つために、いまの人間の脳の爆発的進化は起こったとも言える。

このようなニューロン組織をもった人間の脳＝心は、増殖性を一つの重要な本質とすることとなる。潜在空間から意味の胚を立ち上げる生起の過程によって発生した意味世界は、さらに喩の能力を借りて増殖と成長をとげていくことができるからである。生起と喩という二つの過程によってつくられる「意味をもった人間世界」は、生まれたときからすでに増殖性を本質としていて、その本質は現在もまったく変わっていない。

生起と喩の二つの過程は、図2にしめすような回路をつうじて、意味増殖をおこなう。

人間の脳は喩的能力を備えたニューロン・ネットワークに進化をとげることによって、想像界という他の生物が持たない心的秩序をもつようになった。それによって人間は、他の生物とは違う仕組みで、現実界を認知するようになった。

図のAとBを、現実界では分離されている二つの事物としよう。現実界で分離されている諸事物を結びつけるのは「因果性」である。この因果性を表現するのが、象徴界の記号連鎖である。ところが生起の過程がつくりあげている想像界では、AとBはともに潜在空間Xではつながりあっていて、そのために喩のメカニズムはAとBを「同じもの」と見なしたのである。人間が想像界をとおして見た世界は現実界そのものではない。そこには歪みがある。その歪みを他の人間の認識との共同性によってより現実界に近い像に「焼き戻す」ために、共同的な言語の場である象徴界が人間にはなくてはならないものとなる。

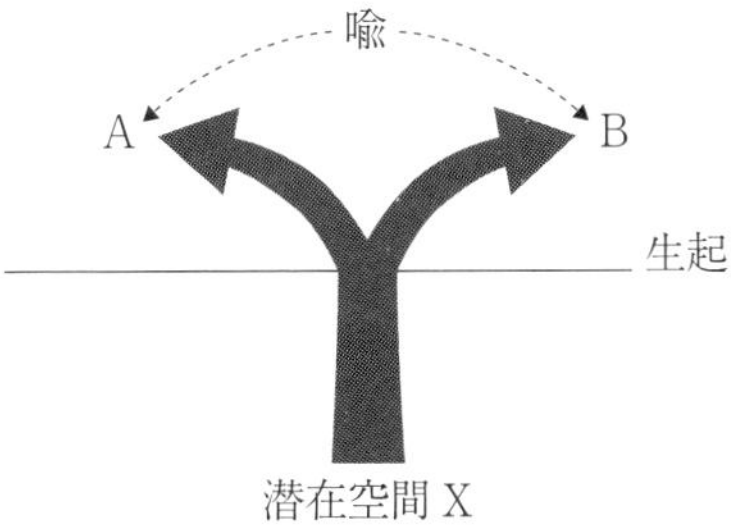

図2　意味増殖の三位一体

こうして想像界ではAとBとXがつくりなす「三位一体」の構造が、たえず心の動きに影響を与えることになる。事物aについての認識には、潜在空間Xの力が及ぼされ、それはいわば地下の通底路を通じて、喩が「同じもの」と認めた事物Bの認識にも入り込んでいく。さらにはBの認識がAについての認識にも還流してくる。こうして、Aについての認識は喩のメカニズムを介して膨らんでいき、増殖していくようになる。このときの意味の増殖を可能にしているのは、潜在空間からもたらされる（贈与される）力にほかならない。

こうして想像界（とさらにその上につくられた象徴界）をもつことによって人間の心では、たえまない意味の増殖が起こるようになる。いやそれ以上に、現世人類型の脳に進化した人間の脳＝心は増殖性を本質とし、それを私たちは吉本隆明やハイデッガーとともに「詩人性」と呼ぶのである。この「詩人性脳」には特有の構造が備わっている。それは生起と喩の過程の結合として、その輪郭を描くことができる。

＊

この詩的構造を備えた脳＝心が、すべての交換現象を発生させるのである。言語能力ではコトバが用いられ、そのコトバは意味増殖の現象をいつでも引き出すことができる。コトバがはらむ意味増殖能力を最大限に引き出すために、詩という言語の組織体を人間は生み出してきた。

同じ現象が、物の交換の現場でもおこるのである。物の交換の本質においても深層では私の言うところの「詩的構造」が働いている。すなわち生起と喩の複合でできた一つの構造が、あらゆる交換の現場で活動しているのである。

物を仲立ちにした交換の現象を二類型に分けることができる。商品の交換と贈与の交換のそれぞれとして、その二類型を描くことができる。物と物を商品として交換するときには、二つの異なる物の間に等しいものがあると無意識のうちに考えられており、そのために「一クォーターの小麦は、Xポンドの鉄と交換」できる。ここでは等価交換の原則が、交換をコントロールしている。この様子は『資本論』の中で詳細に分析されている。

これにたいしてマルセル・モースの研究した贈与的交換では、だいぶ事情が違っている。ある人ないし集団から何かの贈り物をもらった人ないし集団は、それにたいするお返しをしなければならないという、これまた無意識の要請にしたがって、贈り物をくれた人ないし集団にそれ相当のお返しを、多くの場合はもらった物よりも価値のある物をお返しする。モースは贈与交換の当事者が考えていることにしたがって、贈り物には「ハウ」の霊力が付着しているので、贈り物をもらったら相手に別の物でお返しをして、その「ハウ」を贈り戻す必要がある、そのさいには、できるだけ「ハウ」を増殖させてお返しするのがよい。そのためにもらった物より価値の大きい物でお返しするのがよい、と考えた。贈与では交換を通して価値は増殖するのである。

贈与の慣習は、前資本主義社会で一般的におこなわれていた、古代以来の交換形態である。これにたいして資本主義社会で一般的な商品交換においては、等価交換の原則が貫徹されている。前者は交換に基づく価値増殖を前面に出し、後者では交換そのものからは価値増殖はおきない。ところが資本主義システムでは、前資本主義社会をはるかにしのぐ価値増殖が起こり、成長が実現されている。二つの交換形態は一見すると相反しあっているように見える。

贈与と交換というこの二つの交換形態は、一見するとまったく別のメカニズムがつくっている現象のように見えるが、じっさいには同一の「交換の詩的構造」の上で生起している双対《そうつい》（Dual）現象にほかならない。そのことを人類学者のサーリンズはこう書いている。

この点で、モースは、『資本論』第一章のマルクスに、はるかにずっと似てくるようである。こういったからといって、礼を失したことにはならないとおもうが、ずっとアニミズム的なのである。一クォーターの小麦が、Xポンドの鉄と交換できる。これほど明白にちがっている、これら二つの物の間で、等しいものは何であるのか。まさしく、マルクスにとって、問題は、これら二つの物のなかで、両者を一致させるものは何かにあったわけで、交換する二人の当事者について、ひとしいものが何であるかが、問題であるわけでもなかった。同様に、モースにとっても、「与えられた物のなかに、受取人に返報させる力があるのか」が問題だったのである。そして、それに本具的な固有性から、という同じような答えが、ひきだされる。マルクスにあっては、それは、社会的必要労働時間であったとすれば、モースにあっては、ハウにほかならなかった。

（マーシャル・サーリンズ『石器時代の経済学』山内昶訳、法政大学出版局、一九八四年）

マルクスが彼の同時代や後のいわゆる「近代経済学者」と決定的に違っていたのは、交換の背後で活動している「ひとしいもの」を問題にしたところにある。近代経済学者は「ひとしいもの」の活動を問題にするかわりに、交換過程の反復のなかに発生する「均衡点」を問題にした。これを私たちの視点にひきつけていえば、マルクスは交換を人間の言語と思考の基礎にある「喩の過程」のうちに置こうとしたのにたいして、近代経済学者たちは喩のような心的構造に基礎を据えるかわりに、言語や思考の外部でくりひろげられている物理的過程として、交換現象の本質を理解しようとしたと言える。

この結果、労働価値説に基礎を置くマルクスの経済学は、近代経済学よりもはるかに「アニミズム的」となったのである。しかしそのおかげで、『資本論』は現代の脳科学や認知科学と同じ地盤の上に立つことになった。『資本論』の価値形態論は人間の脳＝心の構造の理解から、価値を発生させるメカニズムを探りだそうとしている。そのおかげでマルクスの経済学は現代的な探求と共通の地盤に立つことになっている。

資本の本質である増殖の理解に近づくためには、生起と喩の合体した「詩的構造」としてつくられている人間の脳＝心の本性にもとづいて、それを理解しなければならない。ところが近代経済学の学としての構造には、生起や喩を含む詩的構造についての理解がはじめから排除されている。詩的構造が社会的現実の表面にあらわれてこないことが、そのもっとも大きな原因であり、また近代科学がそれを扱う方法をまだじゅうぶんに確立できていないからである。そのため近代経済学は多くの場合社会的現実の追認に終わってしまい、たとえ口を開いても「世界を凍りつかせる」ような事態にはいたらない。ところがマルクスや吉本隆明の経済学では、それが起こってしまうのである。

人間に特有な増殖脳の理解には、詩的構造のモデルが不可欠である。増殖性を本質としたその人間の脳＝心が資本主義を生み出したのであれば、マルクスや吉本隆明がそうしようとしたように、経済学にも詩的構造の組み込みが必要である。このような試みは古典派経済学の冒険のあとでは、すっかり放棄されてしまっている。私は『吉本隆明の経済学』をつうじてまだ未来に属しているそのような経済学への道筋をつけてみたい。

3　詩的構造を持った経済学

経済学的な価値増殖の問題を、真性な「詩的構造」としてとらえ直してみるためには、近代資本主義システムの形成期にまで遡ってみる必要がある。そのとき経済システムの内部に根本的な変化が生じて、私たちが「経済の詩的構造」と呼んでいるものの姿が、経済学の表面から見えなくなっていくからである。

近代資本主義の発達を準備したのは、農業の発達がもたらした大きな原初的蓄積である。とくにイギリスでは一八世紀に入ると、家畜動物の力を利用した改良鋤《すき》が普及して広い農地の開墾が進んだ。この影響はフランスにも及んでいき、大規模農地での機械化農業の時代に入った。農業が蓄積した富をもとにして、資本主義的な工業生産の基礎が築かれた。それゆえ、資本主義的な価値増殖の問題を考えるには、農業がもたらす富とその資本への転化が重要である。

農業からもたらされる利潤には、きわめて興味深い特徴がある。それが商工業の場合の利潤のように合理的計算にもとづく「いさおし」によるのではなく、一種の自然からの「賜物」としてもたらされるからである。農業は地球システムの活動に技術を介して参加する。そのさいに地球システムとの協同によってより豊かな産出がもたらされるように工夫をこらす。この産出量から投入量（労働力、種子、肥料などにかかった諸費用）を差し引いた分が、利潤となる。

このように農業では人間の計算的思考の及ばない地球システムの活動が関わり、そこから利潤

＝増殖分がもたらされるのであるから、言語の場合によく似て、増殖に潜在空間の生産力が関与していることになる。しかも穀物量で測られた産出量（output）から穀物量に換算された投入量（input）を引いて得られる量から計算される「利潤率」は、経済学にとってきわめて合理的な基礎を与えることになる。ここから最初の近代的な経済学としての「重農主義（フィジオクラシー）」が生まれたのである。

しかしイギリスでは、その後「囲い込み運動」などが起こり、農業と農村の解体が始まることになる。産業の中心が農業から工業へ移ってくる。囲い込み運動で土地を失った農民（イギリスのファーマー、フランスのフェルミエ）は、プロレタリア化して都市部に移り住み賃金労働者になっていった。そうなると、経済学の科学的基礎の作り替えが必要になってくる。

重農主義は、私たちの言う「生起と喩」の二重構造に近い仕組みを組み込んである経済学をつくった。穀物の増殖をもたらしたものの総体を「自然からの贈与」として概念化することによって、「生起＝自然からの贈与」と「喩＝交換システム」の組み合わせとして、初期資本主義の本質を表現しようとした。つまりそこでは産業システム全体の中心に「穴」が開いていて、そこから贈与的な力が流入してくるのである。この経済モデルは、詩的言語の構造モデルときわめてよく似ている。重農主義に特有な牧歌性はそこから生まれる。

重農主義が創造したこのような経済学の理論モデルは、産業の中心が工業に移ったイギリスで、新しい時代にふさわしい経済学を打ち立てようとしたアダム・スミスに大きな影響を与えた。アダム・スミスは農業だけが生産的であるとする重農主義の考えを捨てて、工業生産も生産的であることを示そうとしたのであるが、そこにはまだ農業世界に包囲されていた工業に保たれていたある種の牧歌性が生き続けていた。

アダム・スミスの後を受け継いだリカードはもともとが銀行家であったから、アダム・スミスが開拓した古典派経済学を、産業がもたらす諸利潤をじっさいに貨幣価値で計算できる経済学につくりかえるという、困難な仕事に取り組むことになる。このときとても興味深いことが起こる。リカードは「他のあらゆる産業の利潤を規定するものは、農業者の利潤である」（『利潤論』一八一五年）と考え、それにもとづいて利潤計算の基礎づけをおこなおうとした。農業の産業としての重要性を否定しておきながら、工業生産における利潤まで「穀物比率」で理解できると考えたのである。

農業は製造業と違って、生産過程の投入側と産出側とに、同じ穀物商品があらわれるから、農業における価値増殖は、労働者によって消費された穀物の超過分として、価値評価とは無関係に把握される。つまり増殖率を「穀物比率」という物量比として直接に計算ができると、リカードとその学派は考えた。

サーリンズの表現を借りれば、重農主義の底には穀物の生命という形をとおして表現された「アニミズム的なもの」が力強くセットされているが、農業の第一義性を否定して製造業の重要性を唱えた古典派の理論にも、同じアニミズム的なものがあらゆる産業を通底する「同一なもの」として流れ続けている。リカードはアダム・スミスのなかに潜んでいたこの考えを顕在化させ、それを計算可能な量につくりかえたのである。

＊

吉本隆明が『経済の記述と立場——スミス・リカード・マルクス』で問題にしていたのは、このことであった。アダム・スミスの経済学の内部には素朴で牧歌的な「うた」が聞こえる。この「うた」はスコットランド民謡のような優しい詩性をたたえていて、たとえマンチェスターの殺風景で薄汚れた工場街でそれが歌われていたとしても、その「うた」には自然に囲まれた落ち着いた生活の記憶が失われていない。

そののちロンドンの銀行家リカードは、このアダム・スミスの生み出した「うた」の詩性をたたえた経済学を、複式簿記の計算に慣れた経済の実際家たちにも役立つ計算的な科学につくりかえることをめざした。リカードはアダム・スミスの「うた」を散文の「ものがたり」に改造しようとしたのである。その際、「ものがたり」を駆動させる原理として、彼は『国富論』が乗り越えたはずの重農主義経済学に由来する「穀物比率」という概念を再利用した。リカードの時代に書かれていた物語がみなそうであったように、「ものがたり」を駆動させるには、自己変形しながら転形流動する「同一のもの」が必要で、『源氏物語』における御霊のように、それはある種のアニミズム的な性質を帯びている。

マルクスはリカードの理論から出発しながらも、体系の要《かなめ》となる場所から「穀物比率」というアニミズム的概念を取り除いて、古典派経済学を真の科学につくりかえようとした。そのときリカードの「ものがたり」は「ドラマ」への変化を起こした、というのが吉本隆明の考えである。

穀物は自分の内部に増殖性の原理を含み、それによって増殖し、利潤を発生させる。したがって生命の増殖率にほかならない「穀物比率」を自分のうちに取り込んである理論は、生起の過程を組み込んだ詩的構造の特徴を持つことになるが、これは製造業や運輸業ではなりたたない。リカードはまだ「農業利潤の先決性」という考えにとりつかれていた。マルクスはこれを否定して、「穀物利潤」の概念に変わる新しい概念を創出することによって、増殖の現象の解明に向けようとした。

このときアニミズム的な「同一なもの」によって駆動されていた「ものがたり」としてのリカード経済学は、人間だけが舞台に登場して確執を演じる「ドラマ」へと変貌をとげることになった。「穀物比率」という「同一のもの」は、「社会的必要労働時間」という別の「同一のもの」に置き換えられ、「利潤率は、もはや、生産中に使いはたされた穀物にたいする生産された穀物の比率ではなくて、そのかわりに、一国の総労働にとっての必需品を生産するために要する労働にたいするその国の総労働の比率によって、決定されることになった」（邦訳『デイヴィド・リカードウ全集』〔雄松堂書店、一九六九—九九年〕に収録されたスラッファによる「編者序文」より）。

アダム・スミスからマルクスまでの古典派経済学の転形を、吉本隆明は「うた」から「ものがたり」をへて「ドラマ」へと移り変わっていく過程として理解し描き出そうとした。そのとき彼は、転形が起こるたびに科学理論としては緻密になっていったが、思想としてはしだいに潤いがなくなっていった、とも語っている。

私はこの過程を、詩的構造の原始性からの乖離《かいり》の度合いとして理解しようと思う。そのことを

経済学理論	文芸形態	詩的構造
ケネー	なぞなぞ	原始的
アダム・スミス	うた	牧歌的
リカード	ものがたり	御霊的
マルクス	ドラマ	人間的

図3

理解するには、アダム・スミスの前に重農主義の思想家ケネーを付け加える必要がある。アダム・スミスが経済の「うた」を歌ったとすれば、ケネーは何をしたか。ケネーの『経済表』はマルクスによって人類にとっての「スフィンクスの謎」と呼ばれた。ところで人類学は「なぞなぞ」が「うた」に先行するより原始的な文芸形態であることをあきらかにしてきた。それは裸にされた詩的構造そのものである。吉本隆明のおこなった理論教判の図式に、私はケネーの「なぞなぞ」を加えて、図式を完成させたいと思う（図3）。

マルクスの経済学からじつに多くのことを学び取りながら、吉本隆明はそれにものたりないものがあると考えている。私はその「ものたりなさ」が、人間の脳＝心の原初的な働きのおおもとをつくっている詩的構造からの「遠さ」にあると考えている。それは資本主義経済そのものがたどり着いた、詩的構造からの「遠さ」をもあらわしている。

それでは、脳＝心の詩的構造により「近い」ところにある経済の形態であるとか、詩的構造に密着した経済学などというものが果たして存在しうるのだろうか。二〇世紀の経済学者の中に、そのような試みに取り組んだ人がいた。スラッファである。

＊

スラッファの『商品による商品の生産』（菱山泉・江草忠允訳、有斐閣、一九六二年）は詩的言語の構成をもって書かれた経済学書である。全体のトーンを決定しているのは価値増殖の原理であり、各産業部門の内部ではすべての構成部分が有機的なつながりを保ちつつ全体運動をおこなっている。ある構成部分の変化は全体に波及していき、全体の変化が各構成部分に跳ね返ってきては、新しい変化をつくりだすように考えられている。そこではケネーの精神が躍動し、リカードの穀物比率の思想がよみがえり、マルクスの平均剰余価値率の理論に救いの船が出されている。しかも私にとってそれ以上に重要なことは、それが生起と喩のメカニズムを明示的に組み込んでいる、現代ではほとんど唯一の経済理論であるということである。

スラッファがあげているもっとも簡単な「小麦（農業部門）と絹（農業以外のすべての産業）からなる二部門モデル」を見てみよう。産業全体を第一次産業とその他の産業（第二次産業、第三次産業……）の二部門に分ける原始的モデルである。

小麦であらわした絹1箱の価格をp、二つの部門に共通の利潤率（＝増殖率）をrとする。小麦産業は２００クォーターの小麦を「資本」として投入し、３００クォーターの小麦を産出する。絹生産部門は80クォーターの小麦を「資本」として投入して、15箱の絹を産出するものとする。二部門からなる生産体系のモデルは、つぎの連立方程式であらわされる（図４）。

この連立方程式を解くと、r＝50％、p＝８クォーター。一般的利潤率rは、小麦部門だけから（３００－２００）÷２００＝50％と、価値評価とはかかわりなしに、穀物収量の増殖率である穀物比率で完全に決定されてしまっている。他方、絹1箱の価格pは、小麦部門の内部で先決的に決まってしまっていたr＝50％の利潤率によって調整されて、従属的に1箱あたり8クォータに決まってしまう。

これはケネーの『経済表』にしめされた「純生産」の原理と同じ思考法である。農業部門で利潤率rといえば、穀物価値の増殖率を示す穀物比率rにほかならない。このrは、農業部門に特有なやり方で決定される。そこでは農業という産業システムの内部に植物を介して「外生的」なエネルギーが取り込まれ変換されることによって、価値の増殖が起こる。システムの外からのエネルギー流入がおこなわれるのはここだけであるから、増殖率をあらわすrによって、他産業の生産物の価格は先決的に決められてしまうことになる。これは言い方を替えると、「賜物」である純生産によって決められる贈与価値というものが、あらゆる価値論の基礎に据えられるべきものであり、商品というものをつくりだす交換価値の概念では、価値増殖にもとづく資本主義の本質をとらえることはできない、という主張になる。

重農主義はたんに農業を富の生産の基礎に据える思想などではない、ということがこれからもわかる。それは詩的構造を備えた最初の経済学であり、外生的なエネルギーを内部に導き入れる生起のメカニズムを持ち、相互連関のネットワークを形成する喩的な機構を整備して、資本主義の発達を準備したものである。資本主義の初期と終末期に、詩的構造を持つこの経済学への要求が高まる。それが資本主義経

$$200(1+r)=300$$
$$80(1+r)=15p$$

図４

済のアルファでありオメガであるからだ。
贈与価値は資本主義の始原にあらわれ、そののち表面からは姿を消すのであるが、長い年月ののちふたたび、資本主義の終末期である消費資本主義の中にその姿をあらわすのである。そのことに関連して、吉本隆明はつぎのように語っている。

贈与価値っていうのが問題になってくるだろう。ぼくらがかんがえる消費資本主義っていうのの分析は、交換価値っていう概念じゃなくて、贈与価値っていう価値が、どういうふうに何が本質なのかって、それを基盤にしなければ、価値論を形成できないでしょう。
（本書第一部第七章「消費資本主義の終焉から贈与価値論へ」）

ケネーからスラファへと向かう学的な系譜から生まれたこの経済学では、交換価値ではなく贈与価値にもとづく価値増殖が、理論全体の基礎に置かれている。贈与価値は、生起の過程を通してシステムの内部にあらわれ、喩のメカニズムによって組織される価値である。それは詩的構造を備えた価値とも言える。このような構造をもった概念によらなければ、消費資本主義以降の価値論は形成できないだろう。詩的構造をもつ経済学は、その意味では未来に属していると言える。吉本隆明が折々の思考の断片をとおして表現しようとしていたのは、そのような未来の経済学のスケッチである。

4　詩的経済の革命

吉本隆明は農業の未来についてもユニークな考えを持っていた。資本主義は現在あきらかに高度な消費資本主義の段階に入っている。それに連動して産業としての農業は、先進国では軒並みたちいかなくなっている。自然を相手にしている産業者はますます貧困から脱出できない。近未来に農業人口は先進国では限りなくゼロに近づいていくだろう、その結果として、いわゆる第三世界とアジアの一部が世界の「農産物担当地域」になる。これは自然史過程である、というのが吉本隆明の考えである。

あらゆるものを商品につくり変えていく資本主義の運動が進むと、交換価値だけでできた世界ができあがっていく。貨幣価値に変えることができるものならば、水でも空気でも、なんでも商品化して儲けることができる。ところが農業のように「天然自然を相手にしている産業」では、生産のもっとも重要な部分が地球システムにつながっていく自然の循環的サイクルと直結しておこなわれるために、価値の増殖が広い意味での「自然の贈与」としておこなわれることになる。この部分は貨幣と交換ができない。つまり農業は交換価値として扱うことのできない部分を、自分の核心部としてもっている産業なのである。

そのために、資本主義が進んでくると、先進国では農業はしだいにふるわなくなる。農業のおこなった原始的蓄積が近代資本主義を可能にした。いわば農業は資本主義の母なのである。しかし交換価値にもとづいてあらゆる事物を商品にする資本主義の発達につれて、農業は遅れた産業としての扱いを受けて、農業人口も減っていくようになる。

一方で資本主義は交換価値だけに依拠した都市型社会を拡大していく。生産拠点を途上国に移転して、先進諸国は国内では消費資本主義を発達させていく。その資本主義はとうぜん金融型の資本主義でもある。こうして世界は二つのブロックに分かれていく。交換価値のみに依拠する先進諸国と、「天然自然」がもたらす贈与型価値増殖を本質とする農業に頼っている途上国である。吉本隆明はこれを、資本主義の必然的な自然史過程と見なしている。

このような思想は、人類の増殖性脳の本質を考えるとき、自然な流れとして出て来る考えである。ニューロン・ネットワークに生成と喩の機構を生み出す連接網をつくりだした現世人類の脳＝心は、本質的に詩的構造としてつくられている。この詩的構造から最初に生まれてくる交換は贈与型の交換であり、そこでは意味や価値の増殖がかならず交換にともなって現象する。

喩のメカニズムが動くたびに、潜在空間Xへの沈み込みと浮かび上がりがくりかえされる。人間は世界を、このような見えない潜在空間を介しながら、「ホモロジー」的に認識しているわけである。

ところが意識化が進むようになると、無意識の領域から意識領域にもたらされる情報が遮断されるようになる。そうするとしだいに喩に関与する潜在空間の影響が小さくなる。すると喩の構造に変化が生じてくる。項目同士の喩的なつながりが失われて、孤立するようになり、孤立した項目のそれぞれは抽象的な連続体の上に置かれることによって、見かけの連続性を回復したようになる。この過程を通して、生起の運動をはらんだ「ハウ」は、抽象的な「社会的必要労働時間」に変化していくのである。

吉本隆明の思考は、人間の脳＝心の本質をつくっているこのような詩的構造の自己運動にたいする認識から生まれたものである。増殖性脳は贈与価値から交換価値へ向かう強い傾向性を、自分の中に内蔵している。長い間それにはストッパーがかけられていたが、いったんそれがはずれるとそちらの方向に進んでいく自然史過程が始まってしまう。この過程は誰にも止めることができない。そこからつぎのような認識が生まれる。

ぼくは、第一次産業が先進資本主義でもってゼロに近づいていくことを避けることはできない、つまり歴史の必然だって、おもっています。それはいかなる政策をとっても避けられないでしょう。遅くする早くするはできますよね、でも必然的にそういくってことは避けられない。そこは価値論の終わりのところで、同時に贈与価値論を基礎に据えなければ分析なんかできない段階です。

では、その贈与価値論とはどのようなものか。

贈与価値論ってのは何かって大雑把にいっちゃえば、かたっぽは物でも貨幣でも信用でもいいんですけど、それをいわゆるただでやっちゃうわけですよ。いわゆる交換価値論でいえば、ただでやっちゃうわけだけど、その代わり、なにかしら無形の何かをこっちがもらってくる、それと交換するってことになるとおもうんです。その無形の価値ってことはモースのいうような、未開の原始社会での贈与とね、高度社会における贈与は違うとおもうんです。（……）交換価値の代わりに贈与価値論を形成する場合に、無形の価値を勘定にいれた原理、そういう価値論を形成しない限りは未開社会じゃなく、高度に意識化された贈与ですから（……）

（本書第一部第七章「贈与価値論」）

資本主義はあらゆるものを交換価値に変えていく運動を進行させることによって、自分の内部から第一次産業を滅ぼしていく。それは農業のような第一次産業が根底に自然との間に交わされる贈与価値論的な要素を、自分の本質として含んでいるからである。しかし交換価値のみによってなりたつ先進的な消費資本主義も、食料がなければ死んでしまう。そこで先進資本主義はこの不均衡を解消するために、食料生産地域に無償の贈与をおこなう。

無償の贈与を農業担当地域に与えることで、先進資本主義はそれをとおして「無形の何か」を得る。この「無形の何か」とは潜在空間に内蔵されているアモルフな力のことであり、この無償の贈与によって先進資本主義は、自分の中から失われてしまった詩的構造の全体性のいくぶんかを取り戻す。ここには、無償の贈与によらなければ、いったん断ち切られた交換価値と贈与価値の間にふたたび橋を架け渡すことはできない、という認識も含まれている。

レーニンの国家論を思わせる、ユニークで過激な思考が展開されている。しかしその思考の奥底で詩的構造の図式が力強く作動しているのが、はっきりと見て取れる。その思考においては、人間の増殖性脳がたどることになる自然史過程は、なんぴとも覆し得ない絶対的な進行を貫徹する。

それによって、経済における詩的構造（それは増殖性脳の構造そのものでもある）は、二つの極への分裂を起こし、現象としては、農業ゼロの消費資本主義と第三世界とアジアの一部にできる農産物担当地域に、世界は分裂していく。この分裂と不均衡を解決できるのは、無償の贈与だけであり、そのとき交換価値論にもとづく資本主義は贈与価値論にもとづく資本主義への変化をおこさなければならない。これが実現されれば、グローバル（大局的）な構造として、世界経済における詩的構造が回復される。これが吉本隆明の資本主義の未来に関する第一の見通しである。

＊

吉本隆明は資本主義の未来像として、これとは異なる第二、第三の見通しについても語っている。第二の見通しとして、吉本隆明は先進国での都市化の進行の必然性を語りながら、その都市の内部がつぎのようなハイブリッド構造に変わっていくという見通しを語っている。

農村が都市化し、都市が高度化していく、つまり高度情報化していく、その流れには、自然史の延長としての文明史の必然だという部分があります。この部分は制度や権力で止めようとおもって法律をこしらえても、いくらか遅くなるか促進されるか反動が起こったり、という程度のものだとおもいます。

そうすると、都市は高度化し、文明はもっと高度化しということは、基本的なところでは不可避だとおもいます。何ができるのかといえば人工都市はできるんです。人工都市の中で自然と産業、つまり先ほどいいましたことから出てくる第一次産業、第二次産業、第三次産業、あるいは第四次産業、その産業の割合と、天然自然の割合とが理想的であるような人工都市をつくるという考え方です。だから都市のなかに農村をつくったり、公園をつくったり、森林をつくったり河川をつくったりという、それ以外の方法はありえないでしょう。

（本書第一部第八章「超資本主義論」）

この未来の人工都市では、「産業の割合と、天然自然の割合とが理想的である」ように設計されている。このような人工都市の「経済学」を考えてみよう。このような都市は、「天然自然」に回路を開いた第一次産業を「理想的な割合」で組み込み、他の高次産業と結合してつくられたハイブリッド都市である。数種類の産業が相互連関と結合体系をなしている。このようなハイブリッド型の都市の産業を分析するには、ケネーにはじまりスラッファによって確立されレオンチェフが発展させた産業連関分析モデルが最適である。

スラッファのモデルによって、このような人工都市の「経済学」を描いてみよう。人工都市であるから、すべてが商品によってできている世界と思っていい。そこの商品は「基礎財」と「非基礎財」に分類できる。基礎財というのは、「（直接的であるか間接的であるかを問わず）すべての商品の生産にはいるかどうか」を判断基準にしたときの基礎財であるから、古典派経済学のいう

「必需品」、吉本隆明のいう「必需的消費材」にあたる。そうでない商品が非基礎財、古典派でいう「奢侈品《しやし》」、吉本のいう「選択的消費材」がそれにあたる。

基礎財として小麦と鉄の二つ、非基礎財として絹からなる小型モデルを考えてみる。小麦、鉄、絹それぞれの単位価格をp_1、p_2、p_3として、一般的利潤率をrとすると、さきほどと同じように考えて次の式がなりたつ（図5）。

このモデルを見るとすぐにわかるように、小麦と鉄はすべての商品の生産に直接投入されているから（小麦を耕作するためには鎌などのような鉄でできた製品を必要とするし、鉄製造労働者は小麦を消費して体力を保っている）、あきらかな基礎財である。これにたいして絹をつくるには小麦と鉄を必要とするが、小麦と鉄の生産に絹は必要ない。つまり絹はまぎれもない非基礎財であり、選択的消費材である。

$$(280p_1 + 12p_2)(1+r) = 375p_1$$
$$(120p_1 + 8p_2)(1+r) = 30p_2$$
$$(90p_1 + 6p_2)(1+r) = 12p_1$$

図5

基礎財の価格は、利潤率rと基礎財の価格だけですべて決まってしまう。これにたいして、絹の価格p_3は小麦と鉄の価格p_1、p_2と利潤率rからなり、それは基礎財の「生産費」によって完全に調整されている（菱山泉『ケネーからスラッファへ』名古屋大学出版会、一九九〇年）。

この人工都市は消費資本主義を最高度に発展させた段階にある。そこの住民の消費の五〇パーセント以上は、選択的消費材（非基礎財）の購入と消費にあてられている。ところがその選択的消費材の価格は、基礎財のみからなる小宇宙＝基礎財体系だけで決まる利潤率rに従属し、そのrから決まる基礎財の価格によって決められるのである。

ここで「基礎財のみからなる小宇宙」と呼ばれているものの内部をよく見てみると、そこにはかならず農業部門が含まれる。そしてそこをつうじて、地球的なエネルギー循環のシステムである「天然自然」が、この人工都市には深く結合されることになっている。ハイブリッド型都市では、さまざまな高次産業の生産は相互に結合されることによって「高次化」が進んでいるが、その高次産業がつくりだす諸商品の価格すべてに、基礎財によって決められる均一の利潤率 r とそこから決まる基礎財の価格が、決定的な影響を及ぼすことになる。

このように吉本隆明が未来につくられるべき人工都市として考えたハイブリッド型都市の最深部には、私が「経済の詩的構造」と呼んでいるプライマルな構造がセットされることになる。このような人工都市をネットワーク化したさらに高次の小宇宙についても事情は変わらない。そこではあらゆる生産は「商品による商品の生産」としておこなわれるが、その基底部では贈与価値論抜きには理解することのできないシステムが作動している。商品化社会の中でいったんは消滅したかのように思われた贈与価値論が、産業の高次化と都市化の進行の果てによみがえってくる、という逆説的な事態が、ここにも起ころうとしているのである。

*

しかしそれ以上に興味深いのは、吉本隆明が都市の第三の未来像として描いている、つぎのような光景である。

それから、もうひとつつくれるところがあるんです。それは、ぼくがよくいっているアフリカ的段階です。つまり草原・森林というのが依然として健在で、田畑、つまり開墾したりしてないところがあるんです。開墾したらそれはアジア型の社会になってしまうんですが、開墾されてない多くの森林や草原があるということは、自然と産業と理想の割り振りで人工都市をつくれる可能性があるということです。じっさいにその実力や権力がある人たちがつくるかどうかはまったく別の問題です。たぶんつくらないとおもいます、放っておけばアジア的な社会になっていくとおもいます。だけど、やる気と見識があればほんとうはつくれるんです。

つくれるところはふたつです。アフリカ的段階と、それからとても高度になった資本主義社会の段階とです。それがぼくの基本的な考え方です。（本書第一部第八章「超資本主義論」）

ここで「アフリカ的段階」と言われているのは、「アジア的段階」の前の段階に属する人間社会のあり方をさすヘーゲルの歴史概念のことが前提になっている。新石器時代の後期になってアジアではいくつもの大きな国家が生まれている。そのほとんどの国家が大河川の流域の平地につくられている。平地に灌漑《かんがい》施設を設けて、そこで小麦や水稲のような穀物の単一栽培（モノカルチャー）をおこなう農民たちを「納税者」として確保する。穀物は莫大な余剰生産物を産む。それを農民たちに強制的にあるいは自発的に貢納させることによって、アジアの各地で専制的な大国家が形成されたのである。

アフリカ的段階の社会は、そういう国家以前の世界に属している。したがって国家を持たないアメリカ先住民やオーストラリア・アボリジニーなども、ヘーゲルの分類ではアフリカ的段階ということになる。アフリカ的段階の社会では狩猟採集が食料確保の主たる生業《なりわい》であったから、とうぜん大地を開墾してそこを畑や田んぼにすることはおこなわれなかった。このことは社会様式だけではなく、思考の形にも決定的な違いをもたらした。

国家は平地でおこなわれるモノカルチャーを基礎とする。そのような平地だとそこに住む人間の把握も難しくないし、畑や田の広さを正確に測量してそこから税金を取り立てるのにも便利である。こうして長い間には、アジア的段階の世界では、ものごとを平準化し、確実な尺度を決めて計量をおこなうための思考システムが発達するようになった。またそこではものごとの間に上下関係や階層性をつくりそれを固定化させることに、人々は慣らされていった。人間と自然の分離、人間と動植物の分離も進んだ。

ところがアフリカ的段階ではそれとは大いに異なる思考形態が発達していた。ここではものごとを平らに均《なら》して平準化するのではなく、個物の個性を保ったままで「類」に分ける分類の思考が発達した。一つ一つのものが質的な粒立ちを保ったまま相互の連結を見出していくために、喩の能力が最大限に発揮される必要があった。そこでは思考は記号や数のつくる平面上ではおこなわれない。人間の世界の外部の領域に潜在していた力が、現実世界に顕在化してくる垂直的な運動をとおして、世界の意味は「生起」してくるのである。そこでは社会に上下の階層性は発達しない、またたといそういうものができたとしても、強固な制度としては持続できない仕組みになっていた。

ようするに大地を開墾してしまわないアフリカ的段階の世界は、私のいうところの「詩的構造」を直接的な土台として造型された世界である。このアフリカ的段階の世界の土台は、まだこの地球上で完全には切り崩されつくしていない。吉本隆明はその「アフリカ的段階＝詩的構造」に直接的にハイパー科学技術を結合する可能性を考えていた。それがどのような表現や技術を生み出してくるのかを、吉本隆明は具体的に描きだすことはしなかったけれども、いまだに未知の領域に属するそれがどんな原理でなりたっているかは、完全に把握していた。

「アフリカ的段階＋ハイパー科学技術」が生み出す世界は、国家というものの先にある未知の世界である。レーニンは革命をつうじて、国家の先にある世界を実現しようとした（『国家と革命』）。レーニンはそれが「遅れたロシア」だからこそ実現できると考えてその考えを実行に移したのだが、まもなく失敗であったことがあきらかとなる。なぜレーニンは失敗したのか。この問題を深く考え抜いた吉本隆明は、ロシアの革命がアジア的段階という土台の上におこなわれたがゆえに、革命のなかから近代科学技術と結合した恐るべきアジア的専制国家を生み出さざるをえなかった必然をあきらかにした。

未来の革命は吉本隆明が考えていたように、超資本主義の先か、アフリカ的段階の先にしかあらわれえない。超資本主義にとっても、アフリカ的段階にとっても、鍵を握るのは人間の脳＝心の本質をなす詩的構造にほかならない。吉本隆明の思考は、この不動の地点において、身揺るぎすることなく続行されたものである。

5 「詩人性」の経済学

ここまでくればもうご理解いただけたであろう、吉本隆明にあっては自分の中の「詩人性」と自分で納得のできる経済学をつくりだそうとする欲求とは、同じ一つの源泉から湧き出ているのである。言語も経済も、マルクスの言う意味での「交通（コミュニケーション）」であり、少なく見積もっても数万年の間、同じつくりをして同じ能力を持ってきた人間の脳＝心が生み出したのである。その脳＝心は初め詩的構造として生まれ、そののちもこの構造を深層に保ち続けてきた。吉本隆明はその根源的な詩的構造の場所に立ち続けることによって、希有な思想家となったのである。「詩人性」は彼の思想の揺るぎない土台であった。

詩という文芸はその詩的構造が直接的に産出する文芸形態として、発生のときから現代にいたるまで、その本質を変えていない。おそらく将来においても変わらないだろう。ところが経済の領域では近代資本主義の形成とともに激変が生じることになった。詩的構造を経済的領域に写し取ってつくられた古い社会システムでは、交換価値と贈与価値の共生がいたるところで見出された。資本主義はその共生を壊して、ただ交換価値だけによる経済システムをつくり、これを伝染病のように世界中に広めていったのである。

詩と経済を並べて、そのとき起こった変化の本質を示してみよう（図6）。

	詩			経済
		贈与価値		交換価値
生起	＋	＋	→	−
喩	＋	＋	→	±

図6

詩的言語は喩のメカニズムなしには発生しえないものであるから、詩という文芸形態が続いているかぎりは、喩の働きは衰えない（＋）。ところが物と物の交換を貨幣が仲立ちするようになると、それまでの贈与の場を贈与物といっしょに動いていた「無形の何か」は消え去って、価値を表示するものとしての「数」が残る。このとき喩の構造の背後にあった潜在空間が消失する（－）。しかし数の体系そのものと計算技術は、脳内での喩の働きなしには作動しえない（レイコフ＋ヌーニュス『数学の認知科学』植野善明・重光由加訳、丸善、二〇一二年）。そこで数を用いた計算では喩のメカニズムの骨組みだけは働きつづけているとも言える（＋）。

それに連動して、生起のメカニズムも消失する。詩的言語や贈与交換の場面では、潜在空間から現実世界へ向かっての力の生起が、さまざまな形で人々に感知されていた（＋）。そのせいで、詩の発生や贈与交換をつうじて自然に、意味増殖や価値増殖が起こっているのを人間の心は知るのである。その生起のメカニズムが交換価値には組み込まれていない（－）。そのためにマルクスが明らかにしたように、資本主義では労働者の労働時間の延長や製造機械の技術革新によってしか、価値増殖をもたらすことはできなかった。

こうして詩と経済それぞれのうちにセットしてある詩的構造の変化をつうじて、資本主義が開いた近代の本質が示されることになる。文芸としての詩は、いわゆる未開・古代から現代にいたるまで、深層の同一性を保ち続けている。そのため詩的言語にたいする吉本隆明の探求は、万葉集から中島みゆきまでを同じ批評の俎の上で、詩性としての同一性を保っている表現として比較することができるのである。

ところが経済的交換を生み出した詩的構造は、資本主義によって本質的な変化を被ることになった。モースの「ハウ」がマルクスの「社会的必要労働時間」に変化するとき、価値形成をおこなう詩的構造の内部では、贈与価値を交換価値につくりかえ多様体を均質平面につくりかえてしまう、本質的な変化が進行していたのである。脳内のニューロン・ネットワークの生物学的な基本組成には変化は起こっていない。つまり詩的構造そのものには変化は起きていないが、そこから出てくる情報を再コード化するプログラムに根本的な変化が生じている。その結果、脳＝心の本質をなす詩的構造そのものは抑圧され、表立っての活動ができなくなる。

こういういきさつによって、ハイデッガーや吉本隆明の言う「詩人性」は、脳＝心の本質をなす詩的構造という不動の「鏡」となって、資本主義が歪めて映し出す世界の像を、もとの姿に戻して映し出す力を与えられるのである。それは過去と現在の資本主義の運動を正しく映し出す鏡であるばかりでなく、資本主義の先にあるものを見据え予見する力も持つ。

あらゆる芸術作品は特定の社会の発展形態の中で生まれるが、それは時代を超え社会形態を超えた魅力を発揮することができる。このことの秘密は人間の心の本質をなす詩的構造のうちに隠されている。このことについてマルクスはつぎのように考えた。

けれども困難は、ギリシャの芸術や叙事詩がある社会的な発展形態とむすびついていることを理解する点にあるのではない。困難は、それらのものがわれわれにたいしてなお芸術的なたのしみをあたえ、しかもある点では規範として、到達できない模範としての意義をもっているということを理解する点にある。

おとなはふたたび子供になることはできず、もしできるとすれば子供じみるくらいがおちである。しかし子供の無邪気さはかれを喜ばせないであろうか、そして自分の真実をもう一度つくっていくために、もっと高い段階でみずからもう一度努力してはならないであろうか。子供のような性質のひとにはどんな年代においても、かれの本来の性格がその自然のままの真実さでよみがえらないだろうか？

（マルクス「経済学批判序説」『経済学批判』岩波文庫、一九五六年）

芸術を生む詩的構造と社会的発展形態はこのような意味において、けして線形的ではないねじれた弁証法的関係で結ばれたものとして、じつに本質的なつながりをもつものである。そのことがはらむ問題をマルクスの後さらに深めることができたのは、ひとり吉本隆明という詩人＝思想家のみであった。それゆえ、「吉本隆明の経済学」は詩人性によって基礎づけられた経済学として、人間の学にとってユニークな意義をもつことになる。詩的構造は人間の学にとって、不動の鏡であり、不動の礎石である。詩的構造の場に立ち続けようとするものは、ときおり「世界を凍りつかせる」おそろしいことばを発しながら、孤独に耐えて思考し続けるのである。

あとがき

　この仕事に着手したのは、いまから六年前のことであり、そのときにはまだ吉本隆明さんはご存命だった。そのため収録する論文や講演やインタビューの選択にあたっても、吉本さんご本人と相談しながら作業を進めることができた。その作業の進行途中で吉本さんが突然に、経済学についての仕事は自分にとってとても大切なものだからその本は自分で書きたいと言い出されたり、東日本大震災と福島第一原発の事故が発生して私の身辺があわただしくなったりと、とかくしているうちに、吉本さんはしだいに弱られて、ついに不帰の人となってしまった。いまこうして『吉本隆明の経済学』を書き上げたとき、私の心にはさまざまな思いが去来する。

　ご本人の言葉どおり、経済学は吉本さんの思考にとってきわめて重要な領域をかたちづくっていた。日本の敗戦によって自分の思想のよって立つ場所が完全に崩壊してしまったことを深く自覚した吉本さんは、戦後の混乱の中で、日本人に決定的に欠如していた「世界認識の方法」を獲得するための思想的格闘を孤独に進めた。そのときに吉本さんにもっとも確実な足場を与えてくれたのが、経済学の研究であった。

　マルクスが打ち立てた雄大な世界認識の方法に圧倒された吉本さんは、その方法の基礎となっている経済学を、体系的に勉強しなくてはならないと考えた。そのためにマルクスにいたるまでの古典派経済学の思想的展開を、数年間かけて徹底的に勉強することを自分に課した。その勉強をとおして吉本さんは、自分の考えうるところもっとも確実な世界認識の方法と思えるものを、独自のやり方で取り出してくることができた。それからのちに吉本さんが文学論、詩論、政治論、国家論などの形をとおして展開する思想の礎《いしずえ》は、このときの経済学の研究によって打ち固められた、と言っても過言ではない。

吉本さんの思想の中では、詩の科学と経済の科学は最初から密接に結びついていた。初期詩集にはじまり『言語にとって美とはなにか』で一つの頂点を迎える吉本さんの思考の本質は、ハイデッガーの言う「詩人性」の本質の解明にあったが、その詩人性の本質を維持したまま、吉本さんは経済の領域での探求をおこなった。言語と経済を通底する深層の「原-交換」にまで降り立つことによって、言語芸術と資本主義の本質を同時に究めていこうという戦略と言える。そこから資本主義の現在形の理解とその未来についての見通しを得るために、吉本さんは「詩人性の経済学」の能力を最大限に生かした、ユニークな思考を展開した。

しかし吉本さんは、それを一つの体系にまとめあげることには、あまり関心を持たなかった。そのため、吉本隆明の思想の世界に統一性のある経済学思考が存在するという事実に、いままであまり注目がなされなかったのも事実である。私が本書の第二部「経済の詩的構造」という論文を書かなければならないと考えたのは、そのためであった。

私はこの論文において、「詩人性」なるものを一つの明確な構造として思考の土台に据えたときに、ごく自然な形で生まれてくることになる未知の経済学を素描してみようとした。ケネーからスラッファにいたる経済学思考の系譜を吉本さんはあまり重視していなかったが、私の考えでは、『言語にとって美とはなにか』の思考を徹底すると、自然とそこにはこの系譜の経済学思想が浮上してこなければならないのである。そしてそこまでくれば、吉本さんの超資本主義をめぐる予言的思考が、さらなる一貫性と確実性を獲得するようになる、というのが私の考えである。

私は言語と経済の領域における吉本隆明の思考を受け継ぎ、拡張することによって、それを新しい可能性のなかに開いていこうと思う。スペースの関係で本書に収録することのできなかった論考や講演は、まだまだたくさんあって、そのなかには私のまだ気がついていない可能性を秘めた着想が隠されているにちがいない。その意味では、本書はけっして到達を示しているのではなく、むしろ始まりを示しているにすぎない。それほどに、吉本隆明の残していった思想の世界は、豊饒なのである。

本書のプロジェクトははじめ、筑摩書房の四條詠子さんを協力者として始められた。吉本さんとの打ち合わせのほとんどは、彼女を介しておこなわれた。四條さんが出産と育児のための長期休暇に入ってからは、同じ編集部の小船井健一郎さんにバトンタッチされて作業が進められた。とくに吉本さんが亡くなられた後は、ご長女のハルノ宵子さんとの連絡などは、小船井さんが担当してくれた。ご両人とも長い間ほんとうにお世話になりました。また私たちの作業が暗礁に乗り上げそうになったとき、陰からそおっと力強い助けをあたえてくれた間宮幹彦さんにも、この場を借りてお礼申し上げます。

本書を吉本隆明さんの御霊に捧げたいと思う。吉本さんはいまも、人類が「霊」などと言ってきたものが、ほんとうのところは何であるのかを探求されていることであろう。その探求の精神は、私を含めて多くの人々に確実に受け継がれている。だからそれは死なないのだ。その死ぬことのないものをかりに御霊と呼んで、本書をそれに向かって捧げようと思う。

二〇一四年七月五日　奈良にて

中沢新一

引用文献一覧

（底本は以下のものを使用しました）

第一章　1　**幻想論の根柢——言葉という思想**
『言葉という思想』（弓立社、一九八一年／中公文庫、一九九五年）所収
2　**言語と経済をめぐる価値増殖・価値表現の転移**
『吉本隆明の文化学——プレ・アジア的ということ』（三交社、一九九六年）所収

第二章　1　**三木成夫の方法と前古代言語論**
『新・死の位相学』（春秋社、一九九七年）所収

第三章　1　**経済の記述と立場——スミス・リカード・マルクス**
『超西欧的まで』（弓立社、一九八七年）所収

第四章　1　**エコノミー論**
2　**消費論**
共に『ハイ・イメージ論Ⅲ』（福武書店、一九九四年／ちくま学芸文庫、二〇〇三年）所収

第五章　1　**像としての都市——四つの都市イメージをめぐって**
一九九二年一月二一日、日本鋼管主催の講演。『吉本隆明全講演ライブ集』第11巻（発行＝吉本隆明全講演CD化計画、編集＝弓立社、二〇〇五年）所収

第六章　1　**農村の終焉——〈高度〉資本主義の課題**
一九八九年七月九日、「修羅」同人主催、長岡市で行われた講演。『吉本隆明全講演ライブ集』第５巻（発行＝吉本隆明全講演CD化計画、編集＝弓立社、二〇〇二年）所収

第七章　1　**贈与論**
『母型論』（学習研究社、一九九五年／思潮社、二〇〇四年）所収
2　**消費資本主義の終焉から贈与価値論へ**
『マルクス——読みかえの方法』（深夜叢書社、一九九五年）所収

第八章　1　**超資本主義の行方**
『超資本主義』（徳間書店、一九九五年／徳間文庫、一九九八年）所収
2　**世界認識の臨界へ**
『世界認識の臨界へ』（深夜叢書社、一九九三年）所収

吉本隆明　よしもと・たかあき

一九二四年東京生まれ。東京工業大学電気化学科卒業。詩人・評論家。おもな著書に『言語にとって美とはなにか』『共同幻想論』『心的現象論』『マス・イメージ論』『ハイ・イメージ論』『宮沢賢治』『夏目漱石を読む』『最後の親鸞』『アフリカ的段階について』『背景の記憶』ほか。二〇一二年三月没。

中沢新一　なかざわ・しんいち

一九五〇年山梨県生まれ。明治大学野生の科学研究所所長。思想家・人類学者。おもな著書に『チベットのモーツァルト』『森のバロック』『カイエ・ソバージュ（全五巻）』『アースダイバー』『野生の科学』『古代から来た未来人　折口信夫』ほか。

筑摩選書　0100

吉本隆明《よしもとたかあき》の経済学《けいざいがく》

二〇一四年一〇月一五日　初版第一刷発行
二〇一四年一一月一五日　初版第二刷発行

編著者　中沢新一《なかざわしんいち》

発行者　熊沢敏之

発行所　株式会社筑摩書房
東京都台東区蔵前二-五-三　郵便番号　一一一-八七五五
振替　〇〇一六〇-八-四一二三

装幀者　神田昇和

印刷　製本　中央精版印刷株式会社

ISBN978-4-480-01570-9 C0333